U0864930

舞弊秘档之
FRAUD CASEBOOK

我有多少种方法骗你
Lessons from the Bad Side of Business

[美]约瑟夫·T.威尔斯　主编
孙　坤　郑艳茹　译

大连出版社

© 大连出版社 2010

图书在版编目(CIP)数据

舞弊秘档之我有多少种方法骗你 /(美)威尔斯主编;孙坤,郑艳茹译. —大连:大连出版社,2010.01

书名原文:Fraud Casebook:Lessons from the Bad Side of Business

ISBN 978-7-80684-838-8

Ⅰ.舞… Ⅱ.①威… ②孙… ③郑… Ⅲ.企业管理:财务管理—案例 Ⅳ.F275

中国版本图书馆 CIP 数据核字(2009)第 228527 号

辽宁省版权局著作权合同登记号:图字 06-2009-20 号

Fraud Casebook:Lessons from the Bad Side of Business by Joseph T. Wells

ISBN 978-0-470-13468-9

Copyright © 2007 by Association of Certified Fraud Examiners, Inc.

Published by John Wiley & Sons, Inc.

This translation published under license.

All rights reserved.

本书简体中文翻译版由威立有限公司授权大连出版社独家出版发行。未经出版者预先书面许可,不得以任何方式复制或发行本书的任何部分。

版权所有,侵权必究。

出 版 人:刘明辉

策划编辑:毕华书　　责任编辑:毕华书

封面设计:金啸宇　　版式设计:刘振奎

责任校对:杨 琳　　责任印制:阎 骋

幅面尺寸:170mm×240mm　　印 张:14.25

印 数:1~4000 册　　字 数:233 千字

出版时间:2010 年 1 月第 1 版　　印刷时间:2010 年 1 月第 1 次印刷

定 价:30.00 元　　书 号:ISBN 978-7-80684-838-8

出版发行者:大连出版社(地址:大连市西岗区长白街 10 号 邮编:116011)

电话:(0411)83621349/83621049 网址:http://www.dl-press.com 电子信箱:cbs@dl.gov.cn

印 刷 者:大连美跃彩色印刷有限公司　　经销者:各地新华书店

如有印装质量问题,请与我社营销部联系

购书热线电话:(0411)83621349/83621049

版权所有·侵权必究

序言
Preface

正如大家将在本书中所看到的那样，舞弊并非由会计系统或者计算机所致，而是由那些从外表上看起来与你我并无差别的活生生的人类所为。职务舞弊，即发生在工作场所中的违法行为，是极其常见的，几乎每家公司都曾经是或者在将来会成为职务舞弊的受害者。

我们不难得出这样的结论，产生舞弊的真正原因是人们的贪婪和不诚实。然而，贪婪是人类的本性，每个人都有可能撒谎，因此，这种解释并不能使我们预见究竟何人会进行职务舞弊。在大多数情况下，舞弊者看起来无异于常人，而且他们坚信自己只是被卷入了某种特殊的情况。他们常常是诚实、虔诚而又爱国的公民，像其他人一样鄙视犯罪。此外，他们并不认为自己是罪犯，但事实上他们的确是罪犯。

近四十年来，我一直在关注白领罪犯们的动机和道德问题。预防、发现和调查舞弊已成为我毕生的工作，尽管这并非我的初衷。我读的是会计专业，毕业之初是从事审计工作，后来曾担任美联邦调查局特工，以处理大大小小的舞弊案件为生。约 10 年之后，我离开了联邦调查局，成立了自己的咨询公司，专注于白领犯罪问题。在 20 世纪 80 年代后期，我协助建立了舞弊审核师协会（Association of Certified Fraud Examiners，缩写为 ACFE），该组织是世界上规模最大的反舞弊组织，我至今仍担任该协会的主席。

一直以来，我曾为成千上万的反舞弊工作者授课，足迹几乎踏遍了地球的每一个角落。我也曾在得克萨斯大学奥斯汀分校的研究生院任教，同时还围绕舞弊形成的原因问题进行了独立的研究，写下了大量的研究文字。

该书是我的第十三部作品，它收集了来自世界各地的舞弊审核师的亲身经历。在这些实例中,每个舞弊审核师都写下了关于案件的详细情况。尽管文风因人而异,但所有的实例都揭示了一系列全球性的问题。首先,舞弊者在实施舞弊的时候一般都没有周密的计划,相反,他们只是作出了一个又一个错误的决定。其次,舞弊就像流水一样,总是沿着阻力最小的路径行进。也就是说,现实中的舞弊过程从来都不会比舞弊者要实现其违法目的所需要的操作行动更为复杂。因而,你会发现这些阴谋从本质上看多半都是显而易见的。最后,职务舞弊都有着某种确定的模式。我们在1996年发布的《ACFE有关职务舞弊的国家报告》中第一次提出了这个观点。该报告提供了两千多个经过舞弊审核师深入研究的真实案例,迄今已被重印过三次。根据实施舞弊行为所用的不同手段,可将职务舞弊分为三大类,即资产侵占、腐败行为和欺诈性财务报表。此三大类舞弊又可具体表现为许许多多的舞弊形式。

书中每个实例均讨论了四个方面的问题。其中"舞弊为什么会发生"部分揭示了人之本性的一个重要方面,即利益观;"舞弊过程"部分从会计和其他方面对舞弊进行了技术性分析;"经验与教训"告诉我们舞弊发生的症结何在;"防患于未来之建议"部分介绍了如何防止类似的舞弊行为再次发生。读者会注意到,书中案例的结局往往都不好,舞弊者放弃了正义,他们的生活也因此而永远地被改变了。在舞弊审核领域的多年工作经验让我明白,舞弊一旦发生就从来没有赢家,因此,预防舞弊便成为我们的最终目标。当然,要实现该目标应该从教育自己开始。

本书既可以用于在学校教学中向学生展示现实生活中的舞弊行为,也可以作为一些教科书的辅导用书。另外,实务工作者、经营管理人员以及企业所有者也可从该书中学到很多东西。最后,凡是对职务舞弊问题感兴趣的人也会从阅读该书中获益良多。

在此,我首先要感谢撰写这些实例的ACFE成员,他们做这件事不是为了钱,该书的收入将用作ACFE普通奖学基金,为有资格的学生提供奖学金。从事写作的人都清楚那是一个苦差事,因此他们应当为自己所做出的努力而受到称赞。作者们也深知他们与自己的编辑团队是休戚与共的。ACFE研究部的成员约翰·吉尔(John Gill)、卡西·安德伍德(Kassi

Underwood)以及安迪·麦克尼尔(Andi McNeal)都极其出色地完成了他们的工作。最后,我十分感谢 John Wiley & Sons 出版有限公司的蒂姆·伯哥德(Tim Burgard)的全力协助,正是他的坚持不懈让我同意完成此书。

舞弊是一个非常严重的问题,其后果不仅表现为经济上的损失,而且让当事人付出了失去工作、加薪机会、公司名誉以及个人尊严的代价。《舞弊秘档》将把一束光亮撒播到政府和商业领域的黑暗角落,令我们有望在未来做到鉴前毖后。

约瑟夫·T. 威尔斯(Joseph T. Wells),注册舞弊审核师、注册会计师

得克萨斯,奥斯汀

2007 年 6 月

目 录
Contents

1 小额库存现金可能并不小

When Petty Cash Isn't Petty

卡伦·弗瑞

杰瑞·汉森是一位正直的社区成员,她积极参与教堂和学校的家长与教师联合会的活动,在女儿成为女童子军队员的时候,她还担任了童子军的领导者。她已经结婚14年了,是三个孩子的母亲,丈夫是她高中时的恋人。她为福斯特食品公司工作,在公司里是最值得信赖的员工之一。杰瑞虽然个子不高但很有魅力,穿着大方得体、毫不花哨。她住在乡间路旁的一幢木质结构的房子里,房子很漂亮但又不奢华。她开着一辆崭新的轿车,但车是租来的而不是买的。从她简约的生活方式一点也看不出她在以损害公司利益的方式来增加她的家庭收入。

杰瑞在福斯特食品公司的很多岗位上工作过,加起来已超过15年了。最近十年间,她负责管理公司的小额库存现金和编制现金清点核对表,同时还负责应付账款的核算工作。她在公司上下树立了这样一种形象:如果谁要通过小额库存现金报销费用开支的话,你必须提交完整、准确的书面凭证,否则是过不了杰瑞这一关的。

由于福斯特公司的财务与会计人员较少,所以杰瑞对公司的运转方式非常了解,包括不同的主管人员需要什么信息、他们想要什么信息、他们依赖哪些信息。她对外部审计师如何进行审计、他们通常会索要哪些书面文件和汇总表也了如指掌。杰瑞偶尔会表现出她对自己的较低层次的工作岗位不满意,认为以她的知识完全可以和那些比她职位高、薪水多的人干得一样好。尽管如此,她还是尽心尽力地工作,保证为上司和审计人员提供他们所需要的一切资料。她常说的一句话是"如果我能为您准备好那个的话,您就会省事多了"。

福斯特食品公司始建于1953年,创始人是阿瑟和路易斯兄弟。他们在家族农场的一间圈猪的仓库里开始创业,在那里研制出一种利用过剩的水果加工的果酱。安德鲁·福斯特(路易斯的儿子)记得他父亲和他描述过当年创业的情景:"我们花了好长时间才研制出这种果酱——我们的猪当年是周围同伴中最幸福的一群,因为每次我们研制失败,它们都会吃掉我们失败的产品。"他们历经磨难,甚至发生过因机器爆炸而将周围的人和东西全部埋在水果原料之下的事情。但是,他们不断地从失败中积累经验,终于开发出了供不应求的产品。

1975年,安德鲁成为公司的总裁,他改变了公司的战略,将重心转向研发特制的干果产品。到1986年,福斯特公司转型完成,并且扩充了生产线和生产设备以满足不断增长的需求。直到今天公司仍在继续开发新的、革命性的技术,利用其在研究、开发和加工工艺上的核心竞争力,依靠它在亚特兰大中部的两个工厂以及在斐济岛的几个工厂,福斯特目前可生产200多种产品,产品远销世界80多个国家。

然而,公司的转型也使其付出了惨重的代价。二十世纪九十年代后期,福斯特食品公司正在困境中苦苦挣扎,已经根据破产法第十一章申请了破产保护。公司许多供应商和昔日的债权人不再接受它的支票,而是要求支付现金。我们知道,许多企业都持有小额库存现金,以便应对像邮寄费、运输费及其他零星采购等小额现金开支。可在福斯特公司,就连长途卡车司机也需要用现金来支付高速公路费和过桥费、小额汽车修理费,甚至汽车加油也需要支付现金,因为加油站拒绝以公司的加油卡收费。另外,一些发往公司总部的商品也是以货到付款的方式结算。

在使用小额库存现金付款时,现金保管员杰瑞要填制现金付款凭单,载明支付的日期和金额以及领款人。现金开支的申请人要在付款凭单上签字,确认其收到了现金。

公司的司机们在每次出发前都要领取一定数额的现金。因为他们事先不知道所需现金的确切数目,所以提前领取的数额是根据路程的远近确定的。他们送货回来之后立刻将支付现金的发票及剩余的现金交给杰瑞。例如,如果一名司机出发之前领取了250美元,他支付加油费160美元,过桥费19美元,他就要给杰瑞两张共计179美元的发票和71美元的剩余现金。杰瑞拿出现金付款凭单原件,将写在上面的250美元划掉,再写上 179 美元，然后将付款凭单补充完整，载明 179 美元的费用是由加油费 160 美元和过桥费 19 美元构成的，并且将发票附在付款凭单上。附有发票的付款凭单和 71 美元现金都将被放入小额库存现金的保险箱里。

司机们完成了一些运输任务之后，保险箱里就会有许多付款凭单，而库存现金将所剩不多，于是就应该补充小额库存现金了。在补充库存现金时，杰瑞要填写一个申请补款的信封，在封面上写明内装的付款凭单的日期、领款人以及费用账户的名称，然后将金额加总，总数即为应补充的现金数额。杰瑞要把付款凭单以及相关原始凭证装进信封并交给会计主管，请求补充库存现金。公司的内部控制要求会计主管在批准补充现金前要对信封里的凭证进行审核，然后由财务主管给杰瑞开出一张现金支票，杰瑞再拿着支票到银行提取现金。

§休假一天§

他无意中发现了问题。丹·詹金斯是福斯特食品公司新上任的 CFO，需要考虑的许多事务远比小额库存现金之类的小事情重要。再说，杰瑞把库存现金管理得很好，有几次还是杰瑞提醒丹注意到了很容易被粗心的人忽视的异常现象。他总是想："不，我没有必要急着去关注小额库存现金的问题。"

但是，有一天丹碰到了一个疑问需要杰瑞解答，恰巧杰瑞那天没上班。丹只好自己寻找答案，却意外地发现了用小额库存现金支付给设备供应商的一大笔款项，这样的款项一般都是以支票的方式付款的。丹清楚地记得这件事。"那笔交易肯定经不起推敲。于是我便给会计主管打了电话，说：'我们有点小麻烦'。"到那天下班的时候，丹和会计主管已经发现了好几张发票本来已经通过支票支付了，可又从小额库存现金支付了一次。丹·詹金斯和会计主管罗格·斯蒂文开始打电话向供应商询问。"关于这张发票我有一个问题，从你们那边能否看出我们付了两次款？"他们询问的结果表明没有一个供应商收到了两次付款。他们必须查明问题的性质和严重程度了。

福斯特食品公司请它的会计师事务所对公司的小额库存现金记录进行审查。事务所派来的年轻会计师用了好几个星期的时间对过去五年的现金记录进行了审查,找出了200多笔有问题的记录,总额达到6万美元。数额如此之大,詹金斯决定请求警方的帮助并提起刑事诉讼。

事务所的会计师发现的问题有三类:

(1)重复付款——发票已用支票付款,而后又用小额库存现金"支付"一次。

(2)总额错误——总额大于所附发票的合计金额。以上面的例子来说,后附发票金额合计是179美元,而付款凭单上的金额却是279美元或379美元甚至更多。

(3)信封内外数据不一致——信封外面登记的金额要远远大于信封里面的合计金额。还以上面的例子说明,申请补款信封内装的一张付款凭单金额为179美元,后附两张原始凭证的合计也为179美元,但在信封外面的汇总表中登记的该张付款凭单的总额却是279美元。

在上述三种错误中,第三种显然是最容易发现的。杰瑞承认几乎所有的付款凭单和申请补款信封都是她填写的,这对于证明她有欺骗公司的主观企图提供了最好的证据。面对如此多的问题,一句"我一定是把金额抄写错了"是不能自圆其说的。至此,事情对于福斯特公司来说已经很糟糕了,但是更糟糕的还在后头呢……

§付款无凭§

琳达赛·杜梦特被指定为此案的地方检察官,负责案件的调查和起诉事宜。她说自己是一个"不识数的人",因为她看不懂注册会计师的报告,所以她只提出了一个要求:一份对审查结果的更明确和更透彻的说明,以便于她将此案提交到法庭。用她的话来说,"我要的是最简单明了的会计信息和证据"。于是,我俩在警察局坐了下来,一起研究装在密封纸壳箱里面的证据。

从第一个信封我们就可以看出那位年轻的注册会计师显然经验不足,他忽略了很多东西。我们很快就意识到,他查出来的那些问题只是那些最明显的差异,可以说只是冰山的一角。"我们不能放过任何疑点",琳达赛坚决地说,"你能不能将所有的凭证再复核一遍?"我的第二次检查工作非常细致,我不仅发现了更多的前面已经描述的那三种类型的错误,而且还发现了杰瑞将公款攫为己有的另外几种方法。假如她还使用了更巧妙的手法,那一定是我疏忽了。只要仔细审查,大多数错误还是比较容易发现的。

下面就是她采用的另外一些方法:

(1)重复使用从小额库存现金支付的发票。当一名司机加油用现金付款后索要发票时,有时会收到两张发票,杰瑞便将这两张发票分别附在两张付款凭单后面来申请“补款”。当然,其中的一份发票表示公司实际发生的燃料费用,第二份发票补回的现金就被杰瑞揣进个人的腰包了。她还有更加胆大妄为的做法,即在同一个现金补充申请信封里竟有两张付款凭单后附着一模一样的发票,有时,两张发票的日期有几周的间隔。实际上就是这一点提醒了我,司机是不可能等上几个星期才提交发票报销的。

(2)用发票的复印件作为原始凭证从小额库存现金中开支。一些过路费和其他的发票被复印并剪成发票的规格,被用作第二次甚至是第三次报销的凭证。我发现了多份过路费发票的日期相同,收费站也相同,时间也几乎分秒不差,基本可以断定发票是伪造的。马萨诸塞州的付费公路更容易出现这类问题,因为他们的收费记录票是用黑墨印在白纸上的,和用复印机复印的效果一样。要复制从其他州取得的公路缴费发票就困难一些,简单的影印肯定不行。例如,宾夕法尼亚州公路的收费发票是一种用坚硬的、带有绿色条纹的马尼拉彩纸制作的;有一些州的发票使用的是亮光镀银纸、穿孔卡片或使用多彩墨水。

(3)篡改发票。识别篡改的发票有些困难,要证明发票被改过就更难了。但是,如果篡改过的发票被附在多份付款凭单上(前面已经描述过这种舞弊手段),识别起来就容易多了。有一个例子是这样的,出现的第一张燃料发票金额是 60 美元,第二次使用的复印件上面的加油站、日期、发票号、加仑数、每加仑汽油的价格都相同,可在总额前面用墨水加了一个 1,这张发票的金额就变成了 160 美元。

还有一个这样的例子。一张美国联合包裹服务公司(UPS)货到付款发票上金额栏的数字是 1 379.7 美元,其中第一个数字的颜色或色彩浓度与后面的数字不太一样,而且这个数字看起来像是挤进金额栏左边的。大多数人在填写发票时,如果地方不够用,一般都会在靠右边的空间紧凑地填写，想一想我们用手工填写大额支票的情形你就会理解我的意思。

但是，尽管我们能够看出杰瑞在发票的前面加了一个 1 并将 1000 美元占为己有，但却没有充分的证据，因为 UPS 公司的收费记录只保存一年。另外，这份付款凭单后附的只有 UPS 公司的发票，所以我既不能确定服务商是哪家服务公司，也无法确定发票上的金额是否正确。

(4)现金付款凭单根本没附原始发票。如果孤立地看待这种情况也许没那么重要，的确有些时候我们支付现金后没有拿到收据。但是，如果再仔细研究一下这个舞弊事件发生的规律，问题就变得严重了。将有问题的付款项目按照费用发生的日期进行排列后，可以发现在开始的三年里，只有由司机们提供的付款发票存在问题，即付款凭单上面登记的现金付款额要比后附发票上的金额多 100 美元、200 美元或更多。直到第三年的八月份才出现了一张没附发票的付款凭单。可到了两年后的五月份，这种情况居然出现了四十四次，这绝不可能是无意中发生的差错。

通过观察随着时间的推移杰瑞作案手段发生的变化，再一次证实了我们上面所介绍的舞弊手法。例如，直到第四年杰瑞才用库存现金来"偿付"已经用支票付过款的购货业务。但是，杰瑞一旦开始使用这种方法便一发而不可收拾，在接下来的二月到五月之间，她就用这种方法作案至少 25 次。

(5)付款凭单已经填写金额，而依据的后附发票却表明不需要付款。随着时间的推移，杰瑞从公司盗窃现金的手段越来越有创意。例如，公司在向供应商退货后，会收到一份贷项通知单，杰瑞居然把贷项通知单也作为付款凭单的后附原始凭证，将贷项通知单上的金额攫为己有。我还发现了这样一个例子，公司已经向供应商预付了购货款，发票已明确注明货款已付，但杰瑞再次利用这张发票贪污现金。

(6)原始发票和改正后的发票都用来申请补充现金。她不是直接提交两份收据，而是为同一付款项目以不同的金额填写两张付款凭单，第二张发票上明确标注"改正"字样，杰瑞将取得两张发票上的金额，一张是支付那份正确的发票，另一张发票补回的现金就进了她自己的腰包。

将所有发现的问题付款加总之后，我们可以确定大约有 10 万美元被杰瑞占为己有，对于小额库存现金来说，这可是一个相当大的数额。至此，福斯特公司决定不再继续调查，因为现有的证据已足够支持地方检察官提起诉讼了。不论损失的总数是多少,公司都不可能从杰瑞那里得到多少补偿了,他们也可能不想知道确切的损失金额。

§我们能否再商量一下?§

琳达赛·杜梦特为第二次调查发现的更多证据感到高兴。检察院以200多次作案向杰瑞·汉森提起诉讼,起诉的罪名包括:以非法手段盗取现金、以不适当的方法处置现金收入盗窃现金、多次篡改记录或身份故意欺诈——一份篡改的补款申请信封或付款凭单即为一次单独的作案。

安德鲁·福斯特恨不得把杰瑞送上市广场上的绞架,但这并没有成为现实。杰瑞从头至尾都在为自己辩解"我没做过",直到哭泣着被带到了法庭。然而,随着听证会的进行,她承认了许多被指控的罪行,包括所有的小额库存现金补充申请信封和付款凭单的字迹都是她的;她知道贷项通知单上的金额表示公司的应收款而不是应付款;她知道公司是通过应付款账户而不是小额库存现金向供应商付款的。杰瑞和她的律师最后达成了一致,她被判处24个月的有期徒刑缓期执行并赔偿公司的损失——尽管赔偿金额要比她从公司盗走的数额小得多。她马上偿还了近18 000美元,其中一部分是从她的退休金中预扣的。遗憾的是,她很快就违反了判决书规定的还款进度表,她又被送上了法庭。

杰瑞申辩说:"我知道我没有按照判决书付款,因为我没有钱来付款。"为此她建议中止她的缓刑期以便于她来筹集款额,法庭同意了她的要求。法官给她规定了新的更为宽松的还款期限。正如我们所料,几个月后她又回到了法庭——她从未支付过一笔款项。这一次,缓刑被取消了,她被判处在县监狱中服满剩下的刑期。

§经验与教训§

内部控制缺失是导致公司遭受重大现金损失的重要原因。在一开始,杰瑞很可能并没有刻意对公司内部控制的缺陷进行分析并图谋作弊,但随着时间的推移,她注意到一些控制措施并未执行,有的甚至完全被绕了过去。她第一次作弊的金额不过20美元,过了五个星期竟没有被发现,这时她可能决定再犯一次 20 美元的“错误”来测试一下公司的内部控制,这一次是她对公司实施的真正的欺诈。

这一次杰瑞还是没有被发现,她发现了新的生财之道。随着几个月乃至几年时间的推移,她的贪欲就好像滚落的山石一样不可阻挡,她作弊的频率越来越高,开始是每月一次,后来两次,直到最后她一个月就作案十次。她不但作案的频率加快,数额也逐渐增加,开始的时候一次 100 美元,后来 200 美元,再后来是 300 美元。她作案的手法也开始变得越来越富于想象力和多样化。在她实施舞弊的最后一年,在杰瑞用库存现金向供应商重复“付款”时,金额增加到了每次几百美元,后来又增加到每次几千美元,最多的一次她窃取了 3 030 美元。

杰瑞掌握了太多的权限而又缺乏监督。她既是小额库存现金的出纳员,在后来的几年又负责应付账款账户的会计核算。应付账款核算员的职责包括检查发票,将发票与订货单、验收单和其他相关凭证进行核对。在取得了适当的授权和原始凭证之后,应付账款核算员要将相关凭证交给另一位会计人员,由他来开出付款支票。杰瑞集应付账款核算与库存现金出纳员两个职务于一身,她完全可以得到她所需要的资料,通过正常的渠道以小额库存现金付款。

但她怎么知道她这样做不会被发现呢?

我们就需要从内部控制来查找原因了。公司有明文规定,杰瑞要将库存现金补充申请交给会计主管审核批准。然而,从未有人将信封内的发票与外面的汇总金额进行核对,这个审核环节根本就不存在,补充现金可以说是自动完成的。杰瑞·汉森在福斯特公司服务多年,公司上下都认为她是一个优秀而且忠诚的员工,一个很少休假和请病假的员工,一个对工作严肃负责的员工。不止一个主管人员认为没有必要将信封内外的内容进行核对。他们认为小额库存现金毕竟数额很小,有杰瑞管理就够了,他们还有更重要的事情去做。

你可能会问,“外部审计师就不能发现这一舞弊行为吗?”的确,杰瑞的许多作案手法都是显而易见的。可惜的是,外部审计师认为小额库存现金太微不足道了,无论它正确与否,都不会影响财务报表使用者的判断。正是由于这个原因,外部审计师也忽略了小额库存现金。

§防患于未来之建议§

防止此类事件再次发生的一个必要措施是不给舞弊者提供机会。在信息时代,虽然计算机的广泛使用为舞弊者提供了新的作弊机会,但古老的控制理念依然适用。例如,职责分离和监督。吸取了过去的经验与教训之后,福斯特食品公司对其控制政策和程序进行了如下的改革。

1. 职责分工

一个最基本的防弊措施,同时也是最容易被忽视的一项控制就是职责分工,它可以大大地降低一个人作弊又不被发现的可能性。根据本案的发现,福斯特公司将原先由杰瑞一个人负责的小额现金保管员和应付账款核算员职务进行了分离。业务处理程序也做了适当的调整,填写付款凭单和支付现金由一个人负责,对交易进行审核、编制现金清点核对表和编制现金补充汇总表由另一个人负责。

2. 监督和控制

如果福斯特食品公司的每个主管人员都能按照公司规定的书面控制程序履行职责的话,杰瑞根本就没有机会踏上五年的舞弊旅程。如果公司的监督职能得到了充分的发挥,第一笔 20 美元的错误很快就会被发现,杰瑞就会受到谴责,她很可能在做出诚恳道歉的同时心里暗暗发誓再也不那么做了。如果一个公司有章不循,书面的业务处理程序或控制就会形同虚设。现在,福斯特食品公司要求会计主管要在小额现金补充申请信封上签名,以示他对信封内的凭证承担审核责任。

发现舞弊的另一个机会是对运输车队发生的燃料费用的效率进行分析。定期地对货车的运行里程与所耗燃料进行对比分析,可以使管理层保持对费用的持续关注,保证主管人员能够尽早地发现问题。如果哪辆车的燃料利用效率特别低,不是车有问题,就是购货环节存在问题,主管人员在第一时间就可以发现。现在,燃料利用效率分析在福斯特食品公司已经成为例行的工作。

3. 强制性休假

如果公司缺乏适当的职责分工,员工又拒绝离岗休假,可能预示着有舞弊行为发生。现在,福斯特要求会计部门的所有员工都要接受岗位的交叉培训,每位员工每年都要至少要休假一周。

4. 提高防范意识

因为现金是流动性最强的资产并且容易被转移,所以被盗用的风险也最大。除了实施有效的控制程序以外,管理者还要掌握员工都在做什么,因为对公司实施欺诈的往往正是那些不知疲倦、最受信赖和从不休假的员工,这一点的确令人遗憾。

2

我的钱哪去了?

Where Did My Money Go?

罗伯特·巴尔

雪丽尔是得克萨斯州加尔维斯顿市郊区的一位普通的居民。她高中毕业,担任罗伯特·马丁医生的办公室经理已有十二年多了。她的丈夫保罗是物理教师,还兼任教区高中的体育教练。她有两个十几岁的孩子,一个儿子和一个女儿,一个在读高一,一个在读高二。雪丽尔和她丈夫二人的年薪都是45 000美元。

马丁医生的丈夫和儿子几年前就去世了,她在这个世界上再没有别的亲人了。由于雪丽尔和马丁医生的交往已久,在马丁医生的遗嘱里雪丽尔是唯一的继承人。

家庭在雪丽尔看来是非常重要的,她不上班的时候总是和家人一起做点什么。她的儿子和女儿都非常积极地参加学校和社区的活动,雪丽尔和保罗也参加一些活动来对他们的孩子表示支持。尽管他们的生活过得并不富裕,但她总是愿意将钱花在两个孩子的身上。雪丽尔和保罗一直在攒钱,为度假旅行做准备。他们在美国国内旅游的时候,为了省钱通常是驾车而不坐飞机。

罗伯特·马丁医生在休斯敦地区是一个非常有名的精神病科医生,她不仅取得了精神病科的硕士学位,还重返校门获得了心理学博士学位。作为美国学术荣誉学会的会员,马丁医生是一个非常睿智的女人,她非常热爱自己的精神病诊所。马丁医生刚满60岁。

她的诊所具有相当的规模,有十八到二十名专门从事药物恢复治疗的精神病科医生。马丁医生每个月的应收账款大约为60万美元,绝大部分应由保险公司支付。

多年来，马丁医生诊所的业务都是由雪丽尔帮助管理的。马丁医生曾经对诊所的管理一丝不苟，亲自检查现金收入，将每日的现金收入与当天接诊的患者类型和人数进行核对。虽然支票由雪丽尔填写签署，但马丁医生也要在每张支票上签字，她要求每张支票必须由两个人签字。每个月的银行对账单都是由马丁医生接收并打开的，然后她再交给雪丽尔。雪丽尔将三个银行账户余额核对一致后，要交给马丁医生核准。马丁医生还要亲自打开并审查她的三个投资经纪人账户和一个个人退休账户的对账单，然后再把对账单交给雪丽尔归档。马丁医生在保持对她诊所所有的业务活动实施监督控制方面做得相当到位。

但是，像许多内科医生一样，马丁医生也想把主要精力放在专业方面而不是经营管理上。三月份，一家著名的精神病医院管理公司找到了马丁医生，向她表示他们愿意帮助她管理她的诊所，以便她有更多的时间为患者治病。马丁医生对这个建议很感兴趣，仔细询问了管理公司将如何管理她的诊所。马丁医生的诊所有一系列需要管理的业务活动，管理公司表示愿意承担所有的管理责任。按照合作协议的规定，诊所的管理人员和医生都将成为管理公司的员工，可以获得马丁医生未能提供的福利待遇。此外，管理公司的职责还包括：

第一，对办公室经理和其他员工进行监督，确保诊所的业务活动得到正确的处理；

第二，每周三天中，管理公司的管理人员至少要在马丁医生的诊所工作半天；

第三，保管向保险公司收取医疗费款的凭证；

第四，监督付款工作，对由办公室经理填制的所有支票进行再次签字确认；

第五，对全部的银行存款实施监督并进行调节；

第六，检查核准每月由雪丽尔为三个账户编制的银行账户余额调节表；

第七，按月检查马丁医生的投资经纪人账户的对账单以确定有无异常的交易活动。

管理公司提供上述服务后，每月可获得 7 500 美元的服务费。

双方在三月末正式签署了合同，管理公司从四月一日起开始承担管理责任。在第一周，公司的管理人员每天都到诊所来，马丁医生对他们认真负责的行动非常满意，为自己以后不必在诊所的经营方面花太多的时间而感到庆幸。

第二周，诊所的业务程序和会计记录已经建立起来了，管理公司的代表宝妮每周在诊所工作三个半天，对诊所的业务处理活动进行监督并二次签署支票。宝妮每次在诊所的工作时间实际上只有几个小时，马丁医生甚至都没有看见她，但她想一切事情应该是在按照合同的约定顺利进行。

但是，过了三个星期之后，宝妮辞职了，之后没有人接替她的工作，管理公司再也没有人到过马丁医生的诊所。因为马丁医生不再对业务活动进行严格的审查，来自管理公司的监督也不存在了，雪丽尔便有了太多的机会将诊所的现金拿回自己的家。她开始用诊所的钱支付她的私人消费账单，在仅有一人签字的情况下开出支票，她发现银行并没有注意支票以前是由两个人签字的。几个月的时间过去了，管理公司建立起来的会计账簿就由雪丽尔继续管着，她还查看了投资经纪人账户的对账单，了解了马丁医生的真实家底。

八月初，雪丽尔、保罗和两个孩子外出度假两周。这次假期雪丽尔花钱照例相当铺张，他们的信用卡上有了一大笔消费记录。新学期马上就要开始了，两个孩子都需要购买新的学生制服。问题出现了：雪丽尔已经把信用卡的透支额度都用完了，现在，她手里没有现金，也不能用信用卡来给孩子买校服。于是，雪丽尔就直接用马丁医生诊所的账户开了一张 2 500 美元的现金支票。按银行的规定，超过 500 美元的现金支票都要核实签名，但由于银行出纳员认识雪丽尔，所以没有对支票的签字进行核实便把现金付给了雪丽尔。雪丽尔意识到她可以采用这种方法来增加收入，没有问题。

当雪丽尔发现从马丁医生的诊所偷钱是如此容易之后，她便决定试试从她的投资经纪人账户取钱。第一次，她在取款申请表上使用了马丁医生的签名印章，但经纪人公司不允许使用摹真签名。于是，她伪造了马丁医生的签名，提取现金后再存入马丁医生诊所的账户，之后便随意开出支票从该账户提取现金。

§个人退休金账户里的钱不翼而飞§

到了转过年的十一月份,雪丽尔已将马丁医生的投资经纪人账户的钱取光了,还从她的个人退休金账户取款25.1万美元。十二月初,经纪人给诊所打来电话,询问为什么取款额这么大,他要求跟马丁医生谈谈。雪丽尔说马丁医生正忙着为患者治疗不能接电话,还说马丁医生已经决定做其他的投资。

幸好马丁医生的经纪人有股子韧劲,又把电话打到了她的家里,询问她从个人退休账户取款的事,也把雪丽尔说的话告诉了她。马丁医生说,如果她打算做其他的投资,她会使用另外一个经纪人账户,不会从个人退休金账户取钱。经纪人告诉马丁医生,她在他所在的证券公司的另一个投资账户的余额已经为零了。马丁医生听后火冒三丈,质问为什么她对此却一无所知。

虽然已是晚上十点钟了,马丁医生还是马上给她的律师打了电话。他们讨论了发生的情况,认为可能是雪丽尔将钱取走了。律师在深夜两点钟给我打来电话,让我早上六点到马丁医生的办公室和他会面。他把他们的判断告诉了我,想让我帮助调查此事。我是一名执业的注册会计师,在审计、舞弊检查及法律咨询方面有20多年的工作经验。我以前也曾经与律师合作过,在诉讼案中做过专业证人。

在我的建议下,我们请来了全天候服务的锁匠,在雪丽尔上班之前把各间办公室的门锁全部换掉了。律师还在诊所的接待室安排了一位不上班的警官,以阻止雪丽尔进入办公室。我们检查了办公楼里马丁医生的信箱,发现了在雪丽尔前一天取完信后寄到的几份银行对账单。我打开对账单,仔细查看上面的已付支票。我注意到有许多支票是付给办公室的工作人员的,其中有一笔数额很大,是付给贝基·波特医师的。贝基每天早上都来得很早。她到来之后,我和律师向她询问支票的事,她说,雪丽尔通常是将支票开给我们当中的某个人,请他们到银行帮助马丁医生将支票兑现,她说马丁医生需要一些现金。这些支票的金额都不小——从2 500美元到9 000美元不等。雪丽尔总是谨慎地将金额控制在10 000美元以下,这样提取现金就不需要向税务部门呈报了。

我们随后向马丁医生核实情况,她说她的开销都是从信用卡取款的,从来没有让雪丽尔为她取过钱。那天早上,当雪丽尔来上班时,律师告诉她已经被开除了,不许她再进入办公室。雪丽尔说她还有一些私人物品在办公室需要取走。律师让她将物品列一张清单,我们保证当天就会把物品交到她手上,她本人是不可以进入办公室的。雪丽尔试了试她的钥匙,发现门锁已经被换了。她还试图从接待室的窗户爬进办公室,被接待室的警察拽了下来。警察第三次将她从窗户上拽下来后警告她,如果她再爬窗户的话就逮捕她。最后雪丽尔只好离开了马丁医生的办公室。

马丁医生及其律师让我帮助他们查明被盗的钱数、钱是如何被盗走的、有多少人参与了这个阴谋。他们还请我判断有没有可能从管理公司、银行或经纪人公司获得补偿。

在马丁医生办公室的第一天,我就发现诊所几乎没有什么业务和会计记录,除了前两天开出的支票存根以外,其他的什么东西都没有。我们倒是有 11 月份的银行对账单和已付支票,仅此而已。应由保险公司支付的款额和患者直接支付的治疗费数额都没有详细记录。我们还发现,从去年 7 月份之后就没有投资经纪人账户的对账单了。到此,我已经意识到我面前的工作是多么艰巨了。

§ 不断提取现金 §

既然我们手上仅有 11 月份的银行对账单和已付支票,我就只好开始检查这些东西。马丁医生的律师起草了一份起诉书,将雪丽尔、银行、管理公司及三家证券经纪公司告上了法庭。当然,我们向所有的被告索要相关的资料。

我开始分析 11 月份的银行对账单。因为有些非法支票是开给诊所的四名员工的,我们决定向他们询证。

格尼·亨里第一个接受了询问。他说,雪丽尔曾让他去银行为马丁医生兑现支票。雪丽尔说,马丁医生需要一些现金,可她太忙了没有时间去银行。她开给格尼一张 4 000 美元的支票,并嘱咐他找三个指定的银行柜员中的一位办理业务,因为这三个人与马丁医生相熟,找他们处理业务会更快捷。格尼照她说的做了,而且雪丽尔如此让他做了七八次,金额从4 000美元到9 000美元不等。他还说，办公室的每名员工几乎都不止一次和他一样到银行兑现支票。

我们第二个询问的是劳丽·狄龙，一名已经为马丁医生工作了大约五个月的精神疗法医生。我向她询问两张支票，一张金额为2 500美元，另一张为6 000美元。另外，劳丽还说，在十一月份，雪丽尔还有三次让她去银行提取现金，但劳丽因为不愿做这件事而拒绝了她。雪丽尔对她说，如果她不去银行取钱，她就让马丁医生解雇她。劳丽没有妥协，因为她不愿意在身上带那么多现金，她也不相信雪丽尔所说的钱是为马丁医生取的。劳丽说，她知道马丁医生从不带现金——她通常都是使用信用卡。

我们询问另一个医生贝基·波特的过程很有意思。作为一名精神疗法医生，贝基感到压力很大，每天上午和下午都要分别休息一小时，以便调整好自己的状态迎接下面的患者。雪丽尔经常问贝基是否愿意在休息期间为马丁医生跑一趟银行，贝基很愿意做这件事。

我问贝基她是否记得在十一月份去银行兑现了多少张支票。她说至少12张，因为每个星期雪丽尔都差不多会让她去三次银行。贝基说，支票的金额都是介于3 000美元到9 000美元之间，但她从未注意过支票的金额，因为反正也不是她的钱。贝基在被告知她在十一月份去了十四次银行时，她一点也不感到吃惊，但当她得知她兑现的支票共计66 000美元的时候，她倒是有些惊讶。

贝基说，雪丽尔在一年前就开始让她去银行兑现支票了。一开始的时候支票上面不写收款人的名字，后来，银行的一个出纳员告诉她，银行的规定已经改了，现金支票必须写明收款人的姓名。贝基将这件事告诉了雪丽尔，于是雪丽尔就将支票开给个人，那个人必须去银行兑现支票。

贝基还跟我们说了一些雪丽尔的情况——她非常疼爱她的两个孩子，他们一家人非常喜欢外出度假。她说，去年七月，雪丽尔一家人和朋友们一起在旅游胜地阿鲁巴岛最豪华的酒店套房里住了两周。我问她是否觉得雪丽尔和她的丈夫能够支付得起这样的旅行，贝基说她想也许马丁医生在帮助他们。

我们拿到了银行提供的有关马丁医生银行账目的所有微缩复印件后，就开始了具体的调查工作。这些凭证反映了三年的交易，其中每个月大约开出400张支票和35笔存款，许多月份都有20到30张的原始凭证，总共大约有40 000页微缩复印件。这些复印件的质量很差，有些根本无法辨认。

我开始建立一个数据库，分别列示开出支票的日期、编号、收款人、金额以及支票是否到银行兑现、出纳员的编号。这个数据库完成后，我和马丁医生一起一笔一笔地确认这些付款是否属于诊所的正常开支，是否需要对它们进行更深入的审核。马丁医生说她从来没让任何人替她去银行提取现金，出于安全方面的考虑，她不喜欢带现金。

在查看账户记录的过程中，马丁医生确定了一些付款不是诊所的支出，也未经过她的审批。她首先确定了一些付给一家旅行社的支票不是诊所的开支，自从三年前的地中海之旅后，马丁医生再也没有和这家旅行社联系过。旅行社给我们提供了所有的发票、门票、旅馆预订及其他费用的复印件。记录表明，雪丽尔将自己一家人的阿鲁巴之行的全部费用都记到了马丁医生的旅游中介账户上，还包括和她们一起度假的四个家庭的费用。她们的旅行非常奢华，乘飞机坐头等舱，住海滨豪华旅馆的套房，都是在托马丁医生的福。仅这一次旅行消费就超过了143 000美元。

我询问了和雪丽尔一起去阿鲁巴度假的其中的一家，他们说，雪丽尔告诉他们她在拉斯维加斯的投币赌博机上赢了500 000美元，她想和朋友们分享这笔意外之财。但是，雪丽尔给其他两家打了电话，告诉他们不要和我们谈那次旅行的事。

马丁医生还指出了其他一些支付给服装店、咨询机构、建筑公司和她的一些员工的款项存在问题。经过调查，这些费用大都是欺诈性的。其中支付给服装店的款项是雪丽尔为自己购买衣服的开支，支付给咨询机构和建筑公司的将近100 000美元都是雪丽尔自己家的装修费用。

我建立的数据库还显示了几笔存款存在异常，其中包括保险公司开出的支票只有一部分存到了马丁医生的银行账户上，其他的钱分别被以提现、汇款单和银行本票的方式取走。我们发现，有一张由保险公司开出的付给马丁医生的85 000美元的支票，雪丽尔在支票的背面盖上了马丁医生的签名印章，将其中的22 000美元存到了马丁医生的银行账户上，然后以几种方式取走了剩余的钱。雪丽尔通过汇款单取走了21 500美元，其中的四张金额分别为413.5美元的汇款单付给了福特汽车公司信贷部,已付讫的汇款单与雪丽尔的汽车贷款账户号码和月付款额正好吻合。其余的汇款单都被雪丽尔用于个人消费,包括餐饮费、酒吧招待费、她的家庭圣诞聚会的女佣费,共计6 000美元。

雪丽尔采用银行本票从保险公司支付的款额中截取了33 000美元,其中有两张银行本票(一张金额为1 000美元,另一张为5 000美元)以圣诞节奖金的名义开给了马丁医生的员工,还有两张银行本票开给了美国快递公司,一张金额为4 000美元,另一张为10 000美元。账户的编号显示,那张4 000美元的银行本票记入了马丁医生美国快递账户的贷方,但那张10000美元的支票则记入了雪丽尔的美国快递账户的贷方。另外,还有两张支付给马丁医生的银行本票,金额分别为8 000美元和5 000美元。那张8 000美元的支票盖上了马丁医生的签名印章并被拿到银行兑现,马丁医生说她从未收到这笔钱。那张5 000美元的支票确实被存到了马丁医生的私人银行账户。马丁医生告诉我她根本没有批准过这些付款。

我将雪丽尔被开除之后的存款情况与她负责办公室事务时的存款情况作了对比。在管理公司接管诊所后不久,就一直没有患者支付的款额被存入诊所的银行账户,而在管理公司接管以前,马丁医生的银行账户每周都有400美元到700美元的贷方记录。尽管我无法证实流失现金的确切数额,但我估计,在大约15个月的时间里,雪丽尔可能每月贪污了2 000美元患者支付的现金,总计约为30 000美元。

§不幸的结局§

我用了几个月的时间才完成了这次调查。马丁医生已经起诉了雪丽尔、银行、管理公司及证券经纪公司,她还明确地向她的律师表示她希望雪丽尔坐牢。

银行要求对发现舞弊之前的六十天内发生的交易进行分析,因为根据联邦法律和银行与存款人的约定,银行的责任仅限于六十天。在这个案子中,六十天的交易金额大约为115 000美元。这家银行共有二十九名柜员,但是,从这家银行兑现的支票中95%都是由那三位柜员经手办理的,尽管我们没有使用“串通舞弊”这个词,但事实已说明了一切。

为了提起刑事诉讼，马丁医生的律师给地方检察院打了电话，确定了对我们所收集的证据进行复核的时间。三天后，调查人员说这个案子很可能会立即立案，因为我提供的书面证据非常充分，据此很容易给被告定罪。在我走出地方检察院的时候，心中坚信对雪丽尔的刑事指控马上就会到来。

可是，事情没有像我预料的那样发生。地方检察院拿到起诉材料后已经过了两年半多了，审判还没有进行。我们给地方检察院打电话也没有使案子有任何进展。将近三年的时间就要过去了，陪审团终于以34项罪名起诉了雪丽尔·斯旺森。雪丽尔是一个依赖胰岛素的糖尿病患者。在被起诉的那天晚上，她临睡前向家人道了晚安，然后服下了大剂量的胰岛素。她的丈夫说，第二天早上他打算叫醒她的时候，才知道她已经死了。医护人员来了，但雪丽尔显然在六个小时前就已经死亡了。

在被马丁医生开除以后，雪丽尔便到所在社区的教区高中的办公室工作，和她担任体育老师的丈夫在同一所学校。她被起诉的消息在她死后立刻传了出来。校方对学校的会计记录进行了审查，发现在雪丽尔为学校工作的近三年里，她从学校贪污了近400 000美元。

雪丽尔死后，其余的被告开始就民事诉讼展开了商谈。银行不想上法庭，因为其柜员违反了银行在兑现支票时必须核对签名卡的书面规定。因为该案是在得克萨斯州规定罚款限额之前立案的，所以银行对陪审团可能给出的判罚非常惧怕，因此同意赔偿马丁医生超过750 000美元了结。

接下来是与管理公司的CFO商谈，当初是他出面与马丁诊所达成管理协议的。取证从确定管理公司是否履行了其承诺开始。

公司的代表是否会签了诊所开出的所有支票？结论是三个星期过去之后公司就没有履行这项职责。公司是否派人到马丁医生的诊所监督诊所的管理活动？结论是三个星期后这项职责也没有履行。管理公司对诊所的银行存款调节表进行审查了吗？没有。管理公司审查诊所提交给保险公司的收款单了吗？没有。管理公司对诊所应收保险公司款和实际收到的款额进行核对了吗？没有。管理公司对参加保险的患者、患者的缴费单和现金收入进行核对了吗？没有。管理公司是否对马丁医生的投资经纪人账户的对账单进行了审核，以确保会计处理适当？没有。管理公司是否将向保险公司收费单归档保管？没有。管理公司是否收到了每月7 500美元的服务费？是的。当然，毫无疑问。

律师结束了上述提问后说："我没有别的问题了"。整个过程持续了不到三十分钟。不到一个星期，管理公司就赔偿马丁医生100万美元。

又过了几年之后，那三家证券经纪公司才与马丁医生达成了协议。扣除这个过程中发生所有费用和审判费外，马丁医生最后获得了约110万美元的赔偿，而被雪丽尔贪污的款额是150万美元。

§经验与教训§

马丁医生聘请了另一家管理公司来帮助她管理诊所。她接受了我的建议，向其他聘用该管理公司的几家诊所了解了情况，确信这家管理公司是合法的，具有较高的管理水平。

马丁医生在新的管理合同中又加了几个条款。首先，她要求银行存款余额调节表必须在月末之后十五天之内编制并核准；其次，管理公司要在月末之后十天之内编制一份给保险公司的收费单及收款情况的分析表并交给马丁医生审查；第三，管理公司要编制两份应收账款清单，即应收患者款项和应收保险公司款项，要在月末之后十天内交给马丁医生。

根据我的建议，马丁医生请银行将对账单直接寄送到她家，不再寄到诊所。马丁医生现在亲自接收、审核对账单和已付支票（后来是已付支票的影像），以确保已付支票付给了正确的收款人，金额正确。然后她再将对账单交给管理公司编制银行存款余额调节表。之所以这样做，是因为诊所的员工有限，不可能像大型企业那样实现充分的职责分工。

另外，马丁医生每月还要对应收账款进行审查，将收回的款额与存入诊所银行账户的款额进行对比。她也要关注应收各保险公司的账款数额，以确保诊所保持足够的现金流量。

§防患于未来之建议§

1. 员工背景调查

马丁医生遗憾不已地说，如果教区的高中给她打一个电话了解雪丽尔的品行，她就会如实地告知他们雪丽尔的所作所为，他们就不会盲目地信任她了。现在，马丁医生在招聘员工时必须进行背景审查，她要取得应聘人员的许可，允许他们的前雇主向新雇主介绍情况。马丁医生要求与求职人员的三个前工作单位的顶头上司直接沟通，查询求职人员的道德品质。马丁医生说，她这样做的结果是没有聘用两个前来求职的人，这两个人的品德都有问题，其中一人还在书面报告中承认他曾经在公司里有过贪污行为。马丁医生认为，进行背景调查可以使她不再遭受欺诈带来的损失，同时也有助于其他公司减少舞弊损失。

2. 监督性检查

按照我的建议，马丁医生已经将银行对账单的邮寄地址由诊所改为住宅。她要审查对账单和已付支票的影像资料，以核实付款的合法性。

3

三击出局
Three Strikes and You're Out!

玛丽·贝斯特

丹·克诺尔在劳伦斯镇市的公园及娱乐部工作,与他共事的人都非常喜欢他。丹今年四十五岁,但他健美的身材、轻松的笑容及开朗的性格使他看上去要年轻得多。丹和他的妻子玛吉经常在他们宽敞、舒适的家中举行聚会,用丰盛的食品和美酒款待同事和客人。克诺尔夫妇也喜欢到一些度假胜地去旅行,每年至少两次,他们喜欢去的地方包括拉斯维加斯、佛罗里达,还有马达加斯加共和国。

丹在工作上虽然并不出众,但他尽心尽力,一步一步踏踏实实地逐渐赢得了自己的地位。在他到公园及娱乐部工作的第五年,劳伦斯镇市与周边的几个城市合并。随着到公园消遣人数的增加,丹的职责也随之增大,他的敬业精神与长期的服务终于为他赢得了公园及娱乐部副经理的职位,编制预算和审批发票等管理工作都由他负责。在该部的经理被调到另一个职位上之后,丹就成了公园及娱乐部的代理经理。他是一个很随和的上司,对下属的要求从不苛刻。

劳伦斯镇市和周边的城市有许多篮球、足球和橄榄球方面的团体。公园娱乐场的员工常常因为他们具有丰富的学识而获得某种奖励,丹·克诺尔就是一个受到奖赏的人。他被邀请出任一些团体的董事会成员,丹也很乐意为此无偿地付出他的时间。他出任了地区娱乐业协会的财务主管,这是一家非盈利组织,为这个地区的各项活动提供各种支持。丹大度随和,被认为是该组织的中坚力量。劳伦斯镇于十八世纪中期建市。尽管它坐落在一个天然的港湾里,但由于地处偏远的北方以及冬天从大西洋吹来的寒风,与那些南部的海滨城市相比,它的人口增长缓慢,只是在夏季的几个月里，它才会享受到一段人口聚集的时间。不管用什么标准来衡量，劳伦斯镇都只是一个小城市，常住人口大约六万人。

合并前的劳伦斯镇市的公务员大约有五十人。几个城市合并后，这些工作人员多数被安排在新的政府机构工作，政府雇员的数量在一夜之间翻了一倍。他们分布在一些常设的部门，如警察局、消防局、公共工作领域、计划和发展机构、排水和污水管道局以及公园娱乐场，但没有内部审计部门。

由于劳伦斯镇市的居民非常崇尚体育精神，所以该市的公园娱乐场非常繁忙。参加秋季健身班的人数较多，冬季体育项目也颇具吸引力，就连秋季和夏季运动队、娱乐项目及水上运动也非常受学生们的欢迎，他们的家长都想在课余时间为自己的孩子们找点事做。

因为人们可以随时报名参加各种活动，这就给内部控制造成了很大的困难，因为涉及到小额收款、各种不同的自愿性团体的接待以及大量的现金交易。公园及娱乐场也要负责一些体育设施的营运，包括几个表演场地和游泳池、足球和篮球场及其他比赛场所，同时还为社区青年体育组织提供赞助。为了帮助各个体育组织解决开支问题，劳伦斯镇每年都要为每个注册的孩子拨出固定数额的资金。例如，一个少年足球俱乐部可以获得每个孩子 50 美元的资助，如果有 200 个孩子注册参加，这个俱乐部每年就可以得到 10 000 美元的补助。

公园娱乐场的特征是场地繁忙、员工跳槽率低、现金交易多、注重提供成功的娱乐项目，在这里，财务控制并没有被放在首位。

§两笔付款的疑惑§

事情的起因是在三月下旬一个星期一的早晨，公园及娱乐委员会主任做了一个例行的询问。他向在公园及娱乐部工作的温德尔·肖特询问市政在去年和本年向东城少年曲棍球协会付了多少钱。该协会位于他的市政选区，主任很想在他出席曲棍球联赛前知道政府对这个协会的支持力度。主任本来是要询问代理经理丹·克诺尔经理的，但当时丹不在办公室，所以是温德尔接的电话。由于温德尔只能找到东城本年的文件，所以他便向市财政局索要相关的信息，财政局随后给他提供了两个年度政府给这个协会的付款清单。但是,温德尔收到清单后却大惑不解。清单一开始就列示了今年的两笔大额付款:一月份付了 25 650 美元,三月份付了 25 000 美元。怎么会有两笔呢?温德尔知道三月份的那一笔,因为那笔钱是他在几周前填写的付款支票申请。但是一月份那笔付款是怎么回事呢?温德尔认为很可能是一笔错误的重复付款。

温德尔觉得市政府应该向曲棍球协会索回第一笔付款,便给东城的财务主管查理·霍华德打了电话,但查理说他不记得在一月份曾收到过什么付款,事实上,他是很晚才提交年度补助申请的。核实之后,查理打电话向温德尔再次证实东城少年曲棍球协会自去年以来收到的补助就是那笔三月份的 25 000 美元。这一信息着实让事情变得复杂起来。温德尔明白他必须向委员会主任反馈信息,那么在此之前他必须搞清楚一月份的 25 650 美元付款的原委。他又找到了市财政局,向威尔·勒曼经理说明了他想搞清楚的问题,希望他们能够协助找到两笔付款的原始凭证。他们找到付款的支票申请书,还有已划转的支票。温德尔也带来了今年的补助金发放的记录文件,他和威尔一起对相关凭证进行了审查。

首先,他们证实了三月份的付款。东城的补助记录文件夹中有一份去年秋天登记注册的 500 名曲棍球学员的名单,还有一份备忘录,记录了查理·霍华德申请的年度补助合计为 25 000 美元(每个孩子 50 美元)。政府的付款申请支票是由温德尔填写的,经过公园及娱乐部经理丹·克诺尔核准,由财政局支付。三月份的这笔付款是没有问题的,温德尔和威尔随后将他们的注意力转向了一月份的那笔付款。从这笔付款的支票申请金额上看,如果是每个孩子 50 美元的话,那么就应该是 513 个孩子,这样总额才能是 25 650 美元,但却找不到任何支持性的证据。付款支票申请的填写和核准都是由丹本人完成的,两张支票的收款人都是东城少年曲棍球协会,支票上的地址也一样,但支票背面的信息却不同。三月份的注销支票上面的印章是丰业银行的;而一月份注销支票上的印章是第一银行的,账户号码也不一样。

接着,他们又审查了给另一个地区性组织霍顿县棒球协会的付款情况,温德尔在去年就对给该协会的一笔付款有些怀疑,因为他知道政府只给市级组织提供资助。可那时他刚来该部门上班不久,而且丹·克诺尔告诉他那笔付款没有问题。现在他又想起了此事,觉得也许查看一下这些交易有助于弄清楚给东城少年曲棍球协会的这笔付款。他发现,开给两个不同协会的两张支票却被存到了同一个银行账户。

这里显然是有问题的。温德尔给东城的财务主管查理·霍华德打了电话,查理说他们协会的开户行是丰业银行,不是第一银行,查理还再一次确认东城在一月份没有收到来自于市政府的任何付款。霍顿县棒球协会的主席也声明他们的开户行不是第一银行。他还告诉温德尔,他们棒球协会从来没有收到市政拨付的任何款项。

向霍顿县棒球协会付款的支票申请也是由丹·克诺尔一个人填写并核准的,也没有找到任何原始凭证。三天的调查已经过去了,温德尔和威尔认为其中肯定存在问题,市政的有些基金被挪用了,而丹·克诺尔是这些交易的唯一知情人。

财务经理威尔·勒曼决定将此事报告给市首席行政长官,首席行政长官随后又向其他几位主要行政管理人员做了通报,包括市长、财政局长、警察局长、人力资源部主任以及市政律师。他们决定迅速查清此事。丹·克诺尔第二天来上班时就被找去谈话,他无法给出合理的解释。他随即被停职并被送出了办公楼。

由于市政府没有内部审计人员来执行调查任务,所以他们需要聘请专业会计公司来实施调查。我近期曾参与了几个舞弊案件的调查工作,所以被指定负责对本案的调查。市政府给我的任务是,首先核实相关信息,如果他们的怀疑得到了证实,再进一步审查丹·克诺尔挪用公款的手段和作弊的时间,确定贪污的数额。从公园及娱乐部委员会主任的询问,到聘用专业调查人员,前后用了不到一周的时间。

§案情大白§

首席行政长官向我简要介绍了基本背景情况后,问我打算如何进行调查。“对了,顺便说一下,”他说:“从昨天算起,两周后市政理事会将召开一次会议,我们希望届时你能够参加会议并在会上介绍一下这个案子。”我心里想,“如果这件事真是丹·克诺尔所为,他可是有十三年的时间来完善他的作案方法,而我仅有十三天的时间将它们全部查清。”我向他说明了我的调查计划。“我认为调查应该从两个方面展开,”我解释道,“一方面,我需要审查公园及娱乐部向各娱乐或体育组织付款的全部情况,从今年开始向以前年度追查,找出可疑的付款。另一方面,我想尽快到丹·克诺尔的办公室,看能否在那里找到一些有用的证据。”我与劳伦斯镇市的警察局长查理·麦克埃斯科会了面,我们一同来到了丹·克诺尔的办公室。克诺尔被停职后麦克埃斯科就把他的办公室锁上了,现在我们要看看能否在这里发现点什么。

我第一眼看到的是一个一片狼藉的办公室。室内空间很大,里面有一张很大的办公桌,一侧放着一个书柜,还有一个落地式的大书架。屋里到处都是纸张和文件,几个不整齐的文件夹散乱地堆在办公桌的边上,其中一个还倚在电脑显示器上。办公桌下及书柜旁有几箱打印纸。

“唔,”麦克埃斯科局长说,“这工作对你来说可是太适合了”。

我们需要将所见到的资料都编成目录,并弄清他们的出处。

局长问:“你需要从警察中找个帮手吗?”我毫不犹豫地说“需要”。我觉得有两个人在场总是好的,以免日后出现什么文件保管方面的问题。

我的帮手一来,我就开始有序地给所有的箱子、书架和文件夹贴上标签,从门旁开始绕了一圈。在办公桌旁我开始触摸到弊端的蛛丝马迹,抽屉里和桌子下面的箱子里存放着很多来自第一银行的对账单和存款回执,账户名称为“地区性娱乐协会”。简单对比之后,我确定这个账户的号码就是温德尔·肖特和威尔·勒曼发现的开给东城少年曲棍球协会和霍顿县棒球协会的那些可疑支票背面的号码。我还发现了几张丹·克诺尔名下的信用卡对账单,这些信用卡属于不同的信用卡公司。还有一些个人共同账户对账单和私人消费账单,桌子上放着几份去年的补助发放文件。

与此同时,在楼上的财务部,大家正在紧锣密鼓地核查繁多的总账账户记录及其记账凭证。渐渐地,大家从众多的交易中理出了一串可疑的支票和付款,这些支票和付款都没有原始依据,都是由丹·克诺尔自己填写付款申请自己核准的,第一银行的背书,这些特征使它们从众多的合法支票中显露出来。

现在,我手上掌握了这么多的资料,我需要确定事情的真相。我从今年一月份开给东城少年曲棍球协会的那张25 650美元的支票开始查起。在丹·克诺尔的办公桌上,我发现了一张地方性娱乐协会账户的“快速存款”回执，上面列示着政府开出的一笔数额不大的支票。因为我的开户银行也是第一银行，所以我认识他们的“快速存款”回执，是由存款人填写后放进银行设置的投递箱里，随后由银行柜员办理的存款通知单。我从在丹的办公室发现的第一银行一月份的“地方性娱乐协会”账户的对账单上找到了这一笔存款，是在一月二十二号存入该账户的。

我不禁纳闷，“明明是开给东城少年曲棍球协会的支票，怎么存到了地方性娱乐协会的账户上了呢?”我迅速将已经划转的支票翻转过来，上面的背书是查理·霍华德的签名，我随后和他确认得知这个签名是伪造的。至此，我已经可以确定政府开出的支票在一月二十二号被存入了地区性娱乐协会的银行账户。下一个要查清的项目是一张一月二十三号从该账户中开出的金额为 8 595 美元的支票，款项付给了首都信用卡服务中心。我想起在整理丹的办公室的资料时，在他的办公桌上曾发现了几张首都信用卡的私人消费账单，我找出了信用卡的银行对账单，上面显示一月二十八号有一笔 8 595 美元的付款。信用卡的户主为丹·克诺尔，通信地址是他的办公地址。寻找狐狸尾巴的工作算是有了眉目了，由政府开出的现金支票，通过一个中间银行账户转到了丹·克诺尔的个人信用卡上。

通过进一步的调查，如下的细节开始浮出水面。

十一年前，丹·克诺尔担任了那个地区性娱乐协会的财务主管。这个组织的服务宗旨是开展和资助劳伦斯镇市区的各种娱乐活动。三年后，这个协会和另一家娱乐组织合并，合并后的协会仍使用原来的名称，但其法定的活动区域扩大了，而且可以获得各级政府给予的更多的财政资助。丹继续担任新协会的财务主管，任职共有五年的时间。

丹在协会工作的第一年就在第一银行开立了账户。他和另外两个董事负责签发支票，每张开出的支票上面都必须有两名签字人的签字方为有效。银行账户的通信地址是协会的邮箱号码。在地区性娱乐协会的新任财务主管接替丹的职位时，她在更靠近协会的另一家银行开了一个新的银行账户，她以为第一银行的账户已经被注销了。然而，丹并没有注销第一银行的账户，只是将通信地址改为公园及娱乐部的地址，这样一来，每月的银行对账单就直接寄到了丹的办公室。他把第一银行的账户作为兑现非法支票的工具，将提取的现金用于个人消费。我发现，在新财务主管上任四年后，丹·克诺尔便开始通过虚假支票申请的方法将政府的资金转移到地区性娱乐协会在第一银行的账户中。开始的时候支票的金额还很小，大约每笔在900美元到2 500美元之间，随后金额越来越大，有的时候一张支票的金额就达到了9 500美元和15 000美元，最后使他暴露的那张支票的金额居然高达25 650美元。总计起来，丹在过去六年多的时间里一共贪污了大约500 000美元的现金，难怪他可以支付得起昂贵的旅行和奢侈的家庭聚会了。

为了得到政府开出的支票，丹必须填报付款支票申请书，他狡猾地利用了合法组织的名义，再编造合理的解释来申请支票。当时，公园及娱乐部的经理在审批付款时只关注那些活动的预算是否超过标准。丹经手填写过大量的合理支票申请，它们与他填报的虚假申请看上去没有什么两样。原始凭证一般都没有附在支票申请书的后面，因为大家都以为每份支票申请的注册名单等资料都已经归档保管，随时可以查阅。

丹做了公园及娱乐部的代理经理后，由他和其他人填报的支票申请就由他来审批了，这使他取得支票的过程更加简单了，只要不超过预算的控制上限就可以了。但是，我后来发现，违法支票的金额之所以没有超过预算的上限，是因为丹已经私自提高了预算。这就是他的聪明之处，因为他知道政府部门对预算控制都特别重视。举例来说，如果某个协会申请补助的正确额度是根据参加活动的注册人数约为350人确定的，丹把预算提高到按注册人数500人计算，这样他就可以将多出的预算神不知鬼不觉地转移到他自己的腰包。另外，市政的合并也为丹大幅提高娱乐项目的预算额度提供了机会，因为大家以前都不知道合并后的协会提供的人数。

付给各个娱乐组织的支票一般都开给了劳伦斯镇市的公园及娱乐部，因为许多自发组织的团体没有固定的地址，其财务主管也经常变更，所以支票先寄到公园及娱乐部也属正常。但是，这种做法给丹提供了截留支票的机会，下边的协会永远也不会收到被截留的支票。这个环节本来有可能及早暴露丹的阴谋。

这样一来，按照常规渠道收取补助金的那些体育组织，对它们本应该得到的支票一无所知。同样，地区性娱乐协会对在他们不知道的那个银行账户中发生的非法交易也一无所知。最终的受害者劳伦斯镇市政府也没有发现任何异常情况，因为这些非法的支票被巧妙地隐藏在了其他合法的付款支票中间，金额也没有超过事先被提高了的预算水平。这简直就是一个万无一失的作案计划，我也明白了为什么这个阴谋持续了这么多年竟没有被察觉。

由于“地区性娱乐协会”听上去好像是几个不同的体育团体的上级组织，银行对存入该协会账户的存款从未提出过任何质疑。只是有一点我们不应该忘记，丹每次存款都是把存款通知单扔进银行的投递箱，从而避免了和银行柜员的正面接触。丹进行的非法存款都是使用支票，按规定是需要两个人签字的，我发现丹·克诺尔总是支票的签字人之一，我向另外两名签字人核实过，他们证实他们在那几张转入丹·克诺尔的信用卡或支付他的私人账单的支票上的签名都是伪造的。

尽管我为这次全面调查花了大半个月的时间，但我已经获得了足够的证据如约参加市政理事会的最后一次会议。我在会上介绍了东城少年曲棍球协会的案子，他们亲眼看到了作案的证据，免去了许多解释的麻烦。当然，会上的讨论还是很激烈，大家提出了许多问题。丹·克诺尔无疑是聪明的，但市政官员们也承认，政府的内部控制的确存在很大的问题。

§最后的挣扎§

根据调查结果，丹·克诺尔被警方指控犯有盗窃和伪造罪。毫不奇怪，他的临时停职也变成了永久性的解雇。丢了工作、面临破产和人们的鄙视，丹正在吞吃着他丑恶的非法行为的苦果。丹对两项罪名供认不讳。在审判进行之前，他的律师向法庭提交了一份请求宽大处理的书面建议书。与此案相关的所有人都希望听听丹·克诺尔怎样解释他的罪行。他的陈述印证了我在书面报告中提出的证据，包括事先提高预算、通过虚假支票申请书骗取政府开出的支票、利用“地区性娱乐协会”的银行账户作为非法挪用公款的工具等要害问题。他后来的陈述更有意思，它揭示了丹的犯罪动机。他说他本想自己在“第一年”就会被抓住的，但他没有说明这个“第一年”是哪一年。他声称他真的很想偿还他“借走”的钱，但随着数额越来越大，还清这笔钱也越来越不可能了。有人可能会说，导致丹犯罪的深层原因是他骨子里埋藏的想取悦大家的强烈愿望，也就是他想让家人、朋友及同事们高兴，所以才经常请大家吃饭、喝酒和娱乐，并捐赠了大量的善款。这些支出远远超过了他的财力，是贪污来的钱帮了他的忙。丹也未能逃脱两种常见的恶习，即酗酒和赌博。丹购买彩票的金额不断加大，希望某一天他能赢得一大笔钱来归还他所盗窃的公款，但是这一天从未到来。结果是，他酗酒日趋严重。

律师提交的建议书说明了丹目前正在为自己的行为而承受着极大的痛苦。他在社区名誉扫地，面临着毁灭性的经济后果，他未来再就业的希望渺茫。同时，意见书说丹收到了许多来自于社区忠实拥护者对他表示支持的信件。意见书最后说，丹并没有对公众造成任何危害，他一贯工作努力，对自己的行为深怀悔意，他应该享受到有条件的从轻判决。

但是，意见书终究没有为他赢得多少同情，它真实地说明了丹的犯罪事实，但同时也证明了丹完全清楚他自己在做什么。任意操纵预算、利用市政和银行的业务处理程序作弊，表现出他老到的作案手段，完全超出了一时冲动的范围。虽然丹愿意为他的所作所为承担责任，但他并不愿意接受对他行为的指责。相反，他言语间流露出造成这种后果的原因是市政控制不当，银行也没有严格地履行审查财务报表及确认签字人的程序。最后，意见书单方面地强调丹利用贪污的钱做了许多慷慨的事，却只字不提他用盗窃的钱来挥霍享受，包括支付其奢华的旅行费用。

审判是在具有历史意义的市中心法庭宣布的，法庭里挤满了好奇的旁观者以及直接受丹的行为影响的人群。法官在判决的开场白中不无幽默地说了许多软禁的好处，让出席审判的劳伦斯镇市政府的代表都屏住了呼吸。法官终于说，软禁不足以惩罚这样早有预谋的犯罪行为，丹被判处两年的监禁，其中一年是在管理最为严厉的联邦监狱服刑，这对那些还想以身试法的人来说可能是一个严厉的震慑。丹出狱后，远离公众的视线过着平静的生活，他一直在从事体力劳动，随着时间的推移，他几乎从人们的记忆中完全消失了。

§经验与教训§

与本案相关的人都可以从中学到些什么。劳伦斯镇市政府认识到，内部控制有漏洞就会诱发舞弊行为,因此,它迅速采取了行动,尽快堵塞这些漏洞。经理人员要严格审查支票申请的支持性凭证,再也不容许他们自己核准自己提出的付款申请。对向供应商寄发支票的程序也进行了完善,以最大限度地降低支票被截取的可能性,人工取回支票的做法不再使用。对享受补助的体育活动要进行严格的审查,以保证申请补助金额的正确性,并相应地减少预算支出。

本案还连带性地暴露出几个方面的问题。劳伦斯镇市政府在查找以前年度的资料时遇到了很多困难,保存在软件程序中的不再使用的数据已经无法读取。这一点促使市政的领导着手研究更好的方法来保管纸质的财务信息,与电脑专家探讨保存以前的电子记录的方法。

我个人也从本案中学到了很多东西。我对掩盖舞弊的一些手段有了更深刻的了解,我已经把这些资料加到了我的工具箱中,以便在将来使用。我还学会了如何与不同的利益相关者进行沟通。例如,哪些问题对市政理事会成员来说是重要的,他们必须对公众负责的事项,这些事项对公园及娱乐部的工作来说可能并不重要,他们所关心的只是这次舞弊调查是否会影响他们的体育补助项目。

丹的舞弊持续了这么长的时间竟然没有被发现,这令我感到惊讶。我认为其中的一个重要原因就在于丹很善于把握时机,不断地完善他的欺诈计划以降低被发现的可能性,不断地提高预算可以算是他绝妙的一举。还有,他一发现公园及娱乐部经理可以自己审批本人提出的付款申请,便立即开始使用这一方法,免去了虚假支票申请审批过程中的许多麻烦。丹最终还是犯了一个致命的错误,就是将对体育补助项目的控制交给了另一个员工,导致了其阴谋的败露。

本案触动我的另外两点是公众的看法和对舞弊者的惩罚。那些支持丹的信件使我思考良久,是人们真的不关心舞弊,还是不理解舞弊最终对每个人的利益都有影响呢?也许是因为那些人与丹太亲密了,以至于看不清整个事件的真相。通过本案我还看到,我们的法律制度有时候对白领犯罪可能过于宽大仁慈了,好在事情并不是总是如此。就本案而言,法庭的判决是严厉的,丹·克诺尔以昂贵的代价理解了一句老话:“多行不义必自毙”。

§防患于未来之建议§

1. 职责分离

对一些小型组织来说,往往会聘请自愿服务的财务主管,正如本案中的地区性娱乐协会一样。在这样的组织里,经常轮换签字官员这一点非常重要,这样就可以避免本案中出现的情况持续太长的时间。因为要找到一个称职的财务主管非常不容易,一些单位就可能长时间地使用一位财务主管。但是,职位轮换在带来新的思想和观念的同时,还可以在内部控制方面带来一种崭新的视角。

2. 与银行的沟通

非盈利组织的授权签字人员一定要与开户银行确认前任签字人已经被更换。一旦组织更换了银行,一定要从前开户银行取得一份确认信,确保以前的账户已被注销,资金已经转入新的账户。管理人员要接受培训,不仅要了解组织的主要业务活动是什么,还要了解组织的内部控制如何。还有,虽然财务审计并不是揭露舞弊的灵丹妙药,但在本案中它确实起到了遏制舞弊的作用,因为要想对通过银行账户结转的款项加以隐藏可不是一件容易的事。

3. 严格执行组织的规章制度

对常规的商业企业和市政府这样的大型组织来说,如果组织的制度没有得到执行,舞弊就会发生又不被发现。拿劳伦斯镇市来说,规定支票申请是需要批准的,但在具体执行的过程中,经理批准自己的支票申请竟成为一种可接受的行为,有点常识的人都会觉得这种做法是危险的,事实也证明了这一点。因此,批准的权力应该由购货者和验收人以外的人来执行。

4. 付款必须要附有原始凭证

我要提出的最后建议是,在付款之前,必须要有证据证明所购商品或服务是组织之所需、购货是事先经过批准的(订货单)、商品或服务确实收到并为组织所用(收货单)、有合法的付款要求(供货方发票)。通过将上述相关凭证核对相符,将关键的职务进行适当的分离,就可以强化内部控制,防止舞弊的发生。

4

乡村俱乐部舞弊案——令人惊讶的偷窃

Country Club Fraud—What a Steal!

约翰·伯克维格

麦乐迪·贡特尔是一位二十三岁的未婚女性，她认为生活对她从来就不公平。她出生于一个不太富裕的家庭，在她十来岁的时候父母就离异了，从此妈妈和姐妹们的生活更加拮据了。麦乐迪的家所在的区域虽然不是一个最富裕的社区，但她在学校结识的朋友和熟人中还是有些人来自比较富裕的家庭。看着她的同龄人所享有的生活方式和良好的条件，她渴望从生活中获得更多她现在所得不到的东西。

高中毕业后，麦乐迪一直和她的妈妈住在一起。她曾做过许多临时的工作，总是感到入不敷出，所以一直在寻找薪水更好的工作。终于，她在一家当地的银行找到了一份出纳员的工作。

麦乐迪到银行上班的时候已经负债累累。她通过信用卡透支方式买了一辆新车，随后每月即使支付最低的还款额也力不从心了。为了避免破产，她就从银行的抽屉里取走一些钱来还债，打算拿到下个月的工资后就把钱还回去。她的偷窃行为很快被发现，她被解雇了。

麦乐迪被银行解雇后不久就在一家乡村俱乐部找到了一份接待员的工作。她的工作决定了她是前来俱乐部的会员第一个见到的人，她用微笑来迎接大家，还时常向年龄大一些的富有男士抛抛媚眼。为了博得人们的同情，她一有机会就向他们哭诉自己的难处，偶尔也有会员给她一些钱来帮助她。

麦乐迪的同事对她的懒惰都深感厌恶。她总是不停地修指甲、照镜子化装。她经常迟到、早退，花很长的时间吃午饭。最近，俱乐部的董事会解雇了俱乐部的经理，正在准备聘用一名新的经理。在这段时间，麦乐迪和办公室其他员工处于无人管理的状态。

§欢迎来到乡村俱乐部§

该俱乐部最引人注目的不动产是坐落在犹他州圣佩特县的一个高尔夫球场，占地面积7 000平方码，18洞、标准杆72杆。此外还有一个俱乐部大楼、一个游泳池和一个专卖店。俱乐部的收入包括300名会员缴纳的月会费和消费金额、新会员注册费和餐馆及酒吧的收入。在他们聘请我们事务所实施审计的那一年，其总收入为180万美元，总资产为370万美元。

俱乐部的管理层包括总经理杰克·特莱姆贝尔，主管会计和运营管理工作；厨师长巴尼·刘易斯，主管俱乐部餐馆和酒吧的事务；职业高尔夫手李·乔森，负责高尔夫球场；还有负责设施和场地维护的总工程师爱德·曼宁。他们每个人都要管理一定数量的下属员工，直接向董事会负责。

杰克在将麦乐迪聘为接待员不久，他自己就被解雇了。董事会决定将总经理和厨师长两个职位合并，让巴尼负责管理办公室的员工。由于巴尼把主要的精力都放在了餐厅业务方面，对会计和营运管理不免有所忽略，因此，办公室的员工经常处在无人监管的状态下，会计控制更是无从谈起。

巴尼把监督会计事务的工作交给了俱乐部的临时兼职会计师科琳·彼得森。科琳一周工作五天，每天四个小时。科琳让办公室的其他两个员工承担了各种会计职责，一个是兼职记账员露丝·约翰逊，另一个就是接待员麦乐迪，她们帮助她记录总账，处理会员缴费工作，按月向董事会提交财务报表，但科琳并不是露丝和麦乐迪的上司。

董事会的执行委员会负责监督俱乐部的财务工作，他们要聘请审计师执行年度审计。委员会每月都要开会审查由科琳和她的两个帮手编制的财务报告，对财务状况和经营成果进行讨论，审查重大的预算差异和单笔的重大交易。该委员会由三到四名在财务或会计方面有经验的董事会成员组成，他们每月都要与巴尼和科琳沟通。

人们也许可以想象得到，俱乐部的企业文化相当落后，没有正式的内部控制政策和程序。更糟糕的是，由于会员们更喜欢用现金支付餐馆和酒吧的消费，所以每天总是有大量的现金在俱乐部里周转。俱乐部有四个零用现金保险箱，每个箱子总是有 5 000 美元，由四个人分别管理。每天下班的时候，办公室的每个员工都可以拿到存储零用现金保险箱的钥匙。零用现金每年要清点核对四到五次，这项工作也是由管理零用现金保险箱的几个员工进行的。

接待员的主要职责是在前台接收会员的付款、接收打开邮件、准备要存入银行的钱款、将会员的付款过记到会员缴费账户和会计系统中、将款项送存银行。银行存款余额调节表按月编制，但是，总经理或独立于会计核算过程的主管人员从不对银行存款余额调节表进行审查。

没有人对会员的账户进行定期的核对。为了记录非会员赞助事项的交易，他们建立了一些“ZZ”账户，包括大宗的酒类采购和食品消费。只有厨师长一个人负责监督这些“ZZ”账户。

由巴尼主持俱乐部的工作大约六个月之后，新加入董事会的杜格·安德森被任命为执行委员会的主席。杜格是一名曾在一家国际六大会计师事务所工作的注册会计师，具有 32 年的审计工作经验。他上任不久就注意到俱乐部经营过程中存在一些重大问题。

杜格采取的第一项措施是聘用了一位懂得财务的总经理。新任总经理爱德·威尔金斯负责对俱乐部的会计处理和业务程序进行更为严格的控制和监督。爱德在开展工作的过程中遇到了很大的困难，因为办公室的员工根本没有按章办事的习惯。他很快就发现麦乐迪工作懒散，对俱乐部来说是一个麻烦，所以在执行年度审计的前两周解雇了她。

杜格的第二项改革是解聘俱乐部目前的外部审计师，这位审计师从来没有向俱乐部的董事会提交过一份管理建议书，报告内部控制存在的重大缺陷，他实际上根本就没有把审查内部控制作为他的审计业务的一部分。于是，我所在的会计师事务所接受聘请前来执行俱乐部的年度财务报表审计，我是负责这项工作的主审。

我们进驻到俱乐部以后的第一项工作就是对俱乐部的内部控制政策和程序和重要的会计处理方法进行了解。为此，我必须与爱德和科琳会面，向他们询问在会计处理、资产保管和授权方面的控制责任。那个时候爱德刚进俱乐部工作一周，了解的情况不多，但科琳提出了几个值得重点关注的问题,其中会计部门内部缺乏职责分离是其中最值得关注的问题。

我问科琳,俱乐部是否曾因缺乏职责分离而发生过什么舞弊行为,她回答说她本人没有发现,但实际情况究竟如何很难说,因为没有人对会计工作进行监督,再说,她一般都是早晚来上班,那个时段俱乐部发生的事情很少。

§零用现金并非小事§

在我对相关人员进行了访谈、对内控进行了测试几个星期后,科琳告诉我保险箱里的一些零用现金丢失了,那时麦乐迪还没有被解雇。科琳按照爱德新制定的会计工作制度对保险箱里的零用现金进行清点核对,发现了现金的短缺。她不能确定是谁盗窃了现金,也不能肯定现金是否真的被盗窃了,她能够确定的是现金短缺了大约 2 200 美元,她认为应该告知审计师这一情况。她没有想到她的发现仅仅是冰山的一角而已。

接到科琳的电话后,我召开了审计小组成员会议,讨论科琳提供的这个线索,评估可能存在的舞弊范围。我们的审计小组成员包括我、审计经理、一名高级审计师、一名助理审计师和一名合伙人。

在会上,我们讨论了科琳电话里报告的情况及其对我们对舞弊风险评估的影响。尽管该俱乐部是我们的新客户,我们对它的情况不够了解,但还不至于终止该项业务约定,因为看来俱乐部可以提供足够的会计资料来实施审计。但是,我们认为有必要对我们的标准审计程序做一定的调整,以便应对舞弊风险。我们要实施的审计程序包括我们通常使用的全部审计程序,但要重点关注重大的固有风险领域。我们还讨论了针对每类重大交易的审计过程和涉及的关键人员。通过讨论我们决定,除了其他必须实施的审计程序以外,我们还要对下列事项实施审查:

1. 零用现金的支出与补充及相关的核对调整。我们需要特别查明,零用现金的全部开支是否都经过授权、核算、有充分的原始凭证、进行了核对调节。还要核实零用现金的补充是否经过核准,并在零用现金明细账中加以记录。

2. 银行存款余额调节表。尤其要关注存款、电子转账和现金总账与现金的核对情况。我们必须查明,全部的存款是完整合法的,送存银行是否及时。我们还要查明非常规的电子转账是否经过审批、是否合理，总账记录是否有充分的原始凭证。

3. 会员账户。我们需要确定会员的账户是否核对相符，会员的付款记录是否得当。

4. 确定从业务账户的支出是否是通过支票进行的、供货方是否是真实的和经过核准的。付款要经过授权并且有充分的原始凭证，已付支票上有适当的签署人、收款人和背书人的签字。

在计划的最后一周要完成现场审查工作。第一天，我对审计工作进行了分工，高级审计师戴安的工作是审查银行存款余额调节表和测试零用现金，我和助理审计师丹耶负责审查核对会员账户。审查工作开始还不到一个小时，戴安就注意到了业务账户的交易存在着一个奇怪的规律。

"为什么在十一月三十日存入银行的 27 845 美元直到一月二日才出现在银行的账面上？为什么在十二月三十一日存入银行的 28 779 美元到二月十七日之后才到账？"她问道。

我也认为这种情况不正常，要求查看十一月份的存款凭证。在对原始凭证进行审查时，我发现其中有若干份会员支付评估费的支票，付款日期有十一月份的也有十二月份的。我还注意到在存款中根本没有存入现金。我仔细审查了存款项目，对在十一月三十日存入的款项中会包括会员在十二月份的付款支票这一点感到大惑不解，这看起来很不正常。于是，我和科琳一起讨论了这个情况。

§预防不足后患多 §

科琳也被这个问题搞糊涂了，她不知道这是怎么回事。她自己查了几个小时之后，和爱德一起来找我。

爱德说："现金余额看来对不上，但我们找不到原因。在会员缴款系统中，有几个会员账户显示的余额与寄给他们的对账单上的余额不符。因为对账单就是从会员缴款系统生成的，所以上面的余额应该与账户的余额完全一致才对。"

我问，账户余额调节表是由谁编制和寄送的，爱德说是麦乐迪。此外，将会员的付款登记到会员缴款系统和准备每天的存款也是由她负责的。原来俱乐部在将对账单寄给会员之前，没有一个独立于缴款系统的人员对其进行复核。

科琳将一年当中寄送给会员的全部对账单都集中到一起，按照每个会员编制了一张工作底表，将所有发票的余额加总，再与缴款系统中的月末账户余额进行比较，二者的差额总数为50 000美元。我们可以看出，与账户余额不一致的发票显然都被做了改动，对账单上的有些字符看起来好像是用打字机打出来的。

差异金额确定之后，每个账户的问题付款都被追查到现金收入明细账和相关的银行存款单。存入银行的款项全部是支票，没有现金存款。因为许多会员是用现金来付款的，所以一定是有人窃取了收入的现金。这些证据都表明办公室里有一位员工是作案者，这个人很可能是麦乐迪。

我无法询问麦乐迪，因为她已经被俱乐部解雇了，她也不愿协助我们的调查。于是我就询问了办公室的兼职员工露丝·约翰逊，她上班的时候常常也是麦乐迪的工作时间。

我请露丝说说她的职责是什么。

她回答说："我的主要职责是帮助科琳支付账单，在应付账款系统中登记供货商的付款。偶尔我也帮助科琳编制向董事会递交的月度财务报告。"

我又问："你负责打开邮件、接收并处理现金或支票收入、将款项送存银行、登记会员缴款账户吗？"

露丝说："这些工作过去都是由麦乐迪负责的，但是爱德正在考虑对我进行岗位交叉培训，让我负责会员缴款的记账工作。"

我继续问："你有没有发现麦乐迪有任何异常行为，她是怎样履行她的职责的？"

"麦乐迪好像每个月在会员账户的对账单上花了很多精力，她从系统中将对账单打印出来，然后再用手工打字的方式做一些修改，她说有些应该修改的东西在系统里无法进行。我不知道她修改的是什么，我想也许是会员的邮寄地址或会员状况的变化吧。如果会员搬了家或者是级别提高了，对信息进行变更是很正常的，我们的系统太陈旧了，不能处理这些变更。"

我问："你发现过麦乐迪盗窃现金吗？有没有人向你透露过他们怀疑

麦乐迪可能盗窃现金或财产?”

“没有”,她回答,“但我确实记得我听说过有人看见她在被解雇后还到过办公室,打开过保险箱。当有人问到她在干什么的时候,她说她忘了核对零用现金和送存最后一笔款项。我猜想那个发现她的人可能还不知道她已经被解雇了。”

事情在我的脑海中逐渐有了眉目,“没有钥匙的话她怎么能进入俱乐部和办公室呢?难道她手里还有钥匙?”

露丝有点不无嘲讽地说:“是的,在她被解雇时,某些管理人员显然是忽略了这一细节。”

§截留现金§

根据露丝提供的情况,加上通过观察取得的证据,表明麦乐迪实施了偷窃现金的阴谋,手段是从一个会员账户盗窃现金,然后用另一个会员随后的付款来填补现金的短缺。我和也在实施调查的爱德和科琳碰了头,向他们通报了我与露丝交谈的情况。爱德说,露丝的证言与在麦乐迪被解雇前最后一周看到麦乐迪在办公室的员工的说法一致,他也认为所有的证据表明作案者是麦乐迪。科琳说,她早在麦乐迪被解雇前就曾怀疑过她,当时有2,200美元的零用现金不翼而飞。当科琳向麦乐迪问起缺失的现金时,麦乐迪否认自己与此事有关,说她从来就没有拿那笔钱,说酒吧经理或餐馆经理才有可能是偷钱的人。尽管当时没有确切的证据,但麦乐迪的确是怀疑的对象,因为大家听到了她被银行解雇的传言。我问,既然有这样的传言俱乐部为什么还要聘用并留用她呢?科琳说,前任俱乐部经理给麦乐迪加了薪,现任经理就很难找到正当的理由来解雇一个刚被加了薪的员工。

对我们初步的调查结果进行整理、分析和评估后,我们断定麦乐迪实施这起截留现金的阴谋将近八个月的时间了。因为接收邮件、在前台接收来自会员的付款、填写每日的存款单、登记会员账户这些工作均由麦乐迪一人负责,她可以进入并控制几乎整个现金收入交易过程,这给她盗窃现金并进行掩盖提供了方便。也只有在她一人掌控这些职能的情况下,她的行窃阴谋才会成功。在她被解雇后,其舞弊行为很快就被发现了。

麦乐迪将会员支付的现金截留下来，再用后来收入的支票来弥补前面的亏空，她先不填写存款单的金额，直到她可以用后来收到的支票弥补的时候再送存银行，这就是造成她填写的存款单的日期与实际存款日期相差一两个月的原因。被她截留的现金不能记入会计系统中的会员账户，所以麦乐迪随后要用手工的方法对系统打出的会员账户对账单进行更改，以便将会员的付款在会员账户中反映出来，会员就不会发现他们对账单中账户余额的错误了。由于无人对会员账户进行独立的核对调节，所以被调高了的会员账户余额没有被发现。

在审计工作结束的时候，我们确定，会员账户的余额短缺 52 800 美元，另外，以前零用现金短缺的 2 200 美元也没有查明原因。我们断定，麦乐迪在她被解雇后没有马上上交办公室的钥匙，就在她回到俱乐部的那个晚上偷走了那笔钱。如此算来，她盗窃现金的总额为 55 000 美元。

在麦乐迪被解雇但舞弊行为还没有被发现这段时间，会员开始接到比实际的应收账款余额要高的对账单，情况越来越糟糕，爱德不得不应付大量的会员投诉，他们要求给出解释。为了积极主动地解决这一问题，表明他可以很好地处理此事，爱德在没有征询董事会意见的情况下给全体会员发了一封信，内容是这样的：

请注意 来自俱乐部新任经理的信。请认真审查您的对账单！

在过去的两个星期里，我们发现会员账户存在大量发生在前几个月的错误、差异和违规记账的情况，有些人已经打来了电话询问自己的账户余额。不断地为大家提供及时、准确的账户信息是我们的目标之一，为此，我希望您认真地检查您上个月的对账单，将对账单上的余额、您每月发生的应付款额、或对账单中没有列示的付款额通知我，我们将以最快的速度认真处理大家的疑问或批评意见。

这封信是在实质性调查开始之前寄出的，随之而来的矛盾对董事会及时、有效解决问题带来了很大的障碍。接到警告的会员们以为俱乐部的董事会和管理层侵占了他们的几十万美元，有人扬言要状告俱乐部，在调查结束及损失金额被最终确定之前，有几位董事会成员就辞职了。

好在俱乐部可以从保险公司获得 50 000 美元的保险赔偿，麦乐迪同意赔偿剩余的 5 000 美元，俱乐部不再对她进行起诉。

§经验与教训§

本案给我们提供了一个最重要的启示,即一个组织拥有一个良好的控制环境和一个能够积极有效地进行沟通、不断强化内部控制政策和程序的董事会是多么的重要。如果董事会和管理层能够对俱乐部的固有风险及员工接触现金和其他财产的机会给予更多的关注的话,麦乐迪就不会有舞弊的机会。在该俱乐部,员工可以迟到早退,可以在餐馆或酒吧里白吃白喝,餐厅的经理在俱乐部为他的朋友举行聚会,免费消费大量的酒水。没有人为此承担责任,没有人知道谁负责管理这些事务。

我从本案中学到的另一点是在实施审计时保持职业怀疑的重要性。打那之后,每次执行审计业务的时候,我都事先假设在被审计单位有人舞弊,我的责任就是揭露舞弊,这种态度彻底改变了我的审计方法,从按部就班地执行例行的程序,转变为设计专门的程序以便应对审计开始时评估的一定水平的舞弊风险。特别值得说明的是,我后来进行审计时,为了识别潜在的舞弊风险,我都会更加重视对内部控制的审查、实施面询和执行分析性程序。

最后,我还认识到有效沟通的重要性。将舞弊通报给利益相关者要选择恰当的时机。在本案中,如果爱德再耐心一点、等到舞弊的范围大致确定后再告诉会员的话,调查结果就不会使会员那么惊慌了。另外,确定了告诉会员的适当时间后,也应该按照董事会的决定通过董事会向会员传达这一事件,而不是俱乐部的新任经理,爱德这样做从长远来看对自己很不利,他本来是有能力的,但由于不善于沟通而被解雇了。

§防患于未来之建议§

1. 职责分离

麦乐迪一人负责接收会员的付款、打开邮件、填制存款单、将款项送存银行、将现金收入过记到会员账户,这些职责都是应该严格分离的,这样才能避免一个人既能接触实物资产又能处理相关的会计记录,避免业务处理的整个过程由一人包办。可以由行政助理负责打开邮件和填制存款单，但是，对收入的现金和支票必须要编制一个清单，并将其交给办公室的另一位员工或者是记账员据以登记会员账户。存款单应提交俱乐部的经理审核，款项应由俱乐部经理和另一位员工一起送存银行。银行也可以到俱乐部来取存款，这样既能做到存款及时，又能免去两个人去银行存款的麻烦。

俱乐部经理应负责接收未开封的银行对账单及注销支票，先行对银行对账单进行审查后，再交给会计人员编制银行存款余额调节表。编制完成的调节表应由俱乐部经理进行复核。

办公室成员应该接受岗位交叉培训，明确各自的职责。例如，在一段时间里可以由科琳负责现金收入和填写存款单的工作，由露丝负责将现金收入登入到会员账户。其他的会计职能也可以进行交叉培训，这样的话，如果哪位员工临时出了变故，其他员工就可以接替他的工作，这样就可以更好地实施会计控制。

俱乐部经理应定期地对办公室员工完成的会计工作进行独立的检查。在招聘员工时，对应聘有机会接触容易被挪用的资产的职务的人员，应当进行彻底的背景调查。如果当时俱乐部对麦乐迪的背景进行了调查，这次舞弊就可以避免了。

2. 及时存款

尽管董事会曾通过了一项决议，要求超过 500 美元的所有款项一律要在当日存入银行，但我们在审计中发现这一规定并没有得到执行，因为我们注意到有两笔存款，一笔大约是 27 000 美元，另一笔大约 28 800 美元，都没有及时转到银行的账户上。如果这两笔款项及时送交银行，麦乐迪转移现金的能力就会被大大削弱。现金收入应当每日都送存银行，如果遇到极少见的情况存款需要等到第二天再送交银行，那么款项必须存放在保险箱里，只有几个关键的员工才能接近保险箱。

3. 现金收据

尽管俱乐部规定在收到会员支付的现金时要开具收据，但是这一程序也并没有得到有效和一贯的执行。俱乐部对会员应该采取什么方式付款的规定要进行重新评价，有两种选择可以提高对现金收款处理过程的控制：

（1）俱乐部经理，或另一名独立于现金处理和记录工作的人员，在复核存款的时候，应该将收到的现金与事先编号的现金收据相对比，看是否相符。

(2)采取"不使用现金"政策，即只接受支票付款和信用卡或借记卡付款。

如果俱乐部继续在前台接受现金或支票，则应该要求会员将付款投入一个投递箱，不要直接交给办公室成员。有权接近投递箱的人员应被限制在少数几个被选定的人员，他们在将现金或支票送存银行的时候，必须要有其他人员的陪同。

4. 零用现金管理程序

俱乐部每年仅对零用现金调节四到五次，每位办公室成员都可接触放钱的保险箱。鉴于零用现金账户余额的重要性，从零用现金开支的时候必须有两个人在场。所有的零用现金付款都要经过被授权和被指派的零用现金保管员核准，要填制有预先编号的零用现金付款凭单，并附以相关的发票或收据。应该定期地进行零用现金的账实核对，核对结果应由俱乐部经理核准。

5. 集中授权

根据俱乐部的章程，俱乐部的管理团队包括四名管理人员：俱乐部经理、厨师长、高尔夫球场主管人和高尔夫职业球手。四人都有各自的职责范围，向董事会报告工作。这种组织结构存在的问题是，可能会出现管理范围不清、员工不知道应该向谁负责的情况，结果造成控制环境松懈，有些领域没有得到足够的重视。集中授权可以防止产生上述误解，提高管理效率及控制水平。

俱乐部应该聘用一名全职的总经理，对俱乐部的所有部门负管理责任，他应担任管理委员会的主席，管理委员会应由他本人和四名部门经理组成，包括办公室主任、厨师长、高尔夫球场主管人和高尔夫职业球手。办公室主任的责任是保证办公室及会计人员遵守既定的会计政策和程序。管理委员会应每周召开一次会议，协调各种业务活动和职责分工，解决与俱乐部的总体运行相关的问题。总经理应定期向董事会汇报工作，获取董事会的指导，确保董事会的决议得到了贯彻实施。

5

蒂娜·桑科兹究竟在哪里?

Where in the World Is Dina Sanchez?

布丽阿娜·J.帕西奥莱克

玛利亚·瓦斯奎兹是一位身材高大、留着一头层次分明的金色短发的中年女士。她的衣着打扮虽不华丽但非常得体,带着一付无边的眼镜,脸上挂着一抹淡妆。她的微笑亲切而和蔼,看上去就像是与你每天朝夕相伴的母亲——一个能够全心全意地帮助你的人。

玛利亚在阿根廷长大,读高中时她学习非常刻苦,后又上了大学并获得了商科的学位。在与长期相恋的佩德罗结婚后,她干过很多工作,但家里主要的经济来源还是她的丈夫。有段时间佩德罗曾管理过属于自己的一家运输公司,玛利亚负责公司的会计工作。

怀着对美好生活的渴望,玛利亚和佩德罗来到了美国。他们没有孩子,所以把玛利亚的妈妈也带到了美国。来到美国的迈阿密北部后,他们一家三人住在一栋中等大小三居室的房子里,房子坐落在海水引入内陆的水流旁边,四周是棕榈树。这一切对于他们一家人来讲可谓是梦想成真。

佩德罗是一个自由画家,每周工作不到30小时。玛利亚在一家小型公司找了一份会计工作,但由于和老板相处不好而辞职了。就在这时,她联系上了一家叫"就业超市"的中介机构,不久便被介绍到一家名为"安全保护"的公司工作,这个公司是一家名叫马茨的企业集团的子公司。

安全保护公司生产和销售民用和商用保险柜。玛利亚作为一名临时雇员被安排到公司的税务部工作,职责是帮助其他员工处理各种各样的行政管理工作。就在我被聘请到马茨公司的内部审计部一个月后,公司安排玛利亚负责编制各州的销售税申报单工作。

安全保护公司在安全保护产品行业处于世界领先的地位。公司已有150多年的历史,总部设在迈阿密,在发展的过程中进行过多次的公司并购。从20世纪初开始,该公司就通过并购的方式清除竞争对手。至今,公司已经从当初的三名员工、年收入不到50 000美元的小公司,发展到今天拥有45 000名员工,年销售总额超过四十亿美元的大公司。

不难想象,安全保护公司在其成长的过程中经历了许多变革。在开始的时候,公司的服务范围仅限于一般的小商店和少数富有的人群,现在,公司的顾客群体包括大型企业、酒店、政府部门、银行、博物馆和赌场。

安全保护公司是马茨集团最大的子公司,正因为如此,我第一年的大部分工作时间是在该公司的总部实施内部审计和检查工作。在对安全保护公司进行审计的过程中,除了遇到过一些小的问题之外,内审工作总体而言进展顺利,公司总的看来是在高效率地运转着,员工心满意足,公司的发展蒸蒸日上。通过对公司的审计,我也有幸对公司有了较多的了解,与高层管理者建立了密切的关系。一年秋天,我被调到一个新开展业务的法务审计组,需要去马茨的其他许多子公司进行审计。

§虚假的背书§

过完感恩节,在和家人团聚后我回到了工作岗位。这个季节对于我们部门来说是一年之中最为安静的时刻,因为大家都沉浸在节日的气氛中,许多员工都选择在年底前多休几天假期。这一天,我正坐在无窗的办公室里处理电子邮件,电话铃突然响了起来。打电话的是安全保护公司的会计主管彼得·内里斯,他想要和我见面讨论一件紧急的事情。我抓起一支钢笔和一个记事簿就向他在四楼的办公室走去。我在彼得办公桌的对面坐下,旁边坐着的还有税务部的主管玛格丽特·刘易斯,他们认为他们发现了公司内部的一宗舞弊事件。

玛格丽特前天因公出差了。那天下午,她接到了公司的高级法律顾问布里吉特·金斯顿打来的电话,将她不在公司的时候出现的一些事情告诉了她。就在那天早上,公司的税务助理莎拉·杰士伯在电话里与堪萨斯州的税务局代表比尔·特伦特进行了交谈,比尔说他没有收到安全保护公司六月份的销售税申报单和缴纳的税款。听到这些莎拉感到很惊讶,所以她答应查明情况后给比尔回电话。在给芝加哥的应付账款服务中心打过电话之后,莎拉了解到公司在七月份曾开出一张金额为78 965美元(支付六月份的税款)、收款人为堪萨斯州税务局的支票,并且已从银行账户划走。莎拉将收到的已转账的支票的传真件传给了比尔。在二人的沟通中,比尔说支票的背书是假的,并给莎拉传真过来一张有真正的背书印章的支票进行比较。莎拉通过比较发现,无论是账户的名称还是号码都不一致。堪萨斯州税务局的背书印章上写着"只限于给堪萨斯州税务局的付款",但那张可疑支票的背书写的是"堪萨斯 DOR"。由于玛格丽特出差在外,莎拉就将这件事告诉了公司法律部的布里吉特,布里吉特马上拨打了玛格丽特的手机,向她通报了这里发现的情况,同时也将此事告诉了彼得。根据公司的规定,彼得将此事报给了法务审计组进行调查。玛利亚是公司堪萨斯州税务局账户的唯一负责人,其职责包括编制销售税申报单、申请交税付款、将付款支票寄出。令人奇怪的是,玛利亚前些日子离开了公司,她在公司工作的最后一天是九月九日,现在已经是十一月了。

§我到底叫什么名字? §

我在进行深入调查之前需要再了解一些玛利亚的情况,之前我对她的了解仅限于从玛格丽特那里得到的有限信息,所以我决定当面询问她以前的同事莎拉·杰士伯和帕拉·马丁内斯。在找她们谈话之前,我已经向银行索要了自玛利亚到公司上班以来全部已转账支票的记录。我知道要拿到这些材料需要几天的时间,我不想浪费这几天的时间。莎拉,也就是那位最早与堪萨斯州税务局讨论这个事件的人,与玛利亚同在税务部工作。帕拉眼下在公司的销售许可部工作,但原来和玛利亚在一起工作。莎拉认识玛利亚大约已有两年的时间,而帕拉与她相识已经三年半了,与她的私交更为密切。莎拉和帕拉都在工作时间之外与玛利亚有过交往活动。

莎拉和帕拉都说,她们曾发现玛利亚在过去不是用这个名字。莎拉想起来自己曾经收到一位名叫"蒂娜·桑科兹"的人发来的电子邮件,邮件的地址她不熟悉,莎拉说她知道这封邮件是玛利亚发来的,因为邮件主题栏写着“路易斯安那”,是对她询问玛利亚关于路易斯安那州的销售税申报单的邮件的回复,莎拉又给玛利亚回了信,但没收到玛利亚的回音。那份邮件是在九月十三日和十七日之间收到的,大约是在玛利亚离开公司一周后。帕拉说,七月份的时候玛利亚和她的妈妈到帕拉家做客,她听见玛利亚的妈妈叫她“蒂娜”,她问她为什么会被叫做蒂娜时,玛利亚说“蒂娜”是她的中间名字。

帕拉也记得曾经收到一封来自蒂娜·桑科兹的邮件。在帕拉问玛利亚邮件是不是她发的时候,玛利亚说她是在用一个朋友的账户。有一次,帕拉在路过玛利亚位于迈阿密北部的家的时候停了下来,想问问她为什么不接电话也不回复邮件。在门口接待帕拉的是一对新搬进这座房子的夫妇,帕拉问他们是否知道玛利亚的下落,那对夫妇回答说,他们不知道这房子原来的主人在哪里,另外,房主的名字是蒂娜,不是玛利亚。这对夫妇还给帕拉看了寄给蒂娜的一堆信件,他们不知如何处理,因为他们没有玛利亚的地址。

帕拉还和我说了一件大约发生在三年前的事。当时玛利亚吃了官司,帕拉记得玛利亚的丈夫曾问过她,能否借给他 25 000 美元以便使他妻子摆脱麻烦。在我与莎拉谈话的时候,我了解到,他想用钱将玛利亚从监狱中保释出来。莎拉不知道玛利亚因为什么进了监狱,但她觉得肯定与玛利亚以前的工作有关。

在调查期间,我了解到许多关于玛利亚的其他有用的细节:

1. 莎拉说,她听帕拉说过,玛利亚来到美国后买了一张社会保障卡,或者说她是在使用 张伪造的社会保障卡。

2. 帕拉说玛利亚手上戴着劳力士手表,开着梅赛德斯奔驰车;她的丈夫开的是林肯领航者。他们好像要在佛罗里达的博因顿海滩盖一栋新房子。

3. 莎拉和帕拉都说玛利亚从不愿意谈论自己的事。

4. 玛利亚应邀去过帕拉家好几次,但玛利亚从来没有回请过帕拉到她家去做客。

5. 安全保护公司曾不止一次地为玛利亚提供全职的职位,但都被她谢绝了。

6. 帕拉回忆说,玛利亚其实很想成为公司的全职员工,但她不想让公司对她进行背景调查。

7. 玛利亚好像在佛罗里达的圣露西港有朋友或有某种关系。

难道玛利亚就是蒂娜·桑科兹？我的下一步工作是检查我向应付账款部索取的支票，但在此之前我得做两件事：第一，我请公司安全部的一个同事去查一下玛利亚·瓦斯奎兹和蒂娜·桑科兹的背景资料；第二，我决定对接到那张有疑问的支票的那家银行进行一次快速的调查。因为一时无法与经理取得联系，我决定打电话给银行的防舞弊部门。尽管防舞弊部门的人员不能透露有关"堪萨斯 DOR"账户户主的信息，但他可以提供"是"与"不是"的回答。通过我的提问，他肯定了"堪萨斯 DOR"及"蒂娜·桑科兹"这两个户名，而且这两个账户都还有效。

我感到我的调查工作有了进展，证明我之前的怀疑是正确的，我开始对收到的已结清的支票进行全面的检查。经玛利亚的请求，公司共开出六十张支付给堪萨斯 DOR 的付款，其中有二十五张支票被截留，通过将这些支票上的背书信息与堪萨斯税务局使用的真实背书印章相比我可以断定这一点，总金额接近 430 000 美元。至此调查开始有眉目了。

确定了这一情况后，相关部门立即下令冻结了玛利亚的银行账户。此后，我与银行的内部法律顾问露西·桑托斯进行了一次电话交谈。露西肯定玛利亚在该银行有两个账户，户名分别是"蒂娜·桑科兹"和"堪萨斯 DOR"。据桑托斯女士所说，玛利亚在去年的二月在银行开了一个名为"堪萨斯 DOR"的商务账户，是她用佛罗里达州秘书核发的非本名证书申请的。桑托斯女士肯定银行已经冻结了玛利亚的所有账户，要求提供与其账户有关的全部对账单和会计记录。堪萨斯 DOR 账户的余额为负的 5.9 美元，另两个个人账户的余额分别是负的 7.02 美元和 187.52 美元。另外，桑托斯女士还提供了一些堪萨斯 DOR 账户的存款资料，每笔存款金额都与安全保护公司被截留的支票的金额相符。后来证实，玛利亚向应付账款部发出改变收款人的请求，将供应商主文档中的一位供应商名字做了修改，即"堪萨斯州，税务主管，税务局"改为"堪萨斯 DOR"，变更申请是从玛利亚在安全保护公司的电子邮件账户发出去的。变更请求还包括将"内布拉斯加州税务局"变更为"内布拉斯加 DOR"和将"佛蒙特州税务局"改为"佛蒙特税务局"。

我从应付账款部取得了玛利亚发出的电子邮件和变更请求的复印

件,上面明显地缺少主管人的批准程序。但是,在纸质的表格上确实有在主文档中做出变更的人员的姓名缩写和变更日期。据应付账款部主管说,公司并无适当的控制措施来确保在主文档中变更供应商名称之前和进入会计系统之后都经过核准。

不久,我与负责调查玛利亚·瓦斯奎兹和蒂娜·桑科兹背景的同事碰了头,结果证明,我们的怀疑对象的真实姓名是蒂娜·桑科兹,她一直在使用玛利亚·瓦斯奎兹这个身份,其实玛利亚·瓦斯奎兹是一位比她年长十岁还多的女士。原来,蒂娜借用玛利亚的身份资料是为了以她的名义在她的居住地圣露西港取得佛罗里达州的驾驶证。然后,蒂娜又使用玛利亚的社会保障号码和伪造的佛罗里达州驾驶证,到临时工工作超市去申请工作。后来,迈阿密的一名侦探透露,蒂娜·桑科兹有过犯罪记录,在她来美国后的第一份工作的地方曾被逮捕坐牢。

工作超市给我们提供了最近寄给蒂娜(以玛利亚·瓦斯奎兹的名义)的两张薪水支票的复印件。较早的那张背面的签名用的是"M·瓦斯奎兹",这个签名是她在安全保护公司工作时用在她所有文件上的签名。另一张支票上的签名则是其他的人(即"玛利亚·瓦斯奎兹",与另一张支票上的签名不一致),这张支票是在我们发现蒂娜已经离开美国后开出的。工作超市中玛利亚·瓦斯奎兹(蒂娜)的个人信息表明她的家庭住址是佛罗里达州圣露西港西爱斯摩大街十九号,这个地址是真实的玛利亚的家庭地址。我们对这处房产进行了调查,证明这所房子是安德烈·马可·迪翁和玛利亚·瓦斯奎兹·迪翁于去年一月份花了85 000美元买下的,不存在抵押或留置权。

真实的玛利亚说蒂娜曾是她的会计师,说蒂娜窃取了她的身份证,但她没有到警察局报案。我们认为,这两个女人合伙实施了这桩欺诈阴谋,因为我们发现了一张蒂娜与她的丈夫、母亲和玛利亚在圣露西港家中的合影照片,说明她们是朋友。玛利亚拒绝协助我们的调查,并通过她的律师告诉我们不要与她联系。

§擅长旅行的舞弊者§

通过审查纳税申报单和与玛格丽特交谈,我最终得以确定蒂娜的舞弊行为。她通过操纵系统报告、纳税申报单和内部控制措施，截留了公司的支票并对自己的舞弊行为加以掩盖。蒂娜的职责是利用安全保护公司的系统编制月度销售税申报单，公司里只有她一个人知道如何进行操作。她先是修改销售额编制虚假的纳税申报单，然后截留公司开出的支票。

例如，五月份提交的四月份的纳税申报单显示的应交销售税是58 300美元，应交消费税金额为2 000美元，总计60 300美元。但是，蒂娜在申请付款的时候将这个总数分成两笔，金额分别是35 700美元和24 600美元（总计也是60 300美元），不知道这些付款支票申请的审批人为什么不问问她为什么要将总额这样分开。在我们进行调查的时候，这个审批人已经不在公司了。

然后，蒂娜会编制第二套纳税申报单，更确切地说，应该是销售税申报单，她很少在消费税上打主意。在这份虚假的销售税申报单上的销售额将是通过篡改系统报告得到的虚减了的销售额，据此计算出来的应付税款也就降低了。我们还以四月份的申报单为例，她会将系统中的销售额降低，以便将应付销售税计算为33 700美元，应付消费税2 000美元。原来系统报告的税款和被篡改后的系统报告的应付税款总额相差24 600美元，这个金额正是蒂娜申请的第二张支票的金额。

当她收到由应付账款部开出的两张支票后，蒂娜将被篡改过的较低销售额的系统报告附在伪造的销售税申报单和真实的消费税申报单后面，再加上35 700美元的支票，一起寄到堪萨斯州税务局，然后将截留的24 600美元的支票据为己有。

二月份，蒂娜根本就没有向堪萨斯州税务局邮寄一月份的申报单和交税支票，她直接截留了支票。在接下来的三月份，她以申报无人认领财产的名义又申请了一张支票，一次性地缴纳了一月份和二月份的税款。

三月份，蒂娜将相同的纳税申报单分别提交给税务主管和税务经理申请付款，两个人分别批准了一张付款支票，她将其中的一张支票邮寄出去，而将另一张支票占为己有。

第二年的四月和五月，蒂娜又对纳税申报单做了手脚。税务主管审核了四月份的纳税申报单，销售税金额为82 200美元，消费税金额为1 005美元。他在两张申报单和支票申请上都签了字，确定每张支票的金额都与申报单一致。蒂娜并没有将四月份的纳税申报单和支票寄给堪萨斯州税务局,她把两张支票都截留了下来。

下个月,蒂娜编制了五月份的纳税申报单并将它们提交给税务主管核准。税收主管批准的申报单上显示的销售税额为57 100美元,消费税额为1 300美元。这一次,税务主管也确定每张支票与每份纳税申报单一致。蒂娜也没有将五月份的纳税申报单寄到堪萨斯州的税务局。

她伪造了四月和五月的销售税申报单,金额分别为28 495美元和26 300美元,把它们和原来四月和五月的消费税申报单和五月份的57 100美元的支票一起寄给了堪萨斯州的税务局,这两张伪造的销售税申报单上的税务主管的签名都是伪造的。

最令人不可思议的是,我们之所以能够了解蒂娜用来掩盖舞弊行为的所有方法,是因为蒂娜将原始的和伪造的系统报告和纳税申报单都保存在公司的文档中,她可真是个"善良"的人啊!

现在我们只有一个问题还没有得到答案:蒂娜·桑科兹此刻身在何方?有消息说蒂娜和她的家人现在在西班牙的巴塞罗那。要想逮捕身在美国境外的犯罪嫌疑人,困难自然很大。

不管怎样,我还是完成了一份关于本案调查详细情况的调查报告,包括发现的事实和收集的证据。我还将舞弊期间发生的事实按时间顺序做了排列。我将调查报告交给了迈阿密当地警方和特勤处,向他们详细介绍了案情资料。迈阿密的一位侦探罗伯特·墨菲对我的工作非常赞赏,甚至邀请我到他们那里去工作。我们希望有一天能抓住蒂娜,让她受到应有的惩罚。

§经验与教训§

使蒂娜的阴谋得以实施的内部控制最突出的缺陷是对供应商主文档的维护与控制不力,公司没有建立一种制度,来对供应商文档的修改进行审批。我实在想不通,为什么应付账款管理员从来没有质疑蒂娜的变更申请。

在我发现蒂娜可以篡改系统中的销售税报告中的数字时,我简直不敢相信公司竟然没有任何控制措施来阻止这种非法更改行为。值得庆幸的是,在与信息技术部门的人员沟通之后,我了解到他们有能力实施这种控制。

在利用纳税申报舞弊的过程中，蒂娜至少有两次没有及时向堪萨斯州税务局邮寄税款。但由于公司对税务局的邮件缺乏集中的接收和跟踪程序，蒂娜才能赶在他人之前拿到税务局的催款通知，以至于其他人根本不知道公司被催缴税款这回事。可能是因为她良心发现，也是为了将她的舞弊计划进行下去而不引起怀疑，她用自己的钱支付了滞纳金。当然，这些钱也是她从公司贪污的。

我发现，公司在向州税务局付款方面的内部控制也存在一些漏洞。付款支票申请（支付给供应商）看起来好像是经过了恰当的核准，但公司却没有按周或按月对付款总额进行复核的程序。例如，税务主管可能在今天批准了蒂娜的支票申请，但是，几天过后他可能批准针对同一纳税申报单相同金额的第二次支票申请。如果有人负责对每周或每月的支票申请或付款进行复核，这个人就可以发现这一重复付款现象。另外，公司也没有制度来确保所有开出的支票都得到记录并寄给了正确的供应商。在调查的过程中，我自己曾经为蒂娜实施舞弊时只是一个临时雇员而感到困惑不已，因为我想当然地以为临时工应当没有机会接触公司的资产，但我却发现了下列事实：

（1）工作超市不签订用人合同，这个临时工中介机构直接向公司提供服务。

（2）没有什么规定要求工作超市对求职人员实施背景审查。

（3）临时雇员还可以接触到现金和支票。

（4）对一个雇员可以以临时工的身份在一个公司工作多长时间没有规定。

（5）公司对临时工进入系统没有足够的限制。

§防患于未来之建议§

1. 供应商主文档

对供应商主文档的任何变更申请必须以书面的形式经过督导人员核准后才能输入到会计记录中。

2. 安全保护系统

要建立并实施完善的控制系统。另外，应确保转入另一个程序的数据不被修改。

3. 支付过程——税务局

公司的税务主管应按周或按月对本周或本月全部的付款支票和付款进行审查,要注意查找有无异常事项、重复付款和被分割的付款。为了保证公司资金的安全,州税务局已经实行网上缴款。对于那些不接受网上缴款的州,纳税申报单应寄给公司的应付账款合作服务中心,以便该中心据以和相关的付款支票进行核对,然后将纳税申报单和付款支票一并寄给有关州的税务部门。

4. 邮件的接收与跟踪

现在,公司税务部的助理负责打开所有的邮件,记录收到的州税务局发来的通知,并将通知转发给相关人员。公司的税务主管要对从州税务局收到的通知进行监控,以确保相关事项得到及时的处理并相互核对一致。

6

校园里的欺诈
School of Fraud

尼森·罗南

罗杰·卡翁达的生活节奏很快。他长得高大威猛,仪表堂堂,是远近闻名的万人迷。我认识罗杰的时候他大约35岁。他取得了公共管理学位,在非洲南部的莱索托的一所会计专科学校做行政管理员。在这之前,他在莱索托的一家大型银行做出纳员。

罗杰是一位深受大家喜爱的行政管理员。由于他坚持建议学校给教职员工的住房刷新,所以员工们对罗杰都报有感激之情。毫无疑问,他有很强的人际交往能力,在出现问题或遇到棘手的工作要完成的时候,罗杰知道应该找谁来做最好。他和校长的关系特别好,在学校的日常管理中,校长也非常依赖他。

罗杰有两个孩子,他的妻子格拉迪斯在罗杰曾经工作过的那家银行做秘书。据说格拉迪斯对他们的婚姻不是很满意,她有时会抱怨罗杰花在家人身上的时间少得可怜,此时罗杰就会反驳说:“我已经给了你两个孩子,你还想要什么?”

罗杰的一些同事也经常说他有点冷落了他的妻子和孩子,他总喜欢在周末带着他的女友之一去旅行,据说他曾坐飞机专程去南非看他的一个情妇。

罗杰非常迷信巫医的法力。由于他对传统医术的迷信,他的朋友觉得他能做出各种冒险的事。在遇到工作或家庭方面的问题时,他的补救方法就是向巫医求点解药。他相信,如果他想要教训一下那些他不喜欢的人,只要到巫医那里买点药就可以了。提起他最近买到的解药,他会得意地放声大笑。他告诉大家他认识一位住在山里的法力无边的巫医。

我从来没有看见罗杰有心情不好的时候,他好像总是以孩子般的乐观态度来度过每一天。他总是在行动,努力处理某些问题或是解决一些人际关系问题。有一天我对一个同事说:“我希望你能认识到罗杰为我们做的一切。”我的同事非常赞同我对罗杰的评价。

这所会计学院始建于1980年,是在世界银行的资助下兴建的。它的具体目标是为公共领域和企业单位培养专业会计人员。那个时候,大多数非洲中南部的国家摆脱了殖民统治,开始采取一系列的措施来培养自己的专业骨干。

该学院还得到了联合国发展项目、国际劳动组织及美英两国政府提供的技术支持,这意味着学院可以聘请来自美国、英格兰、苏格兰、澳大利亚和爱尔兰的教职员工,与该国的同行一同工作。因此,国家政府对这所高等学府的成功发展充满了期待。

那时这个学院有两个校区,一个在国家的政治中心,另一个在经济中心,有大约2 000名学生在校学习会计、金融和财务管理课程,大部分是学习贸易和经济的研究生。由于莱索托这个国家在1964年之前一直是在英国的统治之下,所以学院里开设的课程都很注重国际化。入学学生接受的是英国的专业会计资格培训,具体说,他们准备加入英国注册会计师协会和英国特许管理学会。金融方面的课程是由英国特许银行学会提供的,财务管理课程也是采用英国的教育模式。

在该学院开始接受国际社会的第二期技术援助时,我作为国际劳动组织会计首席专业顾问来到了该校。第一轮的国际技术援助毫无成效,学院在十年期间没有培养出一个专业会计人才,学院的声誉大损。于是,该国的一些企业决定创办自己的会计学院。对于援助毫无成效这一事实国际组织和参与援助的国家都表现出相当的关切,可以说,他们是在很不情愿的情况下提供第二轮援助的。

对于教育的失败人们找出了多种原因,有人认为学生的素质差,也有人认为教师对工作的投入不够,学院院长也被怀疑缺乏领导能力和战略眼光,事实上,这些问题都存在。令人遗憾的是,该学院办学的失败直接阻碍了这个非洲最贫困的国家的发展,在整个政府部门中只有一位有资格的会计师,会计师事务所的合伙人都是海外侨民,约有20名有专业资格的会计师在企业工作。对于这样一个渴望发展并摆脱贫困的国家来说,对会计专业人才的需求是非常迫切的。这所学院是这个国家唯一的一所公立高等学府,无论是本国政府还是国际赞助者,都盼望学院能及早培养出合格的专业会计人员。

§一封匿名信§

从爱尔兰来到这所学院大约六个月之后,我被安排走上学院的领导岗位。刚上任一个月,我就遇到了一个我职业生涯中最大的挑战,对那一天发生的事我至今仍记忆犹新。那是一个星期二的早晨,和煦的阳光伴着微风,我站在办公室的窗口,欣赏着在微风中轻轻摇动的蓝花楹树。

我刚享受了令人神清气爽的鲜花美景后,我的秘书利奥米勒便给我送来了早晨的邮件。其中一封信的收信人不同寻常地写着"ELO man",我不禁笑了一下,意识到写信的人指的是"国际劳动组织先生"。我抑制不住自己的好奇心,立刻将信打开。信是用从孩子的笔记本撕下的一页纸写的,我可能读了不下20遍,被搞得云里雾里的。我身在一个陌生的国度,对非洲的情况了解甚少,信里写的好像还是一个非常敏感的问题。这封用铅笔书写而成的信的内容是这样的:

"来自国际劳动组织的先生,请注意,您的下属正在学院行窃,您不认识他,但我提醒您注意。他不会有好下场,他做了很多坏事,您一定要重视此事。"

信没有落款。我琢磨着是不是写信的人想跟我搞个恶作剧,我该如何处理这封匿名信呢?

在我考虑下一步该做什么的时候,我想起了自己在爱尔兰做会计师的经历,我曾经根据他人透露的线索侦破了两起舞弊事件。想到这里,我感到不可忽视这封信,但同时又禁不住猜想当局会如何看待我的怀疑呢,我毕竟只是一个高加索的侨民,身处一个刚从白人统治下获得独立的国家,如果此事发生在爱尔兰,我会毫无顾忌地决定怎么做,但在这里情况就不同了。但同时我也很清楚,如果我现在对此事置之不理(这很容易),日后必受其扰。我转身望向窗外的那片美丽平静的蓝花楹,一天都在苦苦地思考着我该怎么做。

§暗查海佩§

我决定在采取行动之前先听一听我的朋友马蒂的意见，他已经在这个国家工作了约两年的时间了，他非常喜爱当地的文化，懂当地的方言。那天我们一见面马蒂就看出了我的焦虑不安。我把情况简要地向他做了介绍后，他挠着头提醒我要加倍谨慎。他的主要建议是我要依靠当地的员工来处理此事。

我的怀疑对象是学院的会计师海佩·班达，我觉得他很有可能与行政助理罗杰串通舞弊，但我必须谨慎行事。海佩是一个身材矮小、留着山羊胡子的中年男子，他没有结婚，大家都知道他的公文包里总是有很多避孕套，经常吹嘘自己具有征服力。他已经在学院里工作了大约五年了，对待工作总是漫不经心。

由于工作量的增加，学院最近又雇佣了一个助理会计人员，名叫大卫·姆多加。大卫是一个二十几岁的已婚小伙子，有一个女儿，刚刚取得了会计专业技术资格。他性格安静、内向，生活态度严谨。

我决定让大卫做我的助手来做一些初步的舞弊审计。我把大卫叫到我的办公室，向他说明了我的忧虑，相约到他的家里与他进行沟通，提醒他对此事要高度保密。如果罗杰和海佩知道我们正在调查，他们很可能会销毁证据。

大卫住在学院周边的一个小镇里。我来到他家，和他及他的妻子打过招呼之后便向他说明了我的怀疑，我们共同制定了一个初步舞弊审计的策略。为了避免引人注意，我们打算在工作之余开展调查，明天晚上就开始，以免浪费时间。

两个星期以来，我们每天晚上都在翻阅最近的购货订单和发票，情况令人震惊，我们从会计记录中很容易就能看出存在舞弊。我们写了一份初步审查报告，随后我给教育部的常务秘书打电话做了汇报，告诉他我们找到了一些证据，看来学院里有人在实施舞弊。

我建议他从审计署给我们派两名内部审计人员来协助调查。审计署的内部审计人员有很大的权力，他们可以直接进入被调查单位，要求检查各种文件，提取相关人员的证词，还有实施抓捕的权力。常务秘书采纳了我的建议。我决定在内部审计人员到来之前不再进行自行的调查。大约一个月后，他们来到了学院。

两名审计人员检查了用品的购买、服务的提供及运输系统的运行情况。服务领域看来是舞弊者首选的项目。审计人员发现，罗杰向一家涂漆服务承包商发了一份订购单，雇佣他们来粉刷员工的房屋，然后给学院开出服务费发票，罗杰负责审核发票以便付款。海佩将根据发票开出支票并将它传给院长签字，然后支票将被交给罗杰，由罗杰将支票交给涂漆服务承包商。这一交易的真实情况是，罗杰、海佩和服务商相互勾结起来欺骗学院，他们实际上根本就没有粉刷过任何房屋，付款全是虚构的。审计人员估计他们这一次的舞弊金额约为 50 000 美元，三个同谋瓜分了舞弊所得。

接下来调查的领域是用品的采购。经过对选定的一些发票的仔细审查，发现有许多发票根本没有收到所购用品的记录。审计人员走访了几家供应商，发现为数众多的发票是伪造的。尽管还不清楚供应商是否参与了欺骗学院的事件，但有一点是明确的，有发票不等于学院就收到了物品。

我们估计，伪造的发票总计约为 40 000 美元。另外，我们断定，学院的会计师一直在伪造院长的签名。付款支票上的第二个签名应该是一个教学人员，很显然他习惯于依赖院长的签名，他签字前也没有对原始凭证进行审查。

我们调查的第三个也是最后一个领域是运输系统的运行。学院有十辆汽车，购买燃料是一项主要的消费活动，审计人员在这里也发现了大量的舞弊。两位管理人员通过核准燃料发票取得付款支票，其实根本就没有购买燃料。由于罗杰掌管着运输系统，所以事实上不存在任何检查和控制。这一项舞弊使学院损失了约 30 000 美元。这样，罗杰和海佩总共从学院贪污了 120 000 美元。

§ 三次威胁 §

一天中午，一位审计人员来到我的办公室，告诉我他已经获得了有关舞弊的全部证据，打算对两名嫌疑人提出指控。他在言语之间就说到了学院的会计师，他不但涉嫌在非法支票上伪造院长的签名，而且还试图伪造我的签名。这真是一波未平一波又起，就在两天前，罗杰还威胁我说要向国家主席投诉我，请求把我驱除出境。我把受到罗杰威胁的事告诉了两位审计师，他们随即向常务秘书做了汇报，常务秘书又将此事报告给了国家主席。罗杰还扬言要给我下毒，所以两位审计师提醒我在调查期间不要到食堂用餐。

这一天，事情发展到了高潮。我与一位审计师见面的时候，他告诉我罗杰还威胁了我的儿子。我随即报了警，警察迅速地赶到了学院，将罗杰和海佩戴上手铐押到了警察局，他们在警察局接受了审讯并被指舞弊。

这两个家伙被拘捕使我松了一口气，但还是有一些事情使我感到不踏实。我们有充分的证据提交法庭吗？我们的证据是安全的吗？那两个人会不会被判无罪？最坏的情况是，学院有可能再次聘用他们。他们的舞弊持续了大约六年的时间，这段时间学院没有变更过外部审计师，所以我决定约见会计师事务所的一位高级合伙人。

在出发之前我决定不向他说明我这次造访的原因。到了事务所后，我被领到一个豪华会议室，美美地享受了一杯饮料。那位高级合伙人很快就来了并热情地和我打了招呼。我简要地向他说明了我们在学院里的发现，他点点头说："是的，我非常肯定学院里有人在作弊"。他的反应着实令我感到惊讶，既然他相信学院存在舞弊，他们在实施审计的时候为什么不采取特别的程序来发现和报告舞弊呢？

我决定再去拜访一下学院的财务委员会主席，他是一家跨国公司的总会计师。与那位事务所的合伙人不同，他不认为学院发生了舞弊事件，但他认为我们应该让法律来决定是非曲直。他建议我们应该向外部审计师索取一份关于他们对学院舞弊的观察报告，我们特别想知道为什么外部审计师在他们六年的审计期间没有发现这些舞弊事件。

§得不偿失§

罗杰和海佩终于被革去了在学院的职位。政府审计人员提交了一份一百页的详细的审计报告，我也给教育部提供了这份报告，并召开了学校董事会会议。

我们简要地向律师介绍了舞弊事件，并将审计报告给了他一份。我还准备了一份说明我们最初是如何怀疑存在舞弊的报告。罗杰和海佩被带到了地方法院，他们否认所有关于舞弊和盗窃的指控，并被担保人保释。

与此同时，外部审计师也就我们的质疑做出了回应。审计师解释说，如果被审计单位存在舞弊，他们设计的审计程序是可以发现的。但他们也指出，揭露舞弊事件不是他们的职责，而是学院管理层的职责。他们还强调说，相对于学院六年间每年的开支来说，舞弊造成的损失不构成重要性。从技术层面上说审计师的话也许有道理，但我们管理层的一些人认为他们没有给予被盗的 120 000 美元及其对学院运作的严重干扰以足够的重视。舞弊的曝光也会给学院的员工造成精神上的创伤，降低了人们本来的道德水准。总之，我们无法认同审计师处理舞弊事件的方法，尤其不赞成他们试图躲在"重要性"这块盾牌后面的态度。

学院要求政府派来的审计人员查明供应商与涉案管理人员之间是否存在串通舞弊的现象，我们还要求他们调查正外出学习的学院院长是否在某种程度上与舞弊有牵连。虽然审计人员在法庭上无法证实涉案人员与供应商之间存在着合谋关系，但是他们很可能存在一些瓜葛，不然就无法解释学院的两位管理人员是怎么得到虚假发票的。

对于院长，审计人员倒是可以确定他与舞弊者无关，但院长的确负有渎职的责任，他没能保证学院实施适当的会计控制，他本人对学院的会计师和行政管理员也疏于监督，而这两个人是直接向他报告工作的。

当法庭开庭审理此案时，海佩已经潜逃境外并在邻国做了销售人员。虽然罗杰出席了法庭听证会，但当案子开始审理时，我们发现大部分的证据却不见了。因为罗杰是教育部长的侄子，他的案子也就不了了之了。海佩后来在邻国被一群打劫的歹徒开枪打死，因为他曾自夸有一大笔钱，因此招来了杀身之祸。

过了一段时间，我在学院附近的马路上看见了罗杰。他衣冠不整，人也明显地消瘦了，他文雅的神情及自信的笑容已荡然无存。他的妻子离他而去，他再也没有找到工作。我不禁对他感到有些惋惜，如果能让他重新来过，不知道他是否还会重蹈覆辙。

§经验与教训§

我从本案学到的第一条经验是在第三世界国家调查舞弊与在发达国家调查同样的舞弊有很大的不同。我感觉非洲人对舞弊和腐败有着很高的容忍度,甚至外部审计人员好像也可以接受发生在校园里的舞弊。我对罗杰想对我下毒这一事实感到非常惊讶,他似乎不明白对他的调查与我的存在并无直接的关系。我还认识到,在进行舞弊案件调查的时候,充分了解所在国家或地区的文化是非常重要的,这样你才会懂得如何采取必要的预防措施来保护自己和家人。

一定要在采取任何行政措施之前完成彻底的调查,这一点是非常重要的。回过头来看本案,如果我们在找到证据之前就停了他们两人的职,他们就有可能指控我们不公正地解雇员工,从而干扰我们收集证据的工作。

在本案中,我们对其中的一个犯罪嫌疑人的生活方式所进行的分析有助于我们把握正确的调查方向。我开始认识到,实施舞弊的人通常有两类,即身陷困境的人和贪婪者,罗杰是两种动机兼而有之,如此才能维持他的婚外情。

我想我们可以这样说,任何一个组织都不能单单依靠外部审计师来发现舞弊,本案中的外部审计师就坚定地拒绝接受任何与发现舞弊有关的责任,他们声称,实施适当的内部控制以防止和发现舞弊是管理层的责任。

为了查清舞弊事实,调查人员可能需要完成大量的调查工作,收集整理大量的证据,但是,如果没有法律系统的支持,这一切都将都毫无意义,舞弊调查人员的努力还有赖于有效、透明而且不受政治和经济干扰的法律制度的保障。

实施犯罪行为六年多竟没有被发现,这使得两名舞弊者的胆子越来越大。学院院长在这期间始终没有变更也在客观上帮了他们的忙,他们摸透了他的办事方法,知道如何敷衍他,还知道怎样去伪造他的签名。他们逐渐认识到院长实施的内部控制不过是用来向员工发出警告的,不足以阻止他们实施舞弊。

本案的主犯罗杰因为婚外情使自己陷入了困境，因为维持这种感情的投资会越来越大，他显然是入不敷出，只得利用学院薄弱的财务控制来为自己所习惯的生活方式买单。如果不是被发现了，他很可能会继续自己的盗窃行为。通过观察他的舞弊轨迹，可以看出他作案的胆子越来越大，贪污的金额不断提高。贪污得逞的金额越大，他对自己就越自信，他所冒的风险也越大。

调查过程清楚地表明，学院的一些教职员工显然是知道有人在舞弊的，但是他们却选择了沉默，如果举报者将面临危险的处境，又怎么能对他们的沉默进行责难呢！

§ 防患于未来之建议 §

1. 实施严格的内部控制

在任何一个组织中，严格的内部控制系统对于防范舞弊都是非常重要的。企业必须进行清晰的职责分工，严禁由一个人承担多种不同的工作，尤其是涉及现金支付的职务。内部控制系统的一个重要方面是在可能的条件下实施岗位轮换。

2. 强制性休假和短暂离岗

在本案中，行政管理员和会计师两人都在各自的岗位上长期任职，从来没有过强制性的休假。一个组织要想保证有机会检测其内部控制的有效性，就应该要求员工执行强制性休假制度以便有短暂的离岗时间。在员工离岗期间，企业就可以利用这个机会来检测内控系统，对业务进行抽样审查，以确定一切都在正常运行。高级管理人员应该重视内控系统的运行情况，安排对会计记录进行随机审查。在本案例中，最高管理者，也就是院长，没有对其下属的工作进行监督，导致他们钻了内控系统薄弱的空子。

3. 对员工的生活方式进行调查

我建议内部审计人员和高级管理人员要对员工的生活方式进行分析，以帮助发现可能的舞弊活动。另外，当组织内部有舞弊发生的时候，总会有人知情，尽管他们本人并未参与，所以组织应该鼓励自己的员工将有根据的怀疑报告给管理层，同时，管理层应保护举报者的利益不受侵害。

4. 自领导层建立并奉行道德规范

组织应建立简明而统一的道德准则,并在全体员工中广而告之,以最大限度地消除舞弊倾向。最高管理当局必须让每位员工都明白防范舞弊人人有责的道理,让员工了解企业的治理原则和企业防范舞弊的严肃态度,高层管理人员应该做出榜样,带头履行最高道德准则和管理标准。董事会应将内部治理提上议事日程,使组织的上下都清楚地认识到奉行严格的财务管理制度是管理的基石,绝不容忍舞弊和腐败,在这一点上必须旗帜鲜明,决不含糊。

7

检查1号现金收款机的商品价格

Price Check on Register One

德怀特·泰勒

克里夫顿和霍莉·哈门结婚已经 14 年了,他们同在一个小镇长大,彼此非常了解。和很多人一样,他们努力挣钱来养活三个孩子,靠从当地的一家鸡肉蔬菜包装工厂挣得的工资支付每月的支出。爱荷华州的切罗基市的就业机会不多,而且工资也不高。

于是,他们决定举家南迁到三个小时车程之外的迪斯·莫伊尼斯城,在那里寻找薪酬较高的工作,以便改善家庭的生活水平。他们在位于城外 10 英里处的一个叫格瑞米斯的小镇租到了一处公寓。给孩子们办完了入学手续以后,克里夫顿在一家食品加工厂找到了工作,虽然工资比他在切罗基的时候要高,但还不足以供养全家。

霍莉在过去的岁月里做过很多不同的工作,但她没有什么专业技能。她不想再工作了,但也知道他们需要有两份的工资来支付房租。有了在切罗基包装公司工作的经历之后,霍莉发誓再也不去工厂工作了。因此,在被一家大型的全国连锁超市聘为收银员的时候,霍莉兴奋不已。

凯西·莱斯特是霍莉最要好的一个朋友,在一年前搬到了迪斯·莫伊尼斯城,她鼓动霍莉也搬到那里去。凯西是两个孩子的单身母亲,像霍莉一样在切罗基长大。她在很年轻的时候就结婚了,不久就有了孩子,一年以后又有了第二个孩子,几乎就在这个时候她的丈夫不想继续过婚姻生活了。凯西作为一名办公室助理,虽然很难使她的家庭收支平衡,但是比在切罗基时的境况要好。

谢莉·诺斯是霍莉的姐姐,她已经离婚了,带着三个孩子,同样在为生计挣扎着。与妹妹不同的是,谢莉很乐意住在小镇里。小镇上还住着她的其他家人,对孩子们来说,这是一个安全的地方。谢莉在切罗基租了一个便宜的房子,日子过得很好,直到身体方面出了问题迫使她放弃了工作。她前夫给孩子的抚养费总是不及时,有时候根本拿不到,因此她只得依靠政府补助过活。

艾米丽娅·李驰出生在加利福尼亚,在她还是个孩子的时候全家就搬到了切罗基。虽然在爱荷华州长大,她总想去看看外面的世界。因此,当她大学毕业离开切罗基外出闯荡的时候没有人觉得惊讶。艾米丽娅是一个聪明、有魅力的女孩,具有招人喜欢的个性和在生活中获得成功的潜力。但是,由于她个子长得太快、结交了不三不四的人,加上企图走捷径的心理,使她陷入了麻烦。在20岁的时候,她因为伪造罪第一次在科罗拉多州被捕,在此后一年之内她又三次被捕。在接下来的20年里,艾米丽娅不断地进出监狱、不断地离婚和结婚,最后她又回到了爱荷华州。

但是,她一直在等待毫不费力发财的机会。多次被捕的经历并没有阻止她相信:下一次作案将会把她带到人生的顶端。

§监控录像里的秘密§

感恩节刚刚过去,我如愿以偿地度过了这个充满活力的假期。我虽然只有20岁,但在执法领域已经是一个老手,从事诈骗和伪造罪的调查工作已有四年了。因为在我所在的部门里我是唯一的一个侦察诈骗案的警探,所以我的办公桌上的文件经常堆积如山。一般情况下,我经办的案子总有二三十个,有时候多达五十个。随着圣诞节的临近,商店里人山人海,发生诈骗的机会和诱惑比以往要多。

我还是一个问题文件的鉴定员。查瑞斯·劳伦斯是一家大型的全国连锁商店的损失预防监督员,在接到他的电话时,我已经为注册舞弊审核师考试准备了一个月了。查瑞斯告诉我他怀疑一个职员参与了商品盗窃活动。

这并不是我第一次接触商店的案子了。过去我遇到的多是伪造支票或信用卡盗窃的案例,偶有商店职工从收款机里偷钱的案例。这家商店装有最先进的监视系统,如果查瑞斯在监视器中录下了盗窃行为,我就有足够的信心将罪犯抓住。

我来到商店后与劳伦斯在安保区见了面。办公室里有十几个监视器，查瑞斯和他的部下能看到每一台现金收款机、每一个通道和进出口，还能够看到停车场。所有监控设备都是数字化的，每一个彩色监视屏的分辨率都很高。摄像机的镜头可以拉近到看得清检查员面前的驾照上的照片。录像至少要保存 90 天，只要按一下按钮就能看到这些录像。

查瑞斯告诉我，他有一段关于一个员工的录像，这个员工在付款处的现金收款机上扫描了大量的商品，商品上面的通用产品代码(UPC)都是假的，是带有条形码标价的张贴签。然后他给我看了一个收款处最近两周的监视录像。在这本录像带中，查瑞斯记录了 22 笔可疑的交易，都是霍莉·哈门在收款，三个女人和一个男人在她这台收款机处付款。人们可以通过录像清楚地辨认扫描的商品，但是在审查现金收款机的记录时，上面显示的却是不同的商品——都是价格低得多的商品。例如，霍莉明明扫描的是一个钟表收音机，但是现金收款机上的交易记录显示的却是一块肥皂。扫描机阅读的商品上面显然都有 UPC 代码，但读入的价格是不正确的。查瑞斯也给我看了霍莉其他几次按正常价格读入商品价格的情况，然后再将读入的商品注销。她每次这样做的时候都把商品放在购物车上，让那个顾客把它们带走。

我仔细地看了录像，很显然，确实有一个女人积极参与了这个盗窃活动。监视器多次拍到她通过这个收款机付款，查瑞斯拍到了她带着很多商品离开商店的画面。从录像中可以清楚地看出霍莉和那个女人彼此非常熟悉，两人心照不宣、轻松而又迅捷地实施着她们的盗窃计划。这是很明显的，因为当霍莉将商品扫描读入之后，另一个女人便迅速地将商品放到购物车上，一旦交易完成，这个女人从霍莉手中取过收据并快速离开。

与霍莉做过相同交易的还有两个身份不明的妇女和一个男子。查瑞斯给我提供了那个可疑男子的汽车驾照的画面——我前面已经说过，商店的摄像头非常灵敏。

我问查瑞斯是怎么发现霍莉的盗窃行为的。他说，有一天她按计划应该去上班，但是她没来，也没有告诉督导员。商店的安全政策规定，如果有的员工没有来上班，保安部门就需要核查一下他近期的活动。保安人员在检查霍莉的现金收款机的记录时，发现她读入的很多商品都是相同的价格，就是在那个时候他们查看了录像带，开始怀疑霍莉在使用假的

UPC标签读入商品的价格。接着,查瑞斯让其部下查看了霍莉开始来本店上班以后所有的活动,他们发现,她接受培训作为收银员上岗之后没有几天便开始了偷窃行动。

我回到警局开始核查那个车牌,发现它是以霍莉的丈夫克里夫顿·哈门的名义注册的。我检查了驾照上的照片,确定克里夫顿·哈门就是录像带中的那名男子。

我与查瑞斯取得了联系,请他把所有非法的交易和商品的价值编成一个清单,以备索赔之用。但是,在看完录像之后我知道我们不可能追回全部损失,因为通过录像并不能确定所有的被盗商品,有些商品是被装在其他容器里带出商店的。通过录像可以看到嫌疑人多次将大手提箱和塑料袋放在收银处的传送带上。如果这些容器是空的话,搬动起来就不会太费力,但录像很清晰地显示他们是费了很大的力气才将它们提到传送带上的。

§案情大白§

在查瑞斯将录像及交易商品的清单备齐的时候,我便开始对霍莉和她的丈夫展开了调查。通过犯罪记录调查,证实他们都曾因为诈骗而入狱,克里夫顿还曾经犯过偷窃罪。现在我需要确定其他三个女人的身份。商店里无人知道答案,我只有一个办法,从霍莉入手。

哈门夫妇的家距商店5公里。我不知道谁会在他们的公寓里,所以让丹·斯蒂恩警探一同前往。他们居住的区域有很多两层小楼,霍莉和克里夫顿住在其中一栋楼的最里面的一楼公寓里。我敲了几次门之后霍莉才开门,我告诉她我和丹是警察,问她我们是否可以进去和她聊一会,霍莉便引导我们进了她的起居室。公寓很小,光线昏暗,房间的一角摆了一棵圣诞树,周围摆放着一些带着礼品包装的礼物,堆了两三层。

谈话开始后,我问霍莉是否在那家商店工作过,她回答说是,不过最近已经辞职了。我问她为什么要放弃这份工作,她说工作的时间段和她的家庭生活不协调。然后,我告诉她应前雇主的委托,我正在进行一项调查,即有人以低于零售价的价格售出商品的事情。霍莉明显地紧张起来,她开始坐不稳了,眼光也不敢和我相对。我继续说,在这些不正常交易发生的时候，是她在收款。听到这里她的脸色立刻大变，睁大了眼睛，下颚肌肉紧绷，好像有一口气咽不下去了。

我拿出了从录像中截取的照片，放在她面前的咖啡桌上。在她看这些照片的时候，我禁不住猜想她此时脑袋里在想些什么。我指着第一张照片，上面是在这次盗窃行动中最活跃的那个妇女。我问霍莉这个人是谁，她没有看我，用很低的声音回答道："我不知道"。每次我指着另外两个女人中的一个问她是谁的时候，她都重复说不知道。直到我指着照片上的那个男人时，她才最终抬起头看着我，说："他是我丈夫"。

我告诉霍莉我怀疑她认识其他三个女人，我认为她也参与了这个商品盗窃行动。我告知她，她现在还没有被捕，不必回答我的任何问题，如果需要可以请律师。她不想和我再谈下去了，让我离开她的家。

我和丹一离开霍莉的家，便给我们部门的其他两个警探打了电话，我要面见他们。提姆·皮提特和乔治·格日福斯赶到后，我和他们说了哈门一家参与盗窃的情况，告诉他们我要回局里去取搜查证，以便对他们的公寓进行搜查，寻找他们盗窃的商品。我让他们盯住公寓，确保哈门一家没有从家里转移赃物。

在我回到警察局的时候接到了皮提特的电话，说霍莉刚才把很多礼品包装的礼物从她的公寓转移到隔壁的公寓里，显然，她企图隐藏证据。因为情况紧急，再加上不知道是谁住在霍莉家的隔壁，我告诉皮提特在我拿到搜查证之前一定要盯住霍莉的公寓。

在我继续忙着办理搜查证的时候，我又接到了皮提特的电话。他说他已经进入了哈门的家，霍莉和克里夫顿两个人现在配合多了，他们表示愿意去警察局和我说说事情的经过。我告诉皮提特，我还是要拿到搜查证，但可以把他们带到警察局来。霍莉和克里夫顿不久便到了警察局。我让克里夫顿在前台等待，先把霍莉带到审问室问话，并调好摄像机以记录询问的过程。我告知了她的权力，问她是否愿意和我谈谈。她的态度和在公寓里表现的差不多，不敢正视我的眼睛，声音低沉地说在坦白之前她想和律师谈谈。我不清楚她在进审问室之前为什么没有这样说，也可能是因为她一进入审问室，就彻底明白了自己的处境。不管什么原因，既然她说想见律师，这次面谈只能就此结束。我把她带回到警察局的大厅。

我随后把克里夫顿叫了过来，我不能让他们两人在大厅里有交流的机会。我们来到了审问室，克里夫顿面前的桌子上放着一张嫌疑人的权利告知书和一摞从录像中拍下的照片，我特意将一张他带着商品从商店走出来的照片放在最上面，并把照片放在他一定看得到的地方。

我照例向克里夫顿宣读了他的权利，问他是否理解、是否愿意与我交谈。克里夫顿先是犹豫了一下，然后问我他妻子都说了些什么，我告诉他霍莉想先见律师。我对他解释说，他和霍莉现在都有权利请律师，但在商店里发生的一切现在已经无法改变，不管他们是否主动交代，我都会找到这些赃物。

我说："克里夫顿，你应该站出来为自己的盗窃行为负责，这样至少可以表明你对自己的行为有悔过之意，这才是你正确的选择。"我让他明白，他们的偷窃计划终将会被揭开，如果他能够积极配合，事情就会快些结束，他也就可能尽快地从这件麻烦事中走出来。

这是这次审问的关键之处，如果克里夫顿不在弃权声明书上签字并同意向我坦白，要确认其他几个嫌疑人的身份就会变得更加困难，他们就会获得时间销毁证据，加大起诉的难度。就在这个关口，我把笔放在了弃权声明书上并轻轻地推到了克里夫顿的面前。我的眼睛虽然没有紧盯着他，但一直在观察着他的反应，我默不作声地坐在那里，目的是让他好好想一下我刚才所说的话。对一个年轻的警官来说，在让嫌疑人招供的过程中，这个分寸往往是最难把握的，有时因为太急于得到嫌疑人的回应而忘记给他们考虑的时间。新手们常常只给嫌疑人留下几秒钟的思考时间，便继续开口哄骗或重复已经谈过的事实。在向嫌疑人说明了利害关系并提出了问题后，应该让他们自己决定下一步该怎么办。在这个案例中，我从克里夫顿的肢体语言中可以看出，他心里清楚我已经掌握了他参与了盗窃的充分证据，我感觉到他有坦白的意向，所以就让他坐在那里盯着钢笔直到他拿起来在声明书上签了字。签完字后他如释重负，我甚至看到他的脸上闪过一丝微笑，我知道他一定会和盘托出事实的真相。

我开始让克里夫顿确认我在商店取得的证据。我给他看了所有的从录像中截取的镜头以及现金收款机的交易打印单。我告诉他，为了使读入的商品价格低于它们的实际价格，他们对商品的 UPC 条码做了手脚，我对此一清二楚。我告诉他的事实足以使他明白，我对他们的盗窃计划的实施过程了如指掌，克里夫顿此时已经找不到任何隐瞒的理由了。接下来我所做的事就是把从录像中截取的照片一张一张的指给他看，让他确认录像中三个妇女的身份。

克里夫顿确认的第一个女人是艾米丽娅·李驰，是他妻子的一个朋友。他说霍莉和艾米丽娅是在切罗基食品加工厂认识的，霍莉在商店工作以后她们经常打电话，艾米丽娅还多次来迪斯·莫伊尼斯拜访他们。他说他认为是艾米丽娅策划了这个计划，并劝说霍莉参与进来的。

克里夫顿还确认了其他两个女人的身份，一个是霍莉的姐姐谢莉·诺斯，另一个是霍莉最亲近的一个朋友凯西·莱斯特。他告诉我谢莉住在切罗基，凯西住在格瑞米斯。据他所知，谢莉和凯西都没有前科，他也参与了这个计划。他曾经两次去商店，把贴有错误 UPC 条码的商品放到购物车里，两次都是和艾米丽娅一块去的，他放哨，艾米丽娅从口袋里拿出 UPC 条码(这些标签都是以前她从其他货物上取下来的)，把这些标签贴在他想要的物品上，他把这些商品拿到付款处，由霍莉读入商品的价格，然后他就带着商品离开商店。克里夫顿称，在他第一次去商店之前，霍莉给他列了一个商品清单。他认为艾米丽娅是这个偷窃计划的始作俑者，应该承担主要责任。我问克里夫顿他是否知道那些赃物放在哪里，他告诉我一部分在他的家里，还有一些在其他合谋者的家里，他说可以与警官一同回去，退还放在两个公寓里的全部赃物。

克里夫顿提供了书面的认罪声明后，我与所在县的检察官取得了联系，他授权对霍莉盗窃案提起诉讼。在克里夫顿与警官一道去取赃物的时候，我为霍莉进行了登记，并把她押送到县监狱。后来证实，在哈门家的公寓里发现了价值超过 4 200 美元的商品，但这只是其中的一部分，我还需要克里夫顿的帮助来找回其他的赃物。

§罪有应得§

克里夫顿愿意配合，我必须利用这一点尽快找到其他案犯。我问克里夫顿是否愿意联系凯西，试着说服她承认自己参与了盗窃并退回赃物，他表示为了了结此案他愿意做任何必要的事情。

在凯西家的周围布控之后，我让克里夫顿给她打了电话。他告诉凯西，商店已经发现了他们的偷窃行为，警察局有她在商店行窃的录像。他还告诉凯西霍莉已经被捕,放在他们公寓里的所有赃物都已经退回,对她来说与警察局配合是最好的选择。

凯西同意搜查她的房子,偷窃行动中她的全部所得都被索回。因为她的孩子们在家,警察允许凯西在第二天到警察局,她也被控犯有盗窃罪。

我知道在这个犯罪团伙中艾米丽娅是最难对付的一个。因为克里夫顿还愿意帮忙,并且对凯西所用的这个方法很奏效,所以我们决定再试一次。第二天的一大早,我和格瑞福斯警探就开了三个小时的车去了切罗基。我们与当地的警察取得了联系,在一位警官的陪同下开车去了艾米丽娅的家。在克里夫顿给她打电话的时候,我们在她的房子外面等待。她果然不像凯西一样配合。克里夫顿向她说明了她目前的处境,告诉她霍莉已经入狱,她挂断了电话。

克里夫顿告诉我艾米丽娅不予配合,我决定直接出面和她取得联系。我只敲了几下门,艾米丽娅就开门了,这倒让我有点吃惊。她比我想象的要友善得多,把我们让到了屋子里。我们进屋之后,她立刻说她知道我们来此的目的,说她愿意帮助我们。我不得不承认她说的这些话的确让我吃惊不已。我向她说明我有逮捕她的委任状,并告知了她的权利,她立即放弃了申辩,同意交代事情的经过。她试图把这次盗窃活动的主要责任推给霍莉,但承认在商品上贴假标签的事主要是由她完成的。我们很快就完成了对她家的搜查,将全部赃物堆在前厅的地板上。在搜查结束后,因为物品太多,我们不得不雇了一辆拖车把所有的赃物拉回去。艾米丽娅盗窃的物品共计价值 5 000 多美元。

我们对霍莉的姐姐谢莉采取了同样的方法,克里夫顿给她打电话,我们在马路上等待。谢莉很配合,她在开门的时候就哭了。我们向她告知了她的权利。她坦白自己参与了盗窃活动,然后从房子的各处把偷窃的赃物都拿了出来,共计价值 1 500 美元。

我们对几个案犯的赃物进行了清点,共追回了价值 12 000 美元的商品,逮捕了五个人。克里夫顿、谢莉和凯西被判缓刑,勒令他们为参与盗窃而支付罚款。霍莉和艾米丽娅就没有这么幸运了,因为她们显然是这次盗窃活动的主要策划者,二人均被判十年监禁并退回全部赃物。

§经验与教训§

在本案例中我们很幸运追回了大部分的失窃商品，这是因为商店的监视系统非常完善，如果没有录像磁带提供的证据，此案的调查决不会进行得如此迅速和顺利。正是因为有了录像资料，我们才可能迅速确定作案嫌疑人、查清他们的偷窃计划并确定大部分失窃商品。

商店规定对突然辞职的员工进行审查，这一点很好。但是，如果霍莉没有那么快就辞职了，他们是否能够发现这个偷窃阴谋呢？如果霍莉在一段时间内停止使用虚假的UPC条码，然后再提前两周时间告知商店她要辞职的话，事情又会怎么样呢？商店会经常检查她的现金收款机吗？当我向查瑞斯提出这些问题时，他说他们不一定会发现此事，这段时间毕竟是商店一年中的繁忙季节。

本案例使我认识到，有效的审问技巧可以为破案打开一个有利的突破口。虽然霍莉拒绝交代，但是我对克里夫顿的审问使案件有了转机，我拿出的证据使他明白，我对他们的计划和他参与了这个计划的情况了如指掌，我只是在等他自己争取主动。他知道自己被抓住了把柄，最好的选择就是配合警方。如果没有他的帮助，要查明其他的嫌疑人恐怕还需要耗费更多的时日，而且我们可能追回的赃物也将大大减少。

§防患于未来之建议§

1. 背景调查

霍莉有犯罪前科，如果商店对应聘人员进行一次背景调查，就不可能让她担任收银员。

2. 加大监控的力度

商店正在重新设计软件系统，以便发现员工的异常举动。例如，在一个收款机上出现大量的注销商品。另外，商店应更积极地对现金收款机的记录进行随机检查并和录像进行比较。当然，没有一个商店能对所有的交易进行检查，但是可以每天或者每周随机选取若干笔交易进行比较彻底的检查。

3. 提高侦查意识

商店应该告知其雇员,特别是收银员,商店装有安全监视系统,还会对发生的交易进行随机抽检。

这些措施都会有一定的效果,但是我敢说我还会再来这家商店,霍莉和艾米丽娅们总是企图以非法手段快速致富。

8

无法无天

The Sky Is the Limit

布赖恩 · E. 布朗宁

雷金纳德 · 李尔博士从担任北方一所规模较小的大学校长起步,开始了他在高等教育界的管理生涯。八年以后,他转到了肯塔基州,担任另一所大学的校长,并以自己的预见力和强有力的领导风格而受到好评。在他任期内,学校取得的捐赠资金从一亿八千三百万美元增加到四亿多美元。经过详细的考察之后,李尔博士被哈德威尔大学选中做下一任校长,学校给他提供的报酬颇丰,是大学校长中薪酬最高的,年薪超过了700 000 美元。

他就职的时候立下誓言:"我们必须努力将该校办成本州最好的大学,这就是我接受这个具有挑战性的职位所要坚持的理念。"遗憾的是,并非每个人的内心都赞同李尔博士提出的将该大学办成最好的大学的观点。

§ 古老的学校 §

哈德维尔大学是一所具有 200 多年历史、基础雄厚的大学。她最初只是一所不起眼的小学校,逐渐发展为少数政府赠与土地的大学之一。她现有教职工 9 000 多人,每年招生大约 42 000 人,拥有多个校园,每年的预算达到 10 亿美元,其中来自政府拨款的资金不足 40% 。

该大学一心要跻身于最好的科研学府并为自己付出的不懈努力而深感自豪。但是,来自于政府的拨款逐年下降,运营成本却在不断上升,为此她不得不在大幅提高学费的同时削减部门预算、裁减员工和降低工资。

我的办公室位于校园之外,在一座由百货商店改造而成的大楼的底层。没有窗户,人工照明也不好,再加上严重的湿气,我们不得不整日开着两台干燥机。但是,对于一个由 13 个人组成的内部审计团队来说,这倒是一个不错的地方。

我被哈德维尔大学的主校区聘为高级调查审计师,主要处理与舞弊有关的事项。我们所接手的大部分案子都是常见的小额现金短缺、零用现金保管人员或各部门负责接收学生和员工付款的人员的贪污行为。但是,这次调查与以往不同。

§ 飞机引发的调查 §

本案不是由匿名电话举报发现的,也不是在例行的审计中揭露出来的,而是由当地媒体对李尔博士欲为学校购买一架飞机的质疑引发的。李尔博士很想购买一架新的飞机,以便淘汰那架用了 20 年的老式双涡轮增压螺旋桨飞机。当地的新闻媒体对学校在削减预算、裁减职工、学费以两位数增长的背景下进行如此大额的投资很是关切,他们要求校方公开学校飞机的飞行记录,以便评判校长支付大约四百万美元购买一架喷气式飞机的决策是否有合理的依据。

媒体起初发现这架老式飞机的使用率很高,但他们决定进一步调查每次飞行的原因和目的地,从李尔博士就任哈德维尔校长的时候开始查起。随后李尔博士的许多次飞行遭到了质疑,特别是飞往阿拉巴马州的几次飞行,传言说是因为他与阿拉巴马州的一个大学校长有私人关系。这家媒体向李尔博士询问他的这些航程的目的是什么,他回答是去参加会议,目的是寻找一位新的体育教练。媒体自然对他的回答进行了核实,发现根本没有他所说的那些会议。实际上,李尔博士和那位阿拉巴马大学的校长参加了一个要求着正装的正式活动,时间与参加他所说的活动的时间刚好吻合。

这件事导致媒体还要追查他的其他活动,结果发现他用一个公司发放的信用卡所支付的费用也值得怀疑,其中包括一次开销为 6 000 美元的海外飞行。还有证据表明,他未经投标就把一份 300 000 美元的合同给了一位他以前的熟人。不久,州长和学校的受托人董事会主席便成立了一个特别委员会对这些质疑进行调查。后来,董事会主席要求学校的内部审计部对与李尔博士有关的全部财务事项进行彻底的清查。

§符合校长身份的生活方式§

我知道接下来免不了要与李尔博士进行多次谈话，虽然有些担心，我还是决心做好充分的准备。毫无疑问，面对来自州政府、大学领导以及公众的压力，我们必须尽快把事情查个水落石出。我们需要审查的资料虽然只包括14个月的时间，但开支却是各种各样的，还包括李尔博士提议和批准的多份合同。内部审计部主任马克·贝斯雷认为，我们开展审查最好的方法是13位内审人员齐上阵，大家分头审查不同的领域。

我的任务是对李尔博士和其他员工进行问讯。我们刚开始调查，李尔博士就声明他要偿还学校几千美元，以补偿他为了私人和商业目的而使用飞机的费用，尽管有些飞行具有公务性质。他以为这样做就可以消除人们的疑虑，不再对他进行调查。我的调查经验告诉我这是一个危险的信号，如果我处于他的位置，有人对我对飞机的不当使用提出质疑，我当然不会为那些合法的公务飞行去付费。如此看来，我们调查的起点顺理成章地就应该是学校飞机的飞行记录。

内部审计部索要了一份李尔博士的行程日历，上面有他全部的预约，然后将其和飞行记录进行对比。在副主任那间昏暗的办公室里，我们对一页又一页的资料进行了分析，确定了哈德维尔大学将近24 000美元的飞行费用是属于私人性质的（或对学校有少许利益），其中包括和阿拉巴马大学校长去参加运动会、因为离婚去肯塔基州的飞行，还有几次是飞机空载去接送他回家的飞行。这些只是冰山一角，我们必须继续调查。

他上任不久，学校就给他提供了一张旅行信用卡，每个员工都可以得到这张卡，旅行的费用都用卡支付，员工随后将收到对账单并付款，然后提供必要的凭证报销。但是，只有李尔博士可以例外，学校直接支付他每个月的对账单，而不采取报销的形式，这又是一个危险的信号。我们的一位高级审计师对李尔博士发生的费用进行了检查，确定其中有些费用是购买衣服、花卉、餐费和一次去希腊的旅行费，总值超过7 200美元用于他的个人消费。

大家都在继续调查。此时我们认为该对李尔博士进行问讯了。第二天，我和三位州审计师一起驱车前往省城。我惊奇地发现这位大学校长的办公室不在校园，而是在繁华的市中心州议会大厦附近的一座大楼里拥有一套办公室套房。我们被领到一个摆放着一张大圆桌的会议室，不一会李尔博士就来了。简短的相互介绍之后，我们就开始了提问。

“你可以解释一下你的旅行信用卡的这些采购的用途吗？”我指着一些疑似个人用品的购物项目问道。

他回答说，衣服是在一个紧急情况下购买的，花卉则是不小心用卡付了款。

“你说的似乎有道理，可这些东西还是属于个人用品。”我说。然后，我又给他看了他去希腊的机票费，“现在你可以解释一下这个 6 000 美元的飞机票是怎么回事吗？”

“我去雅典的纽约大学开了一个会议，他们应该负担我的旅行费用。”他回答道。

事情还真是如此，我们和他们沟通之后过了几个月，他们就向哈德维尔大学付了款。

我们还询问了其他几笔费用。例如，旅行信用卡上的旅馆高档房间住宿费和娱乐费用，一份收据是科罗拉多州丹佛市的一家旅馆开出的，显示一晚上的住宿费是 1 165 美元，李尔博士说其中的 900 美元是在这个旅馆的餐厅吃饭的费用，但他没有提供发票或进一步的解释。

校长的下属说，他用旅行卡支付的费用他们都很难取得发票。我们问他为什么不提供充分的凭证，他说：“我总是努力提交我持有的所有发票，但我承认我做得还不够好。”虽然我们不能肯定这一定是欺诈，但这种做法明显是违反了学校的规定，李尔博士需要说明的事情还很多。

在他被聘用的时候，合同里规定给他一个合理额度的搬家费，这里的关键词是合理额度，而他实际花费的搬家费却高达 14 000 美元。在介入调查的几周以后，我与曾经为李尔博士运送行李的搬家公司的代表取得了联系，他对我说，在搬运结束后，李尔博士曾告诉搬家人员在收费账单上为他们出色的工作增加 20% 的小费，被他们拒绝了。

第二天我与李尔博士见了面，问他是否记得曾主动提出给搬家人员小费。

“没有，绝对没有，”他回答，“但是，我确实觉得他们应该得到小费，我还记得当时问过校长助理学校在小费方面的规定。”

“可是，”我说，“我已经问过你的校长助理了，她不记得和您或搬运公司之间有过关于小费的任何谈话。因此，如果您否认要给他们小费，但记得曾问过助理，而她却对此毫不知情，那为什么搬运公司会和我们说起小费的事情呢？你不觉得这解释不通吗？”

李尔博士停顿了一会，眼睛看着别处，回答道，“我不知道……我真不知道。”我几乎控制不住自己要大声地戳穿他又明显地在撒谎。随着调查的进行，我们开始意识到我们的调查结果将会对学校和李尔博士的校长职位产生的后果，媒体和州议会不断地询问我们的调查结果。

李尔博士作为校长从哈德维尔大学得到的一项福利就是使用学校提供的一所大房子。在他短暂的任期内，学校允许他对房子进行适当的装修。在他接受任命之前，这所房子的装修已经花了 787 000 美元，李尔博士又额外申请了 400 000 美元用于装修。在我们对这些费用开支进行审查时，不禁为校长的这种铺张的消费习惯感到震惊。就是这个人在几个星期之前还向同学们解释说，鉴于日益增加的运营成本，增加 15% 的学费是必需的。他购买了两套娱乐系统总价值超过 14 000 美元、一个价值 7 000 美元的波斯地毯、两个大型衣橱、不锈钢燃气烤炉和一个价值 1 200 美元的隐形狗栅栏。上述物品的采购明显违反了学校的购货原则，我和设施服务部的执行经理麦克·劳勒一起到李尔博士的住处查看了这些物品。

我进入门厅后问：“那么，那条著名的波斯地毯在哪里呢？”

“你站在上面的便是。”他回答道。

“这个东西值 7 000 美元？你开什么玩笑。”

依我看，这是世界上我所见过的最难看的地毯了。我和麦克察看了其余的物品后，便开始询问李尔博士购买这些物资的依据是什么。他的回答概括起来的意思是，他认为他购买这些东西是合理的，这些东西会在未来增加这座房子的价值。

最令人吃惊的一项开支是通信装置，初装费竟然花了 64 000 美元，仅电话系统就花费 30 000 美元，几乎每个主要房间都装了电话，包括 5 条电话线和一部无绳电话。李尔博士还要求在大学的飞机上安装价值 20 000 美元的电话系统，在被问及此事时，他说他不知道安装成本是多少。他的话根本不能自圆其说，因为账单已经送到他的办公室了。

§临别没有礼物§

调查很快就结束了。由一两个调查员来调查像这种程度的欺诈案件,可能需要花费相当长的时间。但由于我们内部审计部全员出动,用了约一个月的时间就结束了全部的调查工作。待我们的审计报告提交之后,媒体和州议员们就在追问:为什么会发生这样的舞弊案?为什么校规会遭到如此的践踏?

在调查的过程中,李尔博士面对请他辞职的要求拒绝辞职,但在调查报告向公众公布之前,他面临着巨大的压力,在与州长和校董事会副主席会面之后,他终于放弃了校长的职位。

一项庭外和解协议达成了,李尔博士将收到400 000美元的解聘补偿费。州政府认为这是最好的解决办法,可以避免长期的诉讼过程,但作为解决方案的一部分,李尔博士本人肯定自己不存在其他舞弊问题,如果日后发现了其他问题,这个协议就将被取消。

审计报告虽然对外公布了,但调查的结果仍然在处理之中,学校还在查找问题的原因。在李尔博士辞职后一个多星期,大学的几位高级管理人员被要求面见州议员,他们均承认他们本可以阻止李尔博士的过度浪费,他们应该对此负有责任。

我们的审计结果可以概括如下:

1. 李尔博士的差旅费基本上没有按照学校的规定处理,有问题的差旅费用超过了23 000美元;

2. 李尔博士的信用卡中有近1 200美元被用于购买私人物品,住宿费用超标达3 000美元,招待费和餐饮费用超标800美元。

3. 李尔博士为他的校长住房装修花费将近500 000美元,其中包括一块价值7 000美元的波斯地毯和一个价值5 000美元的燃气烤炉。

4. 大学为李尔博士支付的通信安装费用超过64 000美元,包括花费20 000美元在飞机上安装电话系统。

5. 未经投标给予李尔博士朋友的两个合同的价格有失公允,其中存在偏袒对方的处理。

6. 仅在一个足球赛季就支付了将近165 000美元的招待费用,假日接待费用超过了73 000美元。

在州议员找学校的高管人员谈话的过程中，校长辞职的消息也公之于众。李尔博士开始整理个人物品并从校长办公室搬出去，我和另一位审计师要负责监督这一过程，以免大学的财产被混同于他的私人物品一起打包带走。

我来到校长豪华的办公室，坐在他的办公桌旁，开始和我的同事一起清理检查办公桌的抽屉，拿走属于学校的文件记录。我们本来没有指望在这个过程中会有什么惊人的发现，但我们确实看到了令人瞠目的东西。我拿到了一份李尔博士书面的行程日历，上面标出了他几个月前的所有预约。乍一看这份日历好像就是他给我们提供的那一份，但仔细阅读之后，我们注意到一些去阿拉巴马州的同一地点的旅程好像不在我们所见过的那份日历上。我立即把这一情况告诉了内审部主任，他指示我立即回到内审部。

可以想像，这个消息对李尔博士来说是灾难性的，说明他在调查过程中对我们撒了谎，给我们提供了虚假的行程日历。我们又对他的下属进行了询问，得知他授意其助理简·布莱克里奇从他的行程日历中消除了一些私人性质的预约，他的这种行为提出了另一个问题——李尔博士篡改了公共文件。

“他为我注明了他不想出现在行程日历上的那些私人约会，我也没多想。”简解释道。

州长和议员们听到这个消息后都大为愤怒，州长毫不犹豫地说他认为李尔博士解聘协议已经无效。但是，州检察长在了解了案情之后认为，提起针对李尔博士刑事诉讼的证据不足。

§经验与教训§

这个案例使我认清了一个事实：不论职务高低，任何人都有可能实施欺诈，即使是公立大学的校长也不例外。在调查期间，我们发现李尔博士曾指使其下属所有的事情都向他请示，绕过董事会，这显然是一个危险的信号，这就给了他一种相对自由的权力，可以不计成本地授权或作出决定，凌驾于校规之上，毫无约束。

差旅费的限制是针对全体员工的，包括高级管理人员。学校为李尔博士办理的由学校付款的旅行信用卡为他用来购买私人物品提供了机会，也给他提供了进行奢侈消费的机会，包括住高档旅馆和享受豪华的饮食。学校的旅行协调员说，李尔博士从担任大学校长以来就一直要求住最好的宾馆。

学校应该制定招待费的开支预算。李尔博士仅在一个足球赛季就花掉了十几万美元，购买酒水的开支就达 13 000 美元，仅 12 月份发生的假期接待费就超过了 81 000 美元。如果学校有适当的预算和控制的话，那些多余的开支就可能被阻止。

学校管理的最大漏洞就在于对校长办公室的财务控制几乎在每个方面都存在着严重的缺陷，产生这种情况的主要原因是有关人员为了取悦李尔博士而忽略了校规或给予校长例外的待遇。有几次也确实有人对有的费用开支提出了疑问，校长的回答是“我以前所在的大学就是这么处理的”。在一个大学里，只有在包括校长在内的每个人都遵守规定的前提下，内部控制才可能有效地发挥作用。

通过本案我学到最重要的一点是，要建立一个热线电话并广而告之，这一点非常重要。在我们展开调查的时候，该州也有一个供工作人员匿名举报的热线，可惜大家都不知道这个热线的存在。另外，我在调查中询问过的大部分员工都表示，他们担心报告学校的问题支出会失去工作。

§防患于未来之建议§

1. 针对学校高级管理人员的政策

学校修订了四项政策，目的是防止校长和其他高级行政人员不经董事会的财务委员会批准而自行其是：

(1)校长应该和其他员工一样按程序报销费用，以旅行卡直接付款的做法尤其要禁止。住宿费要按规定的标准开支，学校飞机的每次飞行用途都要在飞行日志上留下书面的记录。

(2)要建立正式的校长住宅使用制度，明确规范各种开支和装修费用，该项制度应该得到州住房委员会的审批，对住房新增的工程和设施要保持完整的记录并取得书面的核准。

(3)每个组织都有责任有效地管理纳税人的财产,实施预算管理是关键。现在,该大学要求由校长办公室发起的所有的招待活动和其他特别事项都要保持书面记录。

(4)咨询服务的非投标合同中应包括一个非竞争性的购买协议,学校员工的熟人都应从可能的客户名单中剔除,以防止不公允交易的发生。另外,合同在实施之前,必须要经过所有必要的审批步骤,其中包括经过采购部门的审查。

2. 行政管理方面的改革

李尔博士之所以能够实施很多违规行为,一个主要原因是对他缺乏适当的监督。为此,该校设置了财务总监的职位,以监督大学发生的全部财务活动。财务总监直接对校长负责,但同时他要对校长办公室的开支情况及时地向董事会报告。

另外,学校的董事会还成立了审计委员会,学校的内部审计部直接向该委员会报告。在本案调查之前,学校的内审部只向校长报告工作。现在,内审部要向董事会提交月报和季报,还要进行面对面的沟通。要对校长和副校长实施年度审计,以保证相关法律和规章制度得到有效的遵守。

3. 保护举报人和设立举报热线

在对李尔博士进行调查之前,本州已经有某种形式的法律法规,现在,对个人信息的保密问题给予了更多的重视。另外,该大学要按规定编写和广泛传播小册子及海报,以便让员工和学生了解应怎样举报欺诈事项和开支的浪费,举报的方式包括使用州审计热线。

4. 采用积极的审计方式

该校的内审部在实施例行的审计之前,已经开始运用风险评估的方法,内审部要将舞弊审计作为一项工作内容。例如,审计师对抽查的发票样本进行常规审查(包括供应商名称、日期、金额、数量等)时,必须亲自开车到供应方的地址进行实地考察,以保证供应商的真实性。再比如,对各部门提交的员工名单要进行核实。这些程序看上去有点烦琐,但可以发现欺诈案件。

现在,该大学的人力资源管理部还开设了舞弊防范和反舞弊意识方面的课程,向大家介绍舞弊是如何发生的,发生舞弊的潜在症候是什么,以及舞弊的防范方法。

9

保险调解员的外快

Supplemental Income

詹姆斯·E.怀塔克

麦克·瑞德尔是一个孤僻的人,但还没有达到隐士的程度。他三十多岁,结了婚,有一个他视为掌上明珠的女儿。麦克的办公桌上摆放着他生命中最重要的两个女性的照片,即他的妻子塞利和他的女儿。虽然塞利的家人并不认可她的婚姻,麦克却并不介意。塞利对生活的要求并不高,只要求能够像邻居们一样地生活,住像样的房子,开体面的车。麦克一直在安慰她,说他们俩的生活目标是一致的,他会尽最大的努力来实现这些目标。单凭他做理赔调节员的收入,他们一家根本无法过上富裕的生活,但他向她承诺他们会过得很舒适。他供职的公司有完善的利润分配计划,麦克让塞利放心,他将利用他们的积蓄进行理智的投资。塞利完全相信了麦克,把家庭理财方面的事务完全交给他处理。塞利的家人断言麦克永远也不会成功,她对此不以为然。她以为,凭借着麦克所在公司的良好业绩以及公司上下对麦克的高度认可(当然这些都是听麦克说的),他们实现过上舒适的中产阶级生活的目标指日可待。

麦克是一个保险理赔调解员,和经理、秘书挤在一间小小的办公室里办公。他精通的业务领域是财产理赔,但也要处理许多其他种类的理赔业务。他对人身伤害、汽车毁损一类的理赔业务充满了厌倦,做这些事使他感到苦恼,觉得公司对自己的财产理赔方面的才能并不欣赏,经理也从来没有表扬过他。

麦克认为他的上司戴瑞尔·斯蒂普是一个容易相处的人,还略带几分懦弱。戴瑞尔对麦克从来没有过多的要求,极少挑麦克的毛病。他只管将一些理赔案卷交给麦克,自己也亲自处理一些案子。公司员工都知道,“双向保护保险公司”的理念就是要让员工在不受干扰的情况下完成自己的工作。

虽然麦克在理赔调节方面已有多年的工作经验,但在大家的眼里他只是一位很普通的员工。他还算是一位可靠的员工,上班守时,按时完成任务,但是从来不主动做额外的工作或者承担更多的责任。尽管麦克说话温柔,彬彬有礼,可是他和同事相处得并不好。

双向保护保险公司在其代理人和客户中间享有极好的声誉。公司成立于19世纪中叶,是美国中西部历史最悠久的公司之一。公司的商业经营计划非常简单:通过可靠、忠诚的代理人向客户推销产品,根据代理人的忠诚度和业绩确定他们的报酬,善待员工,使他们与公司融为一体,确保客户得到最优惠的利率,最重要的是,按时支付保险赔款。

在麦克·瑞德尔来双向保护保险公司工作的时候,公司仍基本延续了150年来的经营方式。技术进步了,但是公司的经营理念没有变。高管层的信条是,只要公司善待员工,让他们合理地分享公司的利润,员工就必然会忠诚于公司。他们甚至从没有听说过哪位员工会有损害公司利益的念头。

双向保护保险公司在过去的几十年里发展迅速,不可避免地遇到了越来越多的安全保护和内部控制问题。公司在其组织架构中设置了一个独立的安全部,还设立了一个特别调查委员会,专门处理理赔领域的调查事项。公司大部分的内部调查都是由人力资源部门会同安全部门共同实施的,调查人员主要由审计师构成。公司采取这种组织结构的主要原因还是来自于老派管理层的信条,他们不想让特别调查委员会被视为“一些坏人”,在他们看来,与员工保持良好的工作关系是最为重要的,这样一来,理赔调解员就会配合特别调查委员会来发现和处理可能发生的欺诈行为。

当然,这种组织安排存在很多缺陷,其中最明显的一点是人力资源部门缺少专业人员来实施内部调查,他们没有接受过这方面的培训,对刑事司法制度知之甚少。他们主要的工作目标就是尽快地清除那些腐化堕落分子,最终往往要与舞弊者达成一个解决方案。通过这种方式,公司可以在不引起尴尬或不承担责任的前提下将“问题”解决。麦克·瑞德尔还坚信这种理念,他相信即使自己被抓住,当然他本人认为这种可能性极小,等待他的惩罚不过是离开公司而已。

我对公司的许多不规范的经营行为非常熟悉,因为我就是从一位特别调查委员会的成员开始做起的,最后被提升为特别调查委员会的主任。后来我又被调到公司总部,担任了索赔部门的主管,但同时继续担负特别调查委员会的领导责任。

§初露端倪§

一天下午,我接到了直接向我报告工作的特别调查委员会主任的电话。鲍勃·坦普尔是一名退休警官,他聪明、思辨能力强、受过良好的教育,是一位优秀的调查员。鲍勃想和我谈一谈。他像往常一样开门见山地说:"我认为公司的一位州外服务部的员工有问题。"

他初步掌握的情况是,麦克·瑞德尔有可能一直在为自己办理的理赔案子授权将汇票开给他本人,办公室秘书虽然不知道问题到底出在哪里,但她确信其中一定有诈。这里所说的"汇票"其实就是指支票,所以我们现在要查清的情况就是,是否有人在利用自己办理的理赔案将赔款的支票开给了自己。

当我得知已经发生的另一个情况的时候便决定挺身而出:麦克·瑞德尔刚刚主动辞去了在双向保护保险公司的工作。这样一来,人力资源部与本次调查就不再有关系了,公司的安全部门没有足够能力来处理这件事,只有由我和鲍勃来完成初步调查,特别调查委员会也将直接参与进来。我首先建议鲍勃与麦克原来所在的办公室的理赔秘书玛丽·斯图尔特取得联系。玛丽是双向保护保险公司一位老职工,她办事精细,工作努力,大家都认为她就好比是这个办公室的黏合剂。办公室里只有三个人,玛丽不得不担当起所有的文书性的工作,包括接听电话、为索赔案建档、处理全部信函。她手脚麻利,很为自己的工作感到自豪。

鲍勃按照我的建议与玛丽取得了联系。玛丽告诉鲍勃,麦克似乎在以一些财产索赔案之名授权一些追加付款的支票。在过去的几年里,鲍勃和我都曾经在她所在的办公室里做过一些调查。玛丽告诉我们,她接到了一位投保人打来的电话,说他收到了一张支票。这位保户曾因厨房着火而使房屋内部遭受了一些烟熏的损失,他已经按照他的签约理赔员麦克的推荐,请修复服务公司对房子进行了修整,这位保户对修复公司的工作很满意。

令这位保户不明白的是,数月之后他又收到了一张965.32美元的为追加修整工作付款的支票。他说麦克已经让他签署了索赔单,根据他的记忆,这项理赔已经办结了。他强调说他此番电话不是投诉,他只是不知道该怎么处理这张支票,支票的收款人是他和修复公司,他说:"我是该兑现这张支票呢,还是应该转给那家公司,还是应该把支票寄回去?"

玛丽对此十分关注,她知道一定是出了什么问题,所以立刻向达里尔做了汇报,达里尔让她联系特别调查委员会。这张支票的收款人是这个保户和"专业康复公司(Restorative Professionals Inc.)",这个公司的名称与"专业修复公司(Restoration Professionals Inc.)"这个名称很相近,而后者是双向保户保险公司通常向保户推荐的服务公司,为这个保户提供服务的也是这家公司。我们保险公司与这家公司合作已久,知道他们是诚实可靠的。

§好奇心引他现身§

首先,我们给专业修复公司打了电话,核实他们所提供的服务。专业修复公司证实,他们已经完成了对房屋的修整工作,提出的索赔额得到了保户和理赔调解员麦克·瑞德尔双方的认可,并收到了由保户会签的支票,案子已经办结归档了。因为麦克已经离开了公司,所以我们不必担心他发现我们正在调查他所办理的案子,我们于是开始对他办结的理赔案子的资料进行收集和分析。我建议鲍勃用电脑对供应商进行一次全面的搜寻,找出过去三年里全部与专业修复公司有关的理赔案件,包括麦克参与或直接办理的案件。

我们按照专业修复公司的雇主识别号码(EIN)找出了麦克办理的全部理赔案件,复印了他核准的与该EIN有关的全部支票的正、反面,发现有些支票的收款人是"专业修复公司",有些则是"专业康复公司"。我们发现,支付给两家公司的支票使用的银行和存款号码都不一样,付给专业修复公司的支票与理赔案卷上的银行和其中的一个存款账户的账户号码完全吻合,而只在麦克处理的理赔案卷上出现的其他号码的付款支票的收款人是“专业康复公司”，这些支票也有一个共同的特征，即全部是麦克申请的附加付款支票。支票上的收款人名称与真实的公司名称相近，显示的又是正确的 EIN 号码，所以追加的付款支票才会顺利地通过公司的付款系统被开了出来。

通过向专业修复公司核实，我们确定了这个银行和存款账户号码的确是该公司的。因为这些附加付款支票上显示的是他们的 EIN 号码，我们便对每一张问题支票都进行了询问，他们证实他们并没有做过麦克所说的附加工作。我和鲍勃商量着下一步该做什么，最令我们头疼的问题是麦克已经不再是公司的员工，他不能为我们的调查提供任何帮助。虽然我们可以把案子提交给当地的司法部门，但过去的经验告诉我们，以他们有限的资源，很可能需要相当长的时间才会有结果。

鲍勃认为麦克决不会同意和我们对质，就好比在八月的佛罗里达海滩不会出现雪球一样，他怎么会与我们合作呢？但我并不这样认为。在过去几年与麦克接触的过程中，他孤僻冷漠的性格早就引起了我的注意，我想如果我跟他交谈一下，告诉他我们需要向他了解一些与调查有关的情况，也许会引起他的好奇心。我相信他也许会认为他比我们更聪明，知道我们已经掌握了什么、不掌握什么。当然，如果我的判断是错误的，也就是他拒绝和我们交谈，那我们就只好寻求司法部门的帮助并等待最好的结果了。

我收拾好东西，和鲍勃一起乘飞机去了麦克所在的营业部。见到公司的员工后，我反复和他们强调，任何人都不要谈论这次调查，即使在公司内部也不要谈论此事。保险理赔人员即使是换了工作单位，也常常还保持联系。

我在路上用手机给麦克打了个电话，没人接，我便留了言。我有意把话说得含糊其辞，只是让他给我打电话。我说我后天就走了，如果届时还没有接到他的电话，我就会寻找其他的解决办法了。现在，我们已经织好了网，就等着看苍蝇是否会上钩了。

就在那个晚上的晚些时候，我的手机响了，是麦克打来的。我们相互寒暄之后他问：“你到底要和我谈什么？”

“我们在检查你办理的理赔案子的时候，发现了一些可能的违规操作。”我回答道。

“什么违规操作?”他问道。我不能把话说得太明白,为的是充分吊起他的好奇心。

“我不能在电话里说得太具体。”我回答道,“我认识你很久了,我认为我们应该当面谈一谈,你值得我当面和你谈。”一阵沉默之后,他说:“你想在什么时候见面?”我建议明天傍晚在公司见面,他说他不确定自己能不能来,他会给我回电话。我知道我的回答对他下一步怎么做十分关键,我说:“麦克,不管你和不和我见面,我后天都要走,如果我见不到你,我就只好让公司外部人员来处理此事了,但这的确不是我的初衷。”

他思考了几秒钟,说:“我会给你回电话,我们连线的效果不太好。”然后他就挂断了。鲍勃确信他不会再跟我们联系了,要是我们说要和他的律师谈谈,也许会奏效。可我仍然认为他明白我们要把这件事诉诸法律的威胁,他一定在核计是应该找律师呢还是和我们沟通。他的电话还是来了,他将在第二天的下午 7 点和我们见面。

麦克出现的时候,显然已经估计到了被捕的可能性,所以他对办公室扫视了一遍。我和鲍勃很策略地将一个个厚厚的文件夹放在桌子上,目的是让麦克看到我们是有备而来的,其中有些是用来充数的,但麦克并不知道这一点。这么多资料肯定对他产生了一定的威慑力。

我知道,面询的前三分钟是十分关键的,我们有意让麦克首先开口说话。他终于开口说:“这些东西是怎么回事?”

“这些都是你开给自己的那些伪造的附加付款支票。”我回答道。我给了他反应的时间,他既没有否认,也没有承认。

“麦克,我们的建议是这样的,”我说,“我想先听听你的说明,然后再向上级汇报,让他们决定下一步的行动。”

沉吟了一会儿后,他问我们他面临的后果是什么。我告诉他有两种选择,一是让他赔偿公司的损失同时可能承受一项民事处罚,另一个就是被提起刑事诉讼。他问我们为什么我们还没有报警,我告诉他,不听他的意见就报警对他是不公平的。我知道此刻刑事起诉的问题占据了他的大脑,因此我尽量淡化这个问题。我告诉他所有可能出现的后果,让他明白他的合作将直接影响到处理结果。这个时候,他说他愿意全力配合。

于是,麦克坦白了自己的舞弊事实。他惯用的手法是,先是为某个理赔案编造一个追加工作的理由,将其加到理赔额中,过一段时间,估计他虚构的工作可以完成了，他就根据虚构的工作虚开一张发票。因为与专业修复公司合作了多年，他清楚地了解他们的发票是什么样子的。麦克将他们的发票复印了一张，把它当作空白发票使用。作为一个保险调解员，他有权力核准发票。有时他还会在发票上加一个备注，说明他对修复公司完成的工作进行了检查，结果令人满意云云。

然后，他便以他虚构的公司为收款人开具支票。因为这个伪公司的名字几乎与那个合法公司的名字一样，EIN 号码也是正确的，理赔秘书就会签发支票。支票的收款人为保户和服务公司，需要双方的签字。麦克手里已经有了保户的签字，他要做的就是将他的签字复制到向虚构公司付款的支票上，然后自己作为公司的代表在支票上背书，加盖“仅可存款”的戳记后存入自己的账户。他坚信自己使用正确的 EIN 号码和一个和真实公司名字非常相似的公司名称，他的欺诈行为不会那么快被发现的。

支票都是由秘书开出并寄发的，照理肯定会被寄到保户的手中，但麦克对此也采取了措施。他所在的办公室本来人就少，三个人通常都是互相帮助的，麦克把自己伪装成一个很好的团队成员，经常主动承担向邮局送信件的工作，他当然就会利用这个机会把那些附加付款的支票的信封换掉。对他来说不幸的是，他漏掉那一封邮件，从而引发了这次调查。

我们掌握的虚假支票总计达 50 000 美元，麦克也只承认这个数额，虽然我们相信实际数字可能会更大。他给我们写了一个书面许可，允许我们对他进行信用调查，同意给我们提供他的银行对账单和账户信息。就在他准备离开的时候，他问这件事的结果会怎么样，我重中调查一结束，我就会告知他处理结果。我们的谈话就要结束了，他还询问公司今年的财务状况如何，我说挺好，他接着问了一个令人难以置信的问题：“这件事处理完后，我还能不能享受公司的分红呢？” 我和鲍勃惊讶地相互看着对方。

“不能。”我答道。

§ 突然造访 §

麦克离开的时候对自己的处境还很乐观，他以为他只需要按照他的想法赔偿公司的损失就行了，但事实并非如此。根据法律的规定，该案需要上报给州保险部，同时还要上报给地方政府部门。保险部对此案件十分感兴趣，大多数的保险部都十分重视保险欺诈案件。

麦克·瑞德尔喜欢做保险调解员，他对自己捞外快的能力颇感得意。不久他就被另一家公司聘用，也是做保险调解员的工作。在应聘时，当他被问及是否有过盗窃罪或者是与保险相关的刑事犯罪记录时，他说没有。从技术上讲，他说的没错，他都不曾被拘留，更别说被判刑了。几周过去了，麦克似乎已经逃过了一劫，他主动从双向保护保险公司辞去了工作。单从书面材料看，他没有犯罪前科，是一个理想的保险调解员人选。他万万没有想到，在一个工作日的下午 1 点 15 分，保险部的官员和当地的副警长来到了他的工作单位，他被带上了手铐带离了办公室。

麦克被拘留了，在他的妻子给他交保释金之前在狱中度过了几日。迫于大量的不利证据，他承认自己犯有贪污罪和保险欺诈罪。麦克被判 5 年的监外服刑期，赔偿双向保护保险公司 50 000 美元，按月分期支付。他的保险调解员的执照被永久吊销。

为了支付律师费和向保险公司的赔款，麦克·瑞德尔不得不将房屋做了二次抵押取得了额外的贷款。虽然他不必去坐牢，但再也找不到一份拥有稳定收入的工作，他的房子已经做了全额抵押。对麦克来说最可怕的后果也许是犯罪记录将会伴随他的余生。

§经验与教训§

麦克舞弊案的第一个发现者是他的同事。同事们往往都不愿意告发自己的熟人，一方面他们觉得他们没有责任这样做，另一方面他们对自己一旦搞错而误告之后公司将如何反应也心存疑虑。本案正是因为玛丽的主动报告才被发现并最终得以解决。双向保护保险公司对玛丽的诚实给予了高度的评价。

我们可以从本案中获得的另一个经验，是为了与当事人见面我们需要适当地刺激其做出反应，但必需认识到其中是存在风险的。我在本案中的做法奏效了，但我提醒其他的调查人员要慎用此道，当事人也可能因为受到刺激而警觉起来，进而极力隐藏或销毁证据，我们必须仔细权衡各种可能性。调查员永远都不要忘记,在对当事人进行询问之前最好是拿到全部可以得到的证据。这条经验概括起来就是:要有勇气,但不要盲目依赖勇气。多数案件还是通过使用实事求是的规范性方法寻求证据而查清的。

§防患于未来之建议§

1. 实施控制

在与内部审计部通力合作审查公司的内部控制的时候,我们惊讶地发现实际上公司的内部控制相当匮乏。站在特别调查委员会的角度,我们一般假定公司是存在健全的内部控制的,麦克们只是钻了其中的空子罢了。严峻的现实在使我们感到震惊之余也认识到这对于我们来说也是一个机会,我们可以与公司的内部审计建立更紧密的联系,帮助公司实施适当的内部控制。

2. 软件

我们建议公司的内部审计部门要采用电脑软件,以便对供应商和保户进行扫描以发现异常,包括 EIN 号码、追加付款、供应商或保户名称的拼写错误、与公司的某位员工或代理人有关的异常现象。对发现的异常应立即进行调查。

3. 随访客户和供应商

公司必须作出规定,凡是与财产索赔有关的追加工作,都必须经过督导员的核准,这是一个很有效的防范措施。督导员还要对保户和供应商进行随机的后续联系。通过这一措施,督导员可以及时得到保户的工作完成情况和理赔情况的反馈信息,保户还会把公司的这种后续电话看作是一种真诚的行为。如果保户对额外工作通知单的反应是惊讶,督导员就知道应该进行进一步的调查了。通过电话向供应商核实工作的完成情况,可以起到一种质量控制的作用。督导员还应询问供应商获得服务费的及时程度,评估他们对公司的保险调解员的满意度。同样,如果供应商对需要提供附加服务表示忧虑或惊讶,对此也要做进一步的调查。

4. 员工举报电话

我还建议公司设置一个员工举报热线。双向保护保险公司有一个针对外部欺诈的举报热线，但没有针对内部舞弊的举报机制。关于举报电话，员工们往往会存在这样的顾虑，即他们害怕自己的声音被辨别出来。过去的经验也告诉我们，员工们不会以语音留言的方式举报。因此，我们要说服公司，要想使举报热线发挥作用，一定要确保举报热线的匿名性，其中的一种有效方式是使用第三方的热线服务，比如，职业道德举报热线。

举报热线不仅可以起到阻止犯罪的作用，还可以成为公司解脱法律责任的有力辩词，因为设置举报热线本身就表明了公司发现和预防舞弊及不当行为的决心，她以行动告诉员工，公司是关注和敬重那些诚实和努力工作的员工的，同时也表明，公司对那些违法的、不道德的，或者具有潜在危险的行为是不能容忍的。

5. 发现和防止舞弊的专业培训

公司应为督导员、经理人员和主管人员提供正规的培训，这样做对公司是有利的。培训项目要针对公司内部舞弊行为，告诉大家如何发现和防止舞弊。公司对员工应给予充分的信任，但也要实施有效的控制来阻止那些违规者。防止产生舞弊行为的最好方式是使公司的员工队伍既具有高度的警惕性，又具有较强的道德观念。

10

无辜的罪犯
An Innocent Perpetrator

霍华德·C.斯巴克思

克里斯蒂·文泽尔和往常一样早早就来到了办公室,她比所有的财务人员来得都早。她是公司的财务主管,喜欢早晨安静的时光,也希望给大家留下一个为公司尽职尽责的形象。在其他员工都来到办公室之后,她的一天就会充满无休止的打断。来到办公室后,她会坐在办公桌旁,品着第一杯咖啡,处理前日下午留下的信息,检查前一天在全部交易过账后报出的例外报告。

克里斯蒂对自己担任北方电力合作公司财务主管的工作很是享受。该公司是本社区最大的企业之一,她在获得注册会计师证书后不久就加入了这家公司,那时她大学刚毕业,被安排到了公司的审计部工作。加入公司的第三年,她被提升为审计部主任。

现在,12 年过去了,她在考虑着退休的计划。她和丈夫已经决定双双在 18 个月后离开北方电子的管理岗位,然后去旅行。

一个客户发来的短信打断了她的思路。短信来自布鲁克斯公司——一家大型的建筑公司,他们对最近收到的租用北方电力公司的一台起重机的租金账单金额有疑问。她想起来前几个月发生过的一起类似的事情,当时她要求对事件进行了调查,布鲁克斯建筑公司提供了一份其存入北方电子公司银行账户的支票的复印件,根据那张支票,克里斯蒂核准了一笔特别调整金额。

就在这个时候,苏珊娜·辛普森把车开进了停车场。在经过紧挨着办公楼的月度最佳员工停车位的时候,她一面在心里想着自己是否还有机会享受那份殊荣,一面把车停到了第二排的一个空位上。苏珊娜对自己在北方电子公司的进步感到自豪。她在15年前进入北方电子，当时仅仅是一个临时的记账员。尽管她没有接受过专业训练，但通过不懈的努力和奉献赢得了同事和上司的尊敬。大量的工作实践让她掌握了北方电子的会计系统，为她晋升到公司的会计专家地位打下了基础。她喜欢自己的工作，主要是因为这个岗位比她所做过的其他事务性工作具有更多的独立性和多样性。公司经常让苏珊娜培训新来的员工，哪个部门人手不足她就会被派过去帮忙。她对这些额外的工作毫不介意，实际上，这反倒给了她一种安全感和被重用的感受。

60年前，当马萨诸塞州的安妮林镇矿业迅速发展、采矿企业生产出大量的发电设备可供出售的时候，北方电子公司应运而生。当时，有几位当地居民看到了由于稳定的电力供应而产生的经济发展潜力，便从农村电业管理局申请到了一笔贷款，他们成立了一家合作社，收购了矿业公司的中央发电厂及周围的土地。

许多年来，北方电子与这个镇子同发展共繁荣。在合作社的组织模式下，客户同时也是合作社的所有者，每年都要召开社员大会，选举产生董事会成员，社员获得的资本贷项就是他们分享的公司利润，公司有资金的时候他们就可以提取这些资本贷项。董事会对CEO进行监督，CEO负责任命部门主管并对他们进行考核。现在，公司拥有几家发电厂，电力分销网覆盖面超过100英里，为居民社区和企业提供电力。北方电子公司最近的一份年报显示，公司现有成员近4万名，年收入超过1亿美元。

公司按月向居民和商家收取电费，多数人是将款项邮寄到公司，也有的顾客通过电话付费或者是到公司的客户服务中心交费。由于北方电子公司扩张太快，其行政管理和财务部门分散在主电厂的几栋办公楼里面。公司的财务部，包括现金管理办公室，与工资管理处、应付账款处和顾客服务中心不在一处办公。顾客服务中心由业务代理人和几位出纳员组成。顾客来到服务中心后便排队等候帮助，业务代理人问清顾客的要求，填写和处理适当的表格，如果需要付款，就把他们送到出纳员那里。

每天收到的现金要和各位出纳员的收款机上的现金总额进行核对，然后送交现金保管部，存放在保险柜中过夜。通过邮寄收到的付款先由函件收发室进行整理，然后再交给现金保管部。顾客的汇款单要送到顾客服务部登记入账。第二天早晨，现金保管部要汇总收到的汇款和顾客上门交付的款项，填写一张银行存款单，存款准备好后放入一个加锁的存款包中，由运钞车在下午取走。每位出纳员都要编制一份日报表，将实际收到的现金与现金收款机上的各类收款总额核对相符，这些日报连同一份存款收据，要送交会计部，据以登记现金日记账。

为了提高公司的利润率，管理层开展了一些非主营业务，包括土地和设备的出租、不需用物品和设备的出售，还有一些其他服务。身居公司会计专家地位的苏珊娜专门负责记录和处理这些非经常性交易的收款业务。北方电子公司与客户签订并执行的合同都要送交一份到会计部门，在适当的时候，会计部门就会借记其他应收款账户，同时贷记其他业务收入账户。会计部门要按月编制对账单，连同发票一起寄给客户。苏珊娜的主要责任是检查邮件收发室或顾客服务中心收到的付款的具体内容，确定对公司应收账款账户的处理，然后编制一份日记账凭单并转交会计部过账。

§对账单§

克里斯蒂在按下布鲁克斯公司的电话号码时又把信息读了一遍。

“你好，我想找会计部的伯特说话。”她说道。

通过交谈她了解到，对方最近所做的付款在北方电子公司提供的对账单上没有显示，他们手里有已付讫支票，可以证明他们的确付清了账单。这种情况已经是第二次发生了，克里斯蒂想不明白，仅仅过了几个月怎么可能再一次发生同样的事呢，而且是同一个客户。这一次她决定一定要彻底查清此事。她要求伯特把那张已注销支票传真给她。下午，克里斯蒂来到了现金保管部，让一位职员找出了注销支票上加盖的日期前后几天的存款记录，花了几个小时也没有找到在与注销支票日期相近的日期有相应的存款记录。她回到了自己的办公室，打算检查她保存的账单记录。她一打开文件夹，立刻注意到两笔没有记录的付款都与苏珊娜负责处理的特别应收账款账户有关。

克里斯蒂感到必须做深入的调查来揭开这个谜团。她要来了公司在注销支票日期前三天的现金收入和存款记录，等到其他财会人员都离开了办公室、周围一片安静之后，克里斯蒂便坐下来开始查看这些记录。她打算根据布鲁克斯的支票追踪查找对应的存款,看看到底是怎么回事。令她惊讶不已的是,公司的现金收入记录非常混乱,她根本无法确定公司是何时收到布鲁克斯公司的支票的,因为一位出纳员的现金收入记录也找不到了,她甚至不能确定每天送存的银行存款是否正确。

第二天早上,克里斯蒂将此事向公司的 CEO 汤姆·巴特利特做了汇报,告诉他布鲁克斯公司的付款没有被贷记到相应的应收账款账户,在公司的现金收入记录和存款记录上也找不到布鲁克斯公司的这笔付款。汤姆建议寻求外部帮助,克里斯蒂也认为这样做更稳妥一些,汤姆让她来安排初步调查事宜。

§得出结论§

克里斯蒂一回到办公室,就找出了海蒂·罗斯的电话号码。她是克里斯蒂的大学同学,她最近与另一个当地的注册会计师合作开了一家会计师事务所。她们在大学里就是好朋友,又一起通过了注册会计师的考试。克里斯蒂给海蒂打了电话,说她发现了一些客户付款存在问题,公司的高管层有意聘请一位外部调查员调查此事,她同时告诉海蒂,由于她的部门人手不足,无法及时地完成这一调查任务。

海蒂很感兴趣。她的事务所的主要业务是税务和记账服务,现在又正值一年中的淡季,此时两位合伙人都有充裕的时间。海蒂告诉克里斯蒂她随后就去他们公司详细了解情况。

她们见面后,克里斯蒂向海蒂详细解释了在布鲁克斯公司付款中发生的问题,说明了她在检查北方电子公司的现金收入记录时所遇到的困难。二人商量后认为海蒂需要请银行提供北方电子公司存款的银行方面的记录,以便确定公司的哪次存款包含布鲁克斯公司的支票,然后再从北方电子公司的存款记录中查找该笔存款。克里斯蒂给东北银行打了电话,经理说他们至少需要一到两周的时间来找齐资料并做出副本。

海蒂回到事务所后就和她的合伙人苏·霍林斯沃斯讨论了刚接手的这份业务,她们都认为这将是一个具有挑战性的任务,因为二人均没有和北方电子这么大的公司打交道的经历。下个星期,她们将利用等待银行提供资料的时间来了解北方电子公司现金收入业务的内部控制。

时间刚过了一周，银行就将几大箱子资料送到了事务所。海蒂和苏随即开始对这些资料进行审查，查找布鲁克斯公司的付款。她们找到了，发现那笔付款是在注销支票日期的前一天存入银行的。她们记下了那一批存款，然后开始审查北方电子公司相应的存款记录和现金收入记录。结果令人十分头疼，虽然大多数存款记录与北方电子的账面记录一致，但却存在重大的差异。例如，包含布鲁克斯公司支票的那次存款的金额与同日北方电子记录的存款总额不相符，在北方电子的存款记录中没有布鲁克斯的那张支票，这与克里斯蒂的发现是一致的。她们同时发现，在北方电子记录中列示的十几张小额支票却不在银行的记录中。苏忽然意识到，这些小额支票的总额和布鲁克斯公司的支票金额相近。海蒂发现，虽然存款数有时差了几美分或几美元，但北方电子的财务部却没有采取措施加以处理。

海蒂安排了一次与汤姆和克里斯蒂的面谈，讨论她的审查结果。汤姆对发生的情况表示担忧，克里斯蒂对此完全理解。看来北方电子的现金收入业务处理程序非常薄弱，很不可靠，可能给某些人贪污公款提供了机会。如果这个信息被当地报纸曝光，将会对公司产生非常不好的负面影响。汤姆决定请海蒂和苏扩大调查范围，查明公司的资金是否有丢失的情况，如果有，金额是多少。海蒂说，在调查的过程中她们可能需要面询部分员工，但她们会谨慎行事。

之后，海蒂拟定了调查的时间表。

"重新确定所有的存款不太现实，因为北方电子每天都要处理几千张支票。"海蒂说。

"我知道。"克里斯蒂回答道，"你觉得该怎么做呢？"

海蒂想了一会儿才说："我们就从检查布鲁克斯公司付款前后几天的记录开始。"

海蒂一直在心里纳闷，在北方电子记录中记录的支票是什么时候存入银行的呢？但她没有说出来，她明白她们的调查范围已经明确了。

大约五周以后，海蒂和苏发现了发生异常的规律，北方电子账面有记录、但银行没有记录的支票，在接下来的几周里都又出现了。他们的推断是，有人在用一些小额支票来替换大额支票，小额支票的总额与大额支票的金额大体相等，然后，作案者在接下来的一周或两周里再把小额支票替换下来。但是,为什么要这样做呢?北方电子公司编制银行存款余额调节表的人为什么不对差额进行调查和处理呢?他们曾试图将存款记录与出纳员的日报进行核对,可惜不是资料不完整就是字迹无法辨认。

掌握了这些情况后,海蒂和苏开始对北方电子公司的相关人员进行询问。通过面询她们了解到苏珊娜经常进入现金保管部并接触存款包。有一次,一位员工问她在干什么,苏珊娜回答说:"我在查找一张支票,看它是不是已被正确入账了。"

海蒂对这个情况深感惊讶,员工居然可以如此轻易地接触存款包,这决不是她头脑中的完善的内部控制。她还了解到,北方电子公司规定,员工可以兑现金额在500美元以下的个人支票,超过这个数额的支票则需要主管人员的审批,苏珊娜常常利用公司的这个规定。一位出纳员注意到,苏珊娜每天都要兑现至少一张支票,有时支票的金额还会超过500美元的限额。

海蒂觉得现在可以与苏珊娜面对面地讨论她负责的业务存在的问题了,但苏珊娜和另外一位财务人员却拒绝接受面谈,她们显然听说了公司资金丢失和正在进行的调查。在海蒂要求与之面谈时,苏珊娜说:"这简直就是政治迫害。"

因为苏珊娜拒绝合作,她在当天下午就被解雇了。她久久地坐在办公室里,盯着墙上的照片,终于在5:30的时候收拾好了自己的东西。在离开办公室的时候,她把钥匙交给了克里斯蒂,说:"我尽了自己最大的努力为公司工作,不会偷拿公司的一点东西。"

§被证明清白之前都有嫌疑§

海蒂和苏把注意力转到了苏珊娜负责的业务上。她们做出了一种推论:苏珊娜收到某个客户的大额付款(当然不是付电费)后,就会在午餐时间到现金保管部,她可以不受干扰地翻查存款包,然后用总额相等的小额支票把大额支票替换出来。她在北方电子工作了很长时间,了解大多数员工日常的休息和工作时间,也知道运钞车来取钱的时间。因为存款数额是相等或相近的,所以人们不会发现她做的手脚,然后苏珊娜就可以到北方电子的出纳员那里兑现等额的私人支票,第二天她会再去现金保管部，然后再用她拿走的公司的支票来替换她的私人支票。

北方电子公司的律师杰瑞·埃文斯约见了当地的警察和地方检察官，讨论能否启动一次刑事犯罪调查。地区检察官认为证据很充分，取得了苏珊娜·辛普森住宅和银行账户的搜查证，搜查在第二天就执行了。辛普森夫妇的所有记录都被查封，在他们的房子里没有找到现金，但发现了北方电子的一些会计记录。在被问及为什么把公司的文件带回家时，苏珊娜回答说，她常把没有按时完成的工作拿到家里做。

我接到了苏珊娜和她的丈夫雷的代理律师杰克·怀特打来的电话，他简要地说明了苏珊娜的案子，说她认为有人在陷害她，可能是北方电子的财务主管。他问我是否有时间看一下调查材料，我告诉杰克我对此案很感兴趣，让他把手头的所有资料送给我。

我在查看海蒂和苏的调查报告时，对其中存在的漏洞感到震惊：报告没有提供短缺现金的金额，仅对这对夫妇的私人银行账户做了部分的审查，主要关注了与北方公司有关的支票和存款。他们没有找到任何被挪用的现金，在搜查辛普森一家的住宅时也没有发现任何表明他们生活奢侈的迹象。另外，这个弊案的合理性也不存在，原因之一是，通过用私人支票把大额的单张支票兑换成现金，要求苏珊娜每天至少兑换三张或更多的500美元的个人支票，而且要连续在7到20天中都这样做，这太显眼了，很快就会引起别人的关注，决不需要一年或更长的时间。

看完了海蒂和苏的调查报告后，我觉得非常有必要做进一步的调查，尤其需要根据辛普森夫妇的所有银行账户间接地确定他们的真实收入。杰瑞·埃文斯在接受当地一家报纸的采访中，不顾海蒂和苏的调查没有包括对雷的公司账户的检查这一事实，宣称这对夫妇通过雷的粉刷公司将盗窃的现金洗刷干净。因为警察在实施搜查的时候查封了嫌疑人的全部财务记录，要对案情进行分析实属不易。我与这对夫妇的开户银行取得了联系，请他们给我提供辛普森夫妇最近三年的银行账户记录，海蒂和苏审查的就是这一部分。

我检查了这对夫妻的全部存款记录，没有发现一笔可疑的存款，每笔存款要么是工资支票，要么是合法的营业收入。依我对他们二人收入的估计，这对夫妻的生活很节俭，可以说是勉强度日，我认为应该消除对雷的公司接收了赃款的怀疑。我检查了雷的供应商对账单，询问了雷是否曾用现金付款而不是使用支票，我得到的信息是雷一贯用支票支付账单，从来不用现金。

我给杰克打了电话，把我的初步调查结果告诉了他。"嗨！杰克，我有些关于辛普森案的消息。根据我的调查，我不能同意海蒂和苏的结论。另外，我认为你取得他们的证词、排除不符合道伯特标准2的证据的做法非常正确，这样可以保证案情是通过科学的方法而不是靠推测加以证实的。法官必需核实所有的证据都是可靠和相关的。"

杰克说话的声调表明他很惊讶，"真的？有什么根据让我信服你这个大胆的结论？"

"好吧，"我说，"海蒂和苏的报告在各个主要方面都显得不充分，她们缺乏舞弊调查的专业技能，两个人中间谁都没有为比北方电子小得多的公司提供专业服务的经历，北方电子公司居然把这项调查交给一个毫无舞弊调查经验的小会计师事务所来处理，你不觉得奇怪吗？另外，她们的调查总的来说是不完整的，也没有足够的证据支持她们得出的结论。北方电子公司的内部控制和会计系统看起来非常薄弱，我们甚至无法确定公司是否丢失了现金，更不用说可以把苏珊娜定性为贪污犯了。在她家里没有搜到现金，他们的消费也没有超过夫妇二人的收入。"我的话让杰克感到兴奋，他让我尽快把调查结果写成报告。

还没有等我写完报告，就得知苏珊娜被诊断为癌症晚期，她没有等到法庭审理她的道伯特动议就离开了人世，妻子的死对雷的打击非常大。根据我的分析，杰瑞·埃文斯主动解除了对雷的起诉，作为对苏珊娜的财产延迟审判的补偿，雷保住了房子。北方电子为了从保险公司获得赔偿，需要取得一个法律判决。考虑到雷糟糕的财务状况和成堆的医疗费账单，按照他们的律师杰克·怀特的建议，雷很不情愿地接受了上述解决方案。克里斯蒂按计划提早退休了，过了一段时间，他们从巴西寄出了一张明信片。

§ 经验与教训 §

为什么北方电子这么大的公司会选择雇佣一家毫无经验的事务所进行调查，这对我来说仍然是一个谜。为了保证调查结果可信可靠，公司应该雇佣具备必要专业资格和经验的调查者，调查人员最起码要了解这种规模的公司和会计系统。对面谈和其他证据处理不当很可能对调查质量造成永久性的损害。

我们需要从本案汲取的另一条重要经验就是在整个调查过程中都要保持客观性。即使是一个称职的舞弊审核师尽职尽责，也可能找不到充分的证据来确定作案人。一般说来，一个组织的内部控制无效或不健全是造成舞弊的首要原因。调查人员的职业责任是将自己的判断和意见建立在客观事实的基础上，抵御来自各方的压力，决不为了收取服务费而随意指控一个人，这是调查人员义不容辞的责任。调查人员只有确信自己采用了正确的调查方法，有充分的证据来支持自己的结论，这样的结论才可能是正确的。证据不足的调查只能提交案情概要，不能做结论，在必要的时候，调查人员可以作为事实的目击者而不是专家的身份出庭作证。

错误的或证据不足的调查结论可能影响调查员的证词是否被采纳，经不起推敲的调查结果还可能给调查员的职业生涯带来至关重要的影响，更严重的是，一个拙劣的调查也可能导致犯罪者逍遥法外。

本案为我们提供的另一条经验是要严密控制关于案件调查的信息。通过闲聊，北方电子公司的大多数员工很快就知道了公司内可能发生了舞弊的消息，这将损害调查人员通过面询获取的信息的可靠性。面询对象的选择和面询的次序要经过仔细的考虑再决定，面询技巧对于获取可靠的、在法庭上能经得起严格验证的口头证言是至关重要的。

§防患于未来之建议§

1. 银行存款余额调节表

必须及时编制银行存款余额调节表，出现的差异必须彻底查明原因。在本案中，银行和公司对存款记录的小额差异都忽略了，这种情况很可能导致公司损失大量的资金。

2. 审计线索

公司必须保存审计线索和会计记录，以便确定所有的交易都得到了准确的记录，假如做到了这一点，调查人员就可以将银行对账单列示的存款额与特定的资金来源进行核对（如出纳员一次上交的现金或汇款）。

3. 职责分离

职责分离是必要的，在大型企业里尤其如此。分离的职责应该通过制定业务程序手册、定期培训和符合性测试加以实施。

4. 对非常规交易进行监控

非常规交易因为不常发生而隐含着较高的风险，他们往往没有得到足够的控制，审计也不重视。为了应对这种逐渐加大的风险，企业必须实施特定的控制。必须定期地进行审计，以保证公司发生的交易都经过了批准并得到了适当的记录，这种审计既可以由内部审计师完成，也可以聘请外部审计师执行。对应收账款要进行定期的检查和估价，数额较大的应收账款要进行直接的函证。

5. 禁止员工在公司兑现个人支票

允许员工在公司兑现个人支票的做法应该予以禁止，在一些单位里这种做法对员工来说是一种福利，但也应该认真考虑其中的风险。如果一定要这样做的话，那么也必须确定支票的限额。

11

艾美医生

Dr.Amy

史蒂芬·A.皮蒂尼奥尔特

艾美·丹尼尔医生是家人心中的骄傲,同事和病人都称她为艾美医生。艾美在年届33岁的时候成为了一名大学生,她的身材依然姣好,容貌依然年轻。现在,她已经从牙科学校毕业4年了,已经开始接诊患者。艾美供职于一个只有三名牙科医生的小牙科诊所,诊所是麦克·格莱迪医生开办的,正是他为艾美提供了这个十分珍贵的工作机会,因为她没有多少工作经验,他们在工作上的联系十分紧密。艾美的家人对此十分感激,在她的婚礼上,艾美的父亲亲自向格莱迪表达了谢意,感谢他让自己的女儿到他的诊所工作。诊所的全体人员都参加了艾美的婚礼,他们就好像是一家人。

在多数情况下,艾美都是在第一个病人来到之前就早早地来到诊所,开始一天的工作。艾美医生是一个勤奋的医生,下班前总是填写完患者就诊表,准备好第二天的约诊,几乎总是最后一个离开诊所。晚上是她把诊所的灯关掉,第二天早晨又是她再把它们打开。

说到经济收入,艾美医生也比其同龄人幸运得多。她的薪水接近6位数,工资的构成简单而直接。艾美医生和格莱迪诊所的另一位牙医杰拉德·巴雷特医生每隔两周就会拿到一张工资支票。他们的工资是以患者支付的诊疗费为基础确定的,也就是过去两周里接诊的患者付费总数的三分之一。艾美医生的工资大部分都用来偿还她的学生贷款。

格莱迪医生和他的妻子朱迪在30年前创建了这个牙科诊所。朱迪在家里负责诊所的会计核算和工资记录事务,这样一来诊所的员工就没有机会接触这些重要的资料。诊所地处市中心,患者或步行或乘车前来就诊都非常方便。

同事和患者对格莱迪医生的评价是,他是一个富有同情心的人,一个真正关心他人的人。他经常和员工一起出去吃午饭或从事其他活动,谁遇到了什么问题他都乐意帮忙。格莱迪医生经常为那些无力付款却又急需治疗的患者治牙,许多患者不好意思白白享受格莱迪医生的服务,便采取小额分期付款的方式支付诊疗费。令人惊奇的是,几乎每一位患者最终都付清了他们的诊疗费。

毫不奇怪,随着格莱迪医生的诊所名气越传越远,新的患者源源不断地来到诊所就医。现在,诊所已经拥有三个牙医、两个牙医助手、两位消毒师、一位办公室主任和一些兼职员工。来诊所工作的人大多都很忠实于诊所,跟随格莱迪医生 10 年甚至更长的时间。

格莱迪医生和他的家人生活俭朴。他们养育了两个孩子,供他们上了大学。夫妻俩白天在诊所里不知疲倦地忙碌,晚上在家里整理凭证、记录账簿。虽然格莱迪医生才华出众,经验丰富,但他从来没有想要做一个百万富翁。他的事业已经达到了一定的高度,他开始把注意力转到发现和培养年轻的牙医,希望他们能在将来买下他的诊所。

随着艾美的患者群体不断扩大,格莱迪考虑着和艾美讨论是否有可能把诊所办成二人的合伙诊所。但格莱迪也明白,他的诊所也不是风平浪静的。艾美医生和其助手不能够和睦相处,这位员工已在诊所工作很长时间了,看来需要再安排一位助手与艾美合作。诊所里也有一些传言,消毒师和艾美之间也发生过冲突,不仅影响到他们之间的工作关系,私人感情也受到影响。

§ 弊端初现 §

一个星期五的早晨,我正在抓紧时间完成本周的遗留工作,我的两位同事也都在工作。凯文和我在办公室里忙着,斯科特正在他的小隔间里做一个项目。这时,丹来到了我的办公室,他是我们事务所的创始合伙人之一。他问我今天上午是否会一直在所里,他说格莱迪医生九点钟要来事务所,他有了麻烦,丹想让我也参加会面。他知道我过去曾与格莱迪医生合作过,是我给他安装的会计系统,并教会他的妻子使用这个系统。

九点钟的时候,我和凯文下楼来到了会议室,见到了丹和格莱迪医生。桌子上放着一个装满文件的大盒子。

"我们能帮你做什么呢?"丹问。

格莱迪医生说,他诊所的计费系统出了问题,需要我们的帮助。两周之前,他偶然听到一个接待员和一位患者在电话里讨论诊疗费问题,患者说她上周到诊所治过牙,治疗费是450美元,她当时支付了其中的200美元,她离开诊所的时候拿到的收据显示的欠款额是250美元。后来她收到了一份寄来的对账单,显示她的欠款余额却是450美元。她不明白为什么她的账户余额变了,诊所的员工也说不清楚这是怎么一回事。他们在计费系统里查找了她的治疗记录,发现她的欠款余额也是250美元。

格莱迪医生让接待员请那位患者带着有关凭证到诊所来一趟,她半个小时之后就带着收据和对账单来了,大家对出现的这种情况都迷惑不解。格莱迪医生决心找出答案,他查了一些资料并与SoftDent计费系统软件技术支持中心取得了联系。支持中心指导他检查了他的系统结构,他惊讶地了解到他的系统的某些特殊功能已经失效,或者是从一开始就没有正常启动。他在技术人员的指导下查看了一些菜单和页面,终于找到了该患者账户的"交易审计线索"报告。

这个报告显示了她最初的应付款额和她已付的金额,接下来的处理就有问题了。患者支付的款额记录之后,她的应付款余额更新了,可后来却又变了回去。格莱迪医生让员工们看了这个报告,特别是那些用户名与这些记录有关系的员工。也就是在这个时候他才知道,员工们习惯于登录系统后便不再退出,只要谁进入了系统,其他的人这一天就都使用这个人的账户。他还了解到,任何员工都可以在SoftDent系统中更改或删除记录。

格莱迪医生回到诊所后就取消了电脑用户的权力,为他们重新设置了密码,并要求大家进入SoftDent时给自己设置新的密码。随后他回到了前台,把全体员工召集到一起,向大家宣布以后他们只能过账,在离开电脑的时候要退出SoftDent系统,大家以后不可以共用一个用户名和密码。

格莱迪医生决定查看一下其他患者的记录,看是否有类似的情况发生,结果是肯定的。他决定对诊所启用SoftDent系统18个月以来的全部业务进行一次全面的检查,包括每一名患者、每一个环节。他一页一页地看,并对有问题的记录做了标记。

此刻,格莱迪医生坐在我们事务所的会议室里,他打开了盒子,拿出了前200页让我们看那些问题记录,盒子里大约装了1 500页的打印文件。他指给我们看,一位患者最初的应付费金额记录在第25页上,在第68页上显示的应付额改变了,可在第193页上又变回到了最初的金额。

§真相大白§

凭我们的经验,我们知道这些记录的改变背后一定有问题,只是现在还不知道到底是什么问题。格莱迪医生说他不知道怎么才能给我们提供电子版的报告,我们于是决定开车到他的诊所。我和凯文跟着医生一起回到了诊所,他带我们来到他的电脑旁边并关上了房门。在我们往办公室行进的过程中员工们都在观望,猜测着我们是什么人、发生了什么事。格莱迪医生没有向任何人透露他正在进行一项内部调查。

我只花了几分钟就在电脑屏幕上看到了那些报告,当我想到可以把这些资料保存在电脑的另一个文件夹中而不必打印出来的时候,我回头和凯文相对一笑。现在,我们把1 500页的报告放在了一个计算机文档中,我和凯文把它带回了我们的事务所。利用患者的身份证号码和就诊的日期,我们共找出了4 327笔被改动的记录,还发现改变的区域包括为患者提供服务的医生的号码,哪些余额变动之后又变了回去,其中显然是有规律的。

周末常常会使案件的调查受到耽搁,但这一次却是个例外。格莱迪医生在等待着我们的初步分析结果,告诉我可以随时给他打电话,白天晚上都行,他说反正他也睡不着,目前的处境使他发疯。我在家给他打去了电话,告诉他我们的调查结果。我向他询问医生号码代表的是什么,还向他索要一份计费系统中使用的医生号码清单,他立刻满足了我的要求。我又问他有没有律师为他服务,他说没有,让我给他推荐一个熟悉此类问题的律师。我十分清楚谁最适合接手这个案子,但到星期一才能和她取得联系,我把她的名字给了格莱迪医生,嘱咐他在我们与律师见面之前不要对任何人说这件事。

我把资料存在手提电脑里带回了家，执行了我所能做的全部程序，包括分类、摘录、分层、再摘录等。到星期一早上的时候，我先于凯文弄清楚了每个牙医的代码是什么，我还总结出这些变动的记录使哪位医生受益。在几乎每一个变动的记录中，医生的代码都从一个医生的变成另一个医生的，最后又变到最初的那个代码。要想知道为什么会这样，我需要得到另外一个问题的答案，即格莱迪医生是怎样决定每个医生和消毒师的报酬的。

星期一早上，我给律师利萨·伍兹打了电话，她随后与格莱迪医生进行了沟通。我们俩就这个案子简单地交换了意见，给她看了我汇总的那些问题记录。利萨在处理与雇员有关的诉讼方面经验丰富，她已经向格莱迪医生询问了诊所员工的薪酬是如何确定的。格莱迪解释说，行政管理人员拿固定的薪水，医生的薪酬每两周发放一次，金额根据他们在过去两周里完成的治疗工作来确定。他说他通常是在星期六早上从 SoftDent 系统提取工作量报告，上面显示前两周里每个牙医所完成的治疗。我们这就找到了作案的动机，因为如果一个牙医所做的工作被改到另一个牙医的名下，那么后者所完成的工作就会多于他实际完成的工作，他会从中获利，他那三分之一的报酬额就会相应增大。当然这不是唯一的可能，但在我们看来是合乎逻辑的，也可以说明患者账户的记录被篡改是这个阴谋的一部分。

于是，我们谈话的焦点转移到了诊所的医生身上。在过去的三年里共有三个医生在诊所工作，约翰·斯特布勒医生为格莱迪工作了四年，在 12 个月之前离开了诊所。在他离开之后，患者的记录被篡改的情况还在发生，并且直到前一周还一直出现在审计线索报告中，那么似乎可以把他排除在外了，因为他从最近一年的记录变动中不可能受益。在 SoftDent 系统中，斯特布勒的代号是 3 号医生。

另一位医生是杰拉德·巴雷特。巴雷特是诊所的一个兼职医生，在斯特布勒离开以后来到了诊所，在这里工作的时间不长。巴雷特是 4 号医生，似乎也没有从计费系统的改变中获益。那么只剩下艾美医生了，她是诊所的全职医生。艾美是 2 号医生，格莱迪是 1 号。我查看了一下摘录的记录，几乎所有的变更都是将 1 号医生完成的工作改到 2 号医生名下，过一段时间再改回到 1 号医生。我还明确了每一笔变更的记录发生在星期几，第一次改动从周一到周五都有发生，第二次几乎总是发生在星期二。我告诉格莱迪医生和利萨·伍兹律师，我想尽快和每个员工面谈，包括艾美医生。格莱迪医生说，除了那位兼职的接待员午饭过后才会来上班以外，其他人员都在诊所里。

我十点过后来到了诊所。当我走向格莱迪医生的办公室时，员工们都盯着我看，并小声地议论着什么。格莱迪医生跟我打了招呼，随后关上了我身后的房门。他说他已经告诉他的员工我今天早上要来和他们见面，他跟他们说他聘我来对诊所的业务和内部控制进行评估，并提出改进意见。为了不引起注意，格莱迪医生在楼下一位同事的诊所里给我安排了一间办公室。

格莱迪医生把我向他的员工做了介绍，之后我便跟着办公室经理苏珊去了楼下。我向她解释说，我要对诊所的运作进行评估，需要了解每个员工的职责，我和她讨论了计算机的使用问题，包括她的 ID 和密码。苏珊向我介绍了很多诊所的运作情况和员工们的情况，她给了我一份 Soft-Dent 系统的用户名单，告诉我每个 ID 用户的姓名。我向她询问了艾美医生的情况，了解到艾美经常使用柜台后面和格莱迪医生办公室里的电脑，艾美医生的衣兜里常常装着电脑打印材料和表格，她经常在两个患者治疗的间隔时间进入和退出电脑系统。我把苏珊送回到楼上，然后再与下一位员工面谈。

我一个接着一个地约见工作人员，掌握了每个人在诊所工作的时间、承担的责任、在计算机上所做的操作，也了解到了关于每个工作人员更多的情况。当我向他们询问艾美医生的情况时，我听到了他们对她不友好的态度、过多地占用电脑、常和同事发生冲突等表现很不满意。他们说艾美医生几乎每天早晨都是第一个来到诊所，大多数情况下也是最后一个离开，要比其他人晚走很长时间，甚至在她下午没有患者的时候也是如此。他们说艾美医生还有在附近的停车场停车的特权，我问他们她是怎么进停车场的，他们说她有一张出入卡，在进出停车场大门的时候使用。

这个情况非常有用，我立即意识到肯定有一个系统可供我确定艾美进出停车场的时间，将她进出停车场的时间和电脑记录及工资记录进行对比，我就能确定在那些系统记录被变更的时候她是否在诊所里。我约谈的倒数第二个人是艾美医生，她身材娇小，年轻得甚至不像一个牙科医生。我做了自我介绍，然后和她一起下了楼。我首先打破沉默，跟她说了我最近在牙科医生那里的遭遇，说那位牙医为我拔掉第二颗牙后我就决定不再用他治牙了，我听说镶牙需要 10 000 美元呢。她似乎很同情我，惊讶于竟然有这样的事。我觉得我们已经有了比较融洽的谈话气氛。

我开始给她介绍我的背景，告诉她我是一名注册会计师，常常帮助医疗界的委托人改进医疗机构的运作方式和效率。然后我开始询问她的背景和在格莱迪医生诊所的工作经历，她似乎很喜欢这份工作。我请她介绍了她的工作职责及每天都是怎么过的，然后就把话题转向了电脑系统，问她在 SoftDent 系统中的医生代码是什么，她说是 2 号医生。她还问我为什么要问医生代码，我说我要查看以前的医疗活动，了解诊所收费和医疗费回收的总体情况，也要弄清每个医生的诊疗活动，看起来我的回答使她感到很舒服。我问她在 SoftDent 系统中都做些什么，她说她从来不在这个系统中记录她的诊疗活动，她说如果我查看系统的话，就会发现上面根本没有她的用户账号，她说她是一个计算机文盲，她觉得计算机是一个可怕的东西，再说她也没有录入诊疗活动的责任。她告诉我她每天要接诊许多患者，只在两位患者的间歇时间才有空去看看自己的接诊计划表，而她的诊疗活动全部是由办公室的工作人员录入的。艾美医生说她总是手工填写患者的诊治表，然后送到前台去录入和收费。显然，她无意讨论任何具体的诊疗活动记录问题。我认为她没有说真话，所以暂时不打算问她那些尖锐的问题。我对她腾出时间来和我谈话表示感谢，然后把她送上了楼。末了，我问她我们是否可以再见面。

“什么时候都行。”她回答说。

我在与第七个，也是最后一个约见的人的谈话中，我得知有时人们会无意间听到艾美医生告诉患者不要担心他们的欠款余额，她会为他们妥善处理的。有一次她对一位患者说，“如果你同意的话，我可以通过增加一两个治疗项目来处理你的治疗费抵扣问题。”她还对其他的患者说，如果他们从保险公司的对账单上看到有额外的治疗项目时，不要感到大惊小怪，他们通常都是通过多填写治疗项目的方法让保险公司多负担一部分费用。我还了解到，艾美医生总是很晚才将患者的就诊资料送到前台记录和收费，而且经常漏掉一些资料。

通过与员工面谈了解到的这些新情况使我感到忧虑，如果他们说的都是真的话，那么每一种情况都会使艾美医生现有的舞弊程度更加严重，虚构诊疗项目可以导致保险公司对艾美医生提出刑事和民事诉讼，更严重的是，他们也可以起诉格莱迪医生。我往格莱迪医生的办公室走去，员工们三三两两地看着我，小声嘀咕着。我见到格莱迪后，把我面询的大致情况向他做了介绍，这些新的发现也同样使他感到不悦。他已经对艾美接诊的几位患者的病历进行了检查，并与那些手工填写的诊疗记录表进行了核对。今天的信息肯定了他事先最坏的估计，即在他的诊所里发生了保险欺诈案。我们给律师打了电话，把最新的调查情况告诉了她。

在接下来的两天里，我和凯文全力收集艾美医生的背景信息，确定她曾经在哪里工作过、住在哪里、开户银行和拥有财产的情况。我们都明白，一桩民事诉讼在所难免，借此可以追回部分款项。因为艾美很可能已经从我和她的面谈中察觉到自己的行为即将败露，所以，时间问题是很关键的。星期四我一到办公室，格莱迪医生就给我打来了电话，说艾美医生已经两天没来上班了，今天早晨他来到办公室后，发现桌子上放着一个信封，是艾美医生留下的信，可能是她在夜间什么时候留下的，信封里还有一把办公室的钥匙。

艾美医生在信中说，格莱迪医生干扰了她的生活，在她打算生孩子的事情上，他让她感到很不舒服。她说她在报纸上看到了他登的广告，要招一名新的牙科医生。如果他想让她离开诊所，直接开口就行。这封信还抱怨诊所里不愉快的工作环境，说她已经决定立即辞职。对这些针对他的毫无事实根据的人身攻击，格莱迪医生感到非常伤心。我们马上给律师打了电话，把这封信的事情告诉了她，同时告诉她我们认为这是艾美医生为了掩饰自己的盗窃行为而放的烟雾弹。好在利萨·伍兹精通劳动法，知道面对民事索赔或刑事诉讼的时候该做什么。

我和凯文继续根据从员工的口里得到的信息寻找证据。我们根据诊疗的日期、时间、患者姓名、用户的 ID 来对信息进行分类。我们发现，计费系统中的记录确实没有艾美医生录入的，但却发现有 48 名患者被人用她的账号从 SoftDent 系统中删除了。格莱迪医生可以确定，这些人中有许多不是她的家人就是她的朋友。因为在记录变更之前没有可靠的备份，我们无法获得更多的细节。我在和办公室经理苏珊谈话之后，掌握了艾美停车场出入卡的号码，随后我们约见了一位停车场的服务员，他给我们看了他们的办公系统,其中包括记录持卡人进出停车场的记录部分。我们请服务员将艾美医生全部的进出记录都打印出来,上面包括日期、时间、行进方向(进入或出去)以及大门的位置。回到事务所后,凯文设法将这些信息输入电脑,然后和 SoftDent 系统记录的交易日期和时间进行比较。

我决定星期五上午再一次面询诊所的员工,进一步了解艾美医生的情况。这次使用的是格莱迪医生的办公室,我和那天上班的五个员工都进行了面谈。我向每个人都询问了艾美医生的习惯和她使用电脑的情况,他们说她没有患者的时候多半是在电脑上的,他们说艾美知道怎么录入和改动诊疗记录,因为她总是看别人怎么做。其中的一位员工还告诉我,他曾经主动教艾美怎么操作以便让她自己录入信息。艾美医生却说她根本不想知道怎么录入信息,还说她对电脑一窍不通。

另一个员工告诉我,艾美星期一从来不工作,隔一个星期的周六她上班。她说,在其他人录入正常的诊疗记录或做修改时,艾美医生总是在一旁盯着显示屏,而且她"操作键盘非常熟练",她说艾美医生其实对电脑非常在行而且充满自信。我给她看了一些被修改的记录,问她需要多长时间才能把它们录入电脑,她说用不上 10 秒钟的时间。

将艾美进出停车场的时间和其他员工的工作时间以及 SoftDent 系统的记录时间进行对比后,我和凯文发现了一个明显的规律。大多数情况是,修改记录的录入时间是在艾美进入停车场以后、第一个员工来到之前这段时间,或者是在最后一个员工打卡下班、艾美离开停车场之前,还有一些是在其他员工出去吃中午饭、可能只有艾美一个人在诊所里的时候录入的,还有一个巧合是,修改的记录没有一个是在星期一录入的。事情已经很清楚了,尽管诊所的任何人都可以进入 SoftDent 系统修改记录,但只有一个人会从中获利,那就是艾美医生。

§ 承担后果 §

我们下一步应该采取的行动是对嫌疑人进行面对面的问讯。我给艾美留了一个又一个的短信,她终于给我打来了电话。

"你找我到底有什么事?"她问。

我告诉她，我们想了解诊所是怎么确定诊治费标准以及是怎样向患者收费的，我想她可以跟我们说明白。

“我必须和你见面吗？”

我回答说，她不是一定要做什么事情，但我觉得我们见面的话有助于我们理解诊所的运作方式。艾美医生同意在星期四上午 11 点到我的办公室来，我很不确定她是否真的会来。因此，当我看到她把车开进了我们的停车场的时候非常高兴，可是我的兴奋转瞬即逝，因为过了一会儿，艾美医生便把车倒了出来开走了。我还是觉得应该为格莱迪医生解决这个案子，便带上我们事务所的邦妮一起开车去了艾美的家。我想如果在艾美的家里和她见面，有另一个人——一位女性的目击证人在场应该是个好主意。我们敲了她家的门，等了好长时间艾美医生才开了门。她问：“我能帮助你吗？”我问她是否记得我，她说不记得了。我告诉她，就在不到一个星期以前，我曾在格莱迪医生的诊所和她谈过一次话。这个时候她才伸出了右手。她随后把她的律师的名字和电话号码给了我，说如果我有任何问题，就找她的律师谈好了。

在离开之前，我问她，“你想知道出了什么事吗？”

“非常乐意知道。”她回答。

当我开始告诉她关于诊疗费的事情时，她立刻打断了我，提高了嗓音说我好像在指控她做了什么事，说我应该立即离开她的家。她关上了房门，我们回到了车里。此番行动完成了，我们现在知道她有一个律师，还知道怎么能够找到他。

我们一共联系了五个律师之后，才终于和艾美最近聘请的代理律师见了第一面。他听我和伍兹说明了情况，也给他看了我们的调查结果和诊所员工的声明书以及其他证据，我们讲完之后，他说这个案子听上去很复杂。我们想尽一切办法，最终还是地方警察局的介入和坐牢的威胁，才迫使艾美和她的律师就她的行为达成了协议。最后，她为了筹款把房子再次做了抵押，给格莱迪医生开了一张 80 000 美元的支票，以赔偿她已被“核实”的贪污额和本次调查费用。艾美医生究竟给诊所造成了多大的损失，确切金额可能永远也无法弄清，但我们估计在 150 000 美元左右。她的赔偿使她免于被逮捕，但她一直没有承认自己的行为不当，甚至没有向格莱迪医生道歉。

§经验与教训§

在很多小型企业中,尤其是医疗服务诊所,人们往往只关注收入额和如何提供医疗服务,而把财务事务完全交给那些“值得信赖”的员工处理。实际上,即便是诊所的所有者本人亲自参与大部分的日常管理活动,久而久之也会存在自己并无察觉的风险。格莱迪医生在很多问题上的做法都是可取的,包括自己签发所有的支票、让妻子在家里核算员工的工资、清点核对每天的存款。他考虑不周的地方是忽略了员工在共用系统密码、允许他们登录系统后不退出、教会他们自己如何输入业务记录。他在安装和调试 SoftDent 系统的时候也放松了警惕,没有严格审查每个系统使用者的权限。他对系统的审计功能一无所知,所以压根就没有启用过。还有,他过分地信赖他的员工,只顾在诊所里营造一种家庭式的氛围,以至于艾美的反常举动就发生在他的眼皮子底下,他也从未想到她或其他任何人会打诊所的坏主意。

不幸的是,对格莱迪医生来说最糟糕的事情还在后头。我们只发现了艾美医生修改系统记录,虚构诊疗项目向保险公司收费,但当格莱迪医生开始接诊她以前的患者时才发现,她做的治牙工作质量非常差,她该做的治疗没有做却照样收费。格莱迪医生在后来的几个月里一直在提供免费的治疗,有的是弥补以前的过错,有的是完成已经收费而以前并没有做的治疗。格莱迪医生为这些患者在他接诊之前和之后的情况都拍了照,为州牙医协会和保险公司提供了一套完整的资料。

艾美医生最终还是逍遥法外,她的牙医执照也保住了。格莱迪医生和保险公司达成了协议,竟不可思议地允许艾美在另一家诊所里继续行医。

§防患于未来之建议§

格莱迪医生遭遇的这种情况是否可以避免呢?完全可能。他难道不该早点发现这些问题吗?如果他了解其他员工和艾美之间的冲突,他完全可能早些产生怀疑。另外,如果他把付给艾美的报酬和她所诊治的患者数量做个对比，他就会注意他付出的要比她实际应得的多。在他开始反击的时候，诊所的员工已经明白了艾美的所作所为，在真相大白之前就已经在进行着小范围的调查，如果他们早一点告诉格莱迪医生，艾美的行为就会早些被发现。

我们认为，雇主应该实施以下7个措施来预防类似事件的发生：

1. 了解员工（包括他们的习惯）；

2. 倾听员工的意见（他们曾试图告诉格莱迪医生诊所存在的问题）；

3. 保证系统的审计功能得到利用，并经常对其进行检查；

4. 实施实地检查，将相关信息进行核对；

5. 检查系统使用者的权限和进入方式并对其加以监督；

6. 人事政策和电脑使用程序要书面化并认真执行；

7. 信任员工，但要进行验证。

欺诈行为是无法被彻底消除的，但提高防范意识和警惕性可以制止许多舞弊阴谋，在造成巨大损失之前就抓住舞弊者。

12

貌似爱国的伎俩

Patriotic Game

詹姆斯·李

秦家尼是第一批加入位于深圳的红日公司的员工之一。这个公司有50名员工,大家相处得就像一个大家庭,每个人都觉得和CEO有交情。秦积极响应CEO的号召到海外去为公司开辟新的市场,他为此而感到骄傲。

秦从当地一所大学的电子工程系毕业后不久就进入了这家公司。他在湖北省的农村长大,作为一个农民的儿子,他为自己有机会上大学而深感自豪。但是,毕业以后,他发现找工作很难。他被分配到一家国有企业(SOE)做电子工程师,当时国有企业的工资非常低,新毕业的大学生每月只能拿到30美元的薪水。秦听说在南方,尤其是深圳能拿到高工资,因为邓小平刚刚南巡,鼓励更多的投资进入深圳特区。秦去了几家合资企业应聘都被拒绝了,他感到非常沮丧。他最后一次面试是在红日公司,这是一家为香港的公司加工电子通信设备的小型制造厂。秦接受了红日公司的聘请,扔掉了返回湖北的火车票。

在他进入公司的头10年,他亲眼见证了红日公司从一个小制造厂变成了一个拥有50亿美元资产的跨国公司,他分享了公司的成功,从一个工程师被提升为高级销售经理,负责在中国两个省的销售业务。后来,公司的CEO宣布,因为中国的电子通信市场已经饱和了,公司必须要开拓新的市场,他要求经理人员到海外去寻找机会。为了鼓励更多的人自愿前往,红日公司同意为在国外工作的高级员工每年支付20 000美元的薪金。秦很快就主动要求去海外,并被指定去厄瓜多尔首都基多设立海外分公司。

三年以后,秦的公司已经成功地开始盈利,年收入达到一千万美元。在秦接到回国调令的时候,他不愿意现在就回去,因为他最近又投标了几宗大额的合同,如果中标,可以大大地提高销售额。他写信给公司CEO,说公司目前的运营很成功,他想继续留在基多为公司作贡献。CEO要求秦服从调令立即回国,公司的计划已定,他的继任者很快就会到达基多。突如其来的安排令秦感到吃惊,他对自己以往的工作进行了反思,不明白公司为什么要召他回国。这些年来,除了与一位高级销售经理有过一点小冲突、和总部的会计师有过争论之外,他在公司的记录是良好的。

秦返回中国后,被指定负责两个省份的销售业务,比他在南美管理的区域略大一些。事实证明红日公司的海外战略是正确的,但成功总是有代价的。据说,在哥伦比亚的一家子公司的CEO贪污了100多万美元的公款,在他被要求回深圳参加一次会议的时候被拘捕。另外,两位财务总监也因为和当地的管理人员在内部控制方面的分歧而提交了辞呈。在公司的人力资源部和总公司的财务部领导与其中的一位财务总监进行离职谈话时,他暗示南美的一些分公司还可能存在欺诈行为。鉴于这种情况,红日的CEO苏先生要求内部审计主管对事件展开调查,以便强化公司的内部控制。

§漫长的旅途§

从中国飞到厄瓜多尔的基多需要很长时间,虽然我疲惫不堪,但在飞机上还是很难入睡,一闭上眼睛就禁不住开始思考引起我的这次旅行的那些事情。几周以前,公司CEO的秘书打电话对我说:"苏先生让你立刻到他的办公室来见他。"让我吃惊的是,我看到人力资源主管张先生和财务总监景女士都在。

"请坐,"苏先生说。"你什么时候动身到下一个海外公司进行审计?"

"按照计划是下个月,"我回答。

景女士补充说:"如果我没记错的话,下一次的海外审计是在拉丁美洲。"

"是的,我们要去设在巴西的地区总部和在利马的一个销售公司。"

我说。

“很好，我想，你们这次也要去基多。”苏先生说。他停了一下，用犀利的眼神盯着我，好像是在搜寻我的回应。真的，我以前从来没有从他的脸上看到过这种奇怪的表情。他继续说：“你知道，地区法规部主任张女士在几个月以前就完成了检查工作，她已经向景女士打了报告。她注意到费用账户存在问题，尤其是基多分公司的账户。后来，秦先生曾经给景女士写了一封信，指责张女士由于和大卫·易的关系密切而对他抱有偏见。大卫·易是秦以前的经理助理，后来秦把他调到了巴西，有传言说，他之所以把他调到巴西是因为二人经常争吵。秦对张的报告表示强烈反对，说张对他们公司的财务数据有误解。”

景女士进一步解释说：“几个月以前，基多分公司的财务主管埃德蒙·绮也提交了辞呈。一周以后，秦告状说绮没有得到他的批准就将一些资金转到了地区总部。实际上，绮是在过去的两年里基多分公司第二个提交辞呈的财务主管。根据我们所掌握的情况，秦显然在不重视内部控制方面名声在外，还和拉丁美洲地区的财务总监对着干。”

张先生说：“在他的离职谈话中，绮说明了他划转资金的理由，说那是在特殊情况下发生的，符合公司的规定，但秦不知为什么不想把资金划走。绮还暗示，他相信在基多分公司发生了一些违规的事情，但是他不肯说出具体细节。”

苏先生总结说：“很显然，我们需要调查此事。我想让你飞往基多，对整个事件做出独立的评价，如果那里存在什么问题，我们必须要掌握情况，但我要求大家对此事严格保密。”

我拿着张女士的检查报告回到了办公室，开始仔细阅读起来。她在费用开支方面提出了三点：

1. 秦先生发生的费用出奇的小。

2. 但是，销售经理们的费用却离谱地高，而所有开支都是经过秦先生批准的。

3. 有些礼品和招待费用的商业目的值得怀疑。

报告确实提供了一些数据和账户的细节，但不够具体，报告也没有说明她是否询问过有关人员以便收集关于费用开支目的的相关信息。

机长宣布飞机即将在基多机场降落，我的思考被打断了。我望着窗外,看见了显现在高山之间的飞机跑道。虽然我已经完成了28小时的飞行,但我知道最艰难的路程还在后头。

§城里最好的中国餐馆§

我睡了15个小时,但在第二天九点去上班的时候仍然感到昏昏沉沉的。在厄瓜多尔有两个营业处,一个是在基多的公司总部,另一个是设在瓜亚基尔的销售部。基多的公司有50名员工,包括财务会计部门的7名员工。

我的第一项工作就是和新的财务主管特蕾西·吴见面,她知道我将按公司的要求过来调查检查报告中提出的问题。我们刚一落座她就开始向我介绍情况。"你知道的,我来公司刚一个月,这里的情况稍微有点乱,但我想我们最终还是把大部分事情都弄清楚了,新调一个人过来负责基多这边的事务是很有好处的。你一定听说了秦的事吧?他总是能够找到不按规定办事的借口,真不可思议,埃蒙德·绮和我们地区总部的财务总监经常和他发生争论。"

我请她说得再具体一些。特蕾西继续说:"上个月我一直忙于整理费用报告,我确实注意到很多开支都缺少凭证。埃蒙德告诉我,以前他曾经对许多费用项目向秦提出过质疑,但秦的反应是对他大喊大叫,说公司的业务和战略非常复杂,一般的会计人员是不能理解的。"

我俩一致认为需要对费用账户进行彻底的检查,她帮助我进入了相关的电脑文件,拿到了我需要的凭证。在接下来的四天里,我从他们的电脑系统里下载了所有的财务数据,把它们装到了我的笔记本里,我利用审计软件对公司的费用进行了分析。我是从分析最后16个月的数据开始的,这段时间正是埃蒙德·绮担任财务主管。那段时间五个主要的费用类别如下:

招待费	14%
差旅费	19%
工资费	18%
通信费	7%
租金费	16%

和费用总额联系起来看,招待费用数额巨大,明细如下:

客户的招待费(包括吃饭和旅行)	21%
给客户的礼品	27%
为了提高企业知名度的赞助费	28%
展出费用	24%

我从每个账户里选择了10笔金额最大的费用开支和10个异常项目,把它们传给了我的组员皮特·王,让他检查相应的付款凭单和原始凭证。我自己则专心于其他的分析,发现将近70%的费用都是由两个人报销的,一个是销售和市场经理弗朗西斯科·吕,另一位是销售及市场营销高级经理詹姆斯·郭。

如西拉·张在检查报告中所说的一样,秦发生的招待费不多,只占费用总额的1%,和公司的其他地区经理比较起来,简直是出奇的低。我又和特蕾西·吴谈了一次话,了解到了关于弗朗西斯科·吕和詹姆斯·郭的更多情况。弗朗西斯科是秦的得力臂膀,因为他是唯一一个能讲一口流利的西班牙语的中国员工,秦在和重要客户进行业务联系时都要依赖弗朗西斯科的翻译。他读的是外国语大学,主修西班牙语和英语,红日公司5年前直接去大学录用了他。弗朗西斯科是一个赌徒,他经常惠顾当地的赌场。詹姆斯是一个有能力、经验丰富的销售员,有着骄人的业绩记录。在加盟红日公司之前,他已经在通信行业干了10多年。传言说6个月前他和秦发生了一场激烈的争吵。

就秦本人发生的费用很少这件事我征求了特蕾西的意见,她说那是很不正常的,因为大家都知道他花钱如流水。特蕾西曾听说秦花钱大手大脚,常为了两个小时的会议在星期五带着管理团队乘飞机到著名的旅游胜地瓜亚基尔,然后在那里过周末,星期一再飞回基多。据说,很多类似的旅行秦的妻子都会和他一同前往,目的是购物。

根据这些情况,我选择了更多的差旅费和餐费项目进行审查,我让皮特将这些费用和它们的原始凭证进行核对。在对个人费用进行分析时,我把注意力集中在弗朗西斯科·吕、詹姆斯·郭和秦的身上。我们对主要的开支项目进行了仔细的审查,包括礼品费、招待费和餐费,尤其仔细审查了弗朗西斯科的费用。坦白地说,相对于费用总额来说,秦的费用确实不多,但我一定要查一下他妻子的旅行费用是否如特蕾西暗示的那样成了公司的开支。至于詹姆斯和弗朗西斯科发生的礼品费用，都是经过秦批准的，但都没有详细说明它们的用途，只是写着"为了提高公司的信誉和提升与客户的关系"。但是，他们并没有违反公司凡超过10 000美元的开支都须由地区总裁和财务总监批准的规定。

弗朗西斯科送出的大部分礼物是电子产品、衣服和一些价值在1 000到9 000美元之间的高档商品，詹姆斯送出的礼品多与展览和会议有关。除了购货发票可显示礼品的购买处之外，再没有其他的细节信息了。

第二天，皮特来到了我的办公室，告诉我他已经完成了对所有费用付款凭单和原始凭证的审查。"他们发生的所有费用似乎都符合公司的政策和程序，所有开支都是秦批准的，我们真的很难对他的决定提出质疑。"他说。

"你没有发现什么奇怪或异常的情况吗?"我问。皮特回答："没有。但有一个情况，他们似乎很喜欢到当地的两家中国餐馆去吃饭，这两家餐馆都非常昂贵，有时一顿饭的费用就超过了6 000美元。"

"一般去吃饭的人有多少?"我问"7位或者10位。"皮特回答说，"他们好像点了很多昂贵的酒，我猜想他们可能把一些酒带回家了。"

我聚精会神地翻阅着这些凭证，饭费主要花在这两家餐馆，我不能不注意到餐费发票的号码出奇地接近。例如，星期一的一顿晚餐的发票编号是4210，星期五的餐费发票号码是4212。我还注意到，有些发票上面写着他们点的食品，可有的发票上只简单地写着"晚餐"或者"宴会"的字眼，字体怪异，我都认不出来。我转向皮特对他说："帮我个忙好吗？仔细地检查一下这些凭证，按照发票的编号、日期、金额和有无所点食品列一张清单。"

我随后开始对皮特收集的其他信息进行审查，很快就在旅行费用清单里发现了一个地名——"加拉巴哥岛"。皮特在备注里写道，这笔开支是经秦批准的，上面写的商业目的是与当地一家移动电话运营商的CEO及其管理团队建立联系，金额是12 000美元，由詹姆斯申请报销。我找出相应的付款凭单，上面附有一张发票，发票是用西班牙语写的，是由一家当地的旅行社开的，上面除了一句简短的西班牙语和总额之外没有其他的细节。我用西班牙语字典查了一下这个句子，那句话的意思是"由七个外国人组成的豪华旅行团，其中包括一个孩子。"这看起来不可思议，一个当地的电话公司的管理人员被说成“外国人”，他们还带着孩子参加这个所谓的业务推广旅行。我思考着能否再找到一些具体的信息，就又仔细地看了一下弗朗西斯科和詹姆斯的旅行费，我又发现了两个和加拉巴哥岛相关的开支——一个是詹姆斯报销的6 000美元，一个是弗朗西斯科报销的8 000美元。

我询问了基多分公司的一位会计师米里安·拉米瑞兹，此地是否有外国人在经营移动电话公司，她说据她所知没有。我又向她询问了那些加拉巴哥岛的旅行情况，我告诉他我注意到一些旅行费项目只附有旅行社的发票，“我们通常是否要求旅行社在发票上提供旅行的细节呢？”我问。

米里安回答道：“是的，一般来说，旅行社会将发票连同行程表和机票的复印件一起寄过来，你说你注意到一些发票没有细节信息，我可以看一下这些发票吗？”

她简单地看了一下便说：“哦，这些是经理人员预借差旅费的时候提交的费用凭证，按照我们正常的处理程序，前台人员拿到报销申请后检查一下，之后便转给负责该项工作的员工来确认出差人确已完成了出差任务。然后出差人要提交全部消费凭证，并交回剩余的现金。所以，付款凭单没有后附的发票，这是不正常的。”

“那么我们有无可能找到这些具体的信息呢？如果不行，可以跟旅行社要吗？”我问。米里安愿意再从公司的凭证资料中查找一遍。第二天早上我一进办公室皮特就跑过来对我说：“你最好看一下这些东西。”他手里拿着三张中国餐馆开出的发票，金额接近15 000美元。其中两张上面只有“晚餐”的字样，另一张上面至少还有一点内容。在我一张一张地看发票时，皮特对我咧着嘴笑，我刚要让他去帮我查找资料，我注意到了三张发票的号码。“我的天呐，这几张发票的号码都是一样的，”我惊讶地说。皮特笑着说：“你现在亲眼看到了。”我开始查看皮特编制的餐馆发票列表，皮特说他已经和餐馆联系过了，确认这些发票不是餐馆开的，看来弗朗西斯科一直在使用假发票来报销费用。

那天的晚些时候，米里安给我打电话说她从两个旅行社拿到了相关的记录。秦是和他的妻子、儿子、弗朗西斯科、还有另外两个中国人去旅行的。后来我们搞清了这两个人是地区总部的销售人员。参加第二次旅行的人员包括秦、他的妻子和从其他分公司来的三个高级管理人员。第三次旅行的人包括秦、他的秘书和他的行政助理。但是,这些开支都是由弗朗西斯科或詹姆斯申请报销的。公司规定任何人都不得代其他人报销费用。

我们的营运情况检查和财务审计工作即将结束了。秦让其下属代他报销费用,这是违反公司规定的。另外,一些旅行的商业目的是有问题的,实际上是公司在为秦一家的假期旅行买单。

弗朗西斯科通过使用假发票来骗取公司的钱财,他和詹姆斯报销的礼品和其他招待费用都是有问题的,总金额达到 90 000 美元之多。

§ 第二次机会 §

我给财务总监景女士打了电话,向她说明了我们目前的进展情况。她说:"我想你们现在已经拿到了充分的证据,你和他们谈过话吗?"

"还没有,"我回答,"我想先找弗朗西斯科和詹姆斯谈话,你知道的,秦此刻在中国,我以后再找他谈。"

"让他们说清楚这些问题,同时要让他们明白,如果他们能够主动地向我们坦白所有的问题,公司可以从轻处理,请及时告诉我他们的反应。还有,我们也会采纳你们的建议来加强内部控制,避免再次发生同类事件。"她说。

我和皮特决定先找弗朗西斯科谈话。他进屋的时候满脸忧虑。我从他报销的旅行费开始发问,他冷冷地看着我说:"我认为付款凭单上已经写明了。"

"我要了解具体情况和涉及的人员。例如,旅行的目的是什么?"我问,同时让他看了一份去加拉巴哥岛的差旅费用报告。

"哦,这次旅行是为了招待本地一家电信公司的高管人员的。"弗朗西斯科说,他稍显不安。

"这个单词是什么意思?"我指着用西班牙语写的单词"foreigners(外国人)"问道。

弗朗西斯科犹豫了一下,说:"它指的是参加这次旅行的人,即使我说出他们的名字,你也不知道他们是谁。"

“没问题，”我说，“你就给我这张发票上写的这些‘外国人’的名字就行。”弗朗西斯科不知所措，他太想为自己辩护了以至于只是盯着我看。长时间的沉默，我没有说话，我们都盯着弗朗西斯科。

“我不记得他们的名字了，”他没有底气地说，然后就住了嘴。皮特温和地打破了沉默，他轻声地说：“听着，弗朗西斯科，我们知道他们是谁，你还是说实话吧！”

弗朗西斯科向后坐了一下，说：“单据是秦交给我的，我怎么能不听老板的呢？”

我说：“这个我明白。那么这个又是怎么回事？”我指着另一张旅行费用单据问他，他只简单地说：“是一样的。”

我给皮特使了个眼色。皮特说：“弗朗西斯科，这三张发票是怎么回事？”

我平静地说：“你是一个那么优秀的销售经理，红日会给你第二次机会，我想你听过我们的 CEO 苏先生的讲话，他最痛恨那些不肯承认错误的员工。景女士在我来这里审计之前对我说，如果我们公司存在问题，最重要的是要找出相关内部控制的缺陷，防止问题再次发生，诚实和讲真话的人都会得到从轻处理。”

弗朗西斯科盯着地板。他终于抬起头来说：“我告诉你我所知道的一切。”他随后承认了自己提交假发票、伪造费用报告的事实。

在谈话结束的时候，他有气无力地说：“我的事业怎么办？他们不会将我遣送回中国吧？我只是服从老板的命令罢了。”我和皮特躲开了他的目光，我们都不愿意看到一个同事的事业完结了。

“这个要等管理层来决定。”我只能这么回答。

我们接着找詹姆斯谈话，我们使用了同样的谈话技巧。他看上去比弗朗西斯科更沉着、更老到，让我觉得我必须留点神。但当我们把证据摆在他面前时，他承认自己作了弊。他说是秦让他这么做的，为此他们两人还发生过几次激烈的争吵，他同意和我们合作，强调自己是迫于秦的压力才做这些的。到此，需要谈话的人只剩下秦了。我在基多准备全了我所需要的全部资料，这一次，我倒有些期待这个飞回中国的漫长旅行了。

回家的感觉真好。我一回到办公室便给秦打电话安排面谈的时间，他似乎对接到我的电话并不吃惊。在当他走进房间的时候，我不知道结果会怎样。我揣摩着,他会不会跟我耍花样、狡辩,或者是死不开口、拒不承认呢?结果却有点令人吃惊,秦非常合作,对自己的舞弊行为供认不讳。他向我们保证他对自己的行为负完全责任,承认他确实把单据和发票转给詹姆斯和弗朗西斯科,让他们报销虚假的费用。他的坦率和认错态度显然使我的工作简单了不少,我猜想是不是弗朗西斯科给了他一些信息。不管怎样,和他谈话之后,我写好了调查报告并交给了苏先生。

第二天,我收到了一份苏先生写给全球海外销售部的副总裁和人力资源部主管的简短备忘录,后面附有我的调查报告的概要。备忘录写着他对此事的处理决定:

1. 当事人要双倍赔偿他们贪污公司的款项,如果他们无法立即支付,也可以选择从奖金和分红中扣除。

2. 相关人员在两年之内将不予提职或加薪。

3. 秦将被撤离高管人员岗位,其工资也将做相应的调整。

4. 如果他们当中有人重犯,将被立即开除,不得享受退休金、认股权或应付奖金。红日公司保留向公安机关报警的权利。

后来,景女士打电话向我解释了做出这个决定的考虑。首先,红日公司不会因为员工犯了错误就开除他们,苏先生希望公司树立起这样一种形象,即它珍惜每一个员工的努力和成就,但舞弊者也必须受到惩罚。他不想一下子把他们解雇了之,而是给他们一个改正错误的机会。

§经验与教训§

这个事件被登在公司的月度管理通讯上,其中包括公司为了防止此类事件再次发生将要采取的措施。这个事件在给了公司一次教训的同时,也向员工表明了公司要更加积极地防范和查处舞弊行为的态度。

公司编写了一份关于舞弊信号的文件,连同一份执行反舞弊程序的通知,分发给了各公司的财务部门。另外,公司要求我们内审部门举办一系列的讲座,帮助高级管理人员提高反舞弊意识,加强内部控制。

两个月以后,我的关于在内部审计部门建立反舞弊小组的建议得到了批准,说明红日公司从本案中吸取了教训,认识到积极防范舞弊的重要性。

本案也让公司认识到,必须在全球范围对各个分公司实施更严格的监督,并建立了一套严格监督各地分公司的制度,对财务报告体系也做了必要的调整。过去,各分公司的财务总监向各公司的总经理报告工作,现在改为直接向各地区的财务总监报告工作。红日公司还做出了一项规定,在对地区和分公司的管理人员的年度绩效考核中,要把对内部控制和舞弊防范措施纳入考察的范围。

§防患于未来之建议§

经历了这次事件之后,红日公司感到公司的发展要以一种更为平衡的方式来进行,也就是说,在关注销售额增长和发展效率的同时,也不能忽略内部控制的建设。我们内审部提出了一整套建议,得到了公司的采纳。其中最重要的包括以下5点:

1. 礼品赠送政策要全面修改,包括以下方面:

(1)价值超过1 000美元的礼品必须经过分公司的CEO和CFO两人的批准,并要接受地区CEO和CFO的检查。

(2)关于礼品的审批、购买和分送必须实行职责分离。

(3)在可能的情况下,所有的礼品上面都要有公司的标志。

2. 招待费不得超过预先设定的限额,这些限额标准具体规定了各种招待活动的最高消费额。例如,晚餐费用每人不得超过30美元,如有超过必须事先获得批准。每年都要对所有的员工进行培训,以确保每个人都了解这个规定。

3. 人手一份新的道德守则,重视员工防范舞弊的责任。要对新道德守则的内容进行培训并举办研讨会。

4. 代上司报销费用的员工将受到惩罚。以前,只有领导人员才会受到惩罚。

5. 将建立并实施一套完善的舞弊报告系统,鼓励员工和供应商揭发舞弊行为或可疑行为,让大家不必顾虑是否会遭到打击报复。

13

薯条售货员的诡计

Would You Like the Special Poutine, If You Know What I Mean?

理查德·埃利奥特

五月,加拿大多院线电影有限公司(CMC)在安大略省的多伦多新开了一家电影院。这家名为“16世纪电影”的电影院是CMC旗下的第100家电影院,是加拿大最大的电影院之一,它的开张标志着该公司的大胆扩张计划的完成。在过去五年多的时间里,公司新增了30个拥有最新技术水平的剧院,每个电影院都拥有多个放映厅、体育场式的座位、大屏幕、生日聚会房间、游戏商场以及提供各类食品的货摊和特殊食品销售区。

由于扩张的速度过快,公司的经营和管理资源都显出了不足。总部的工作人员,包括高管人员,都希望这次扩张行动早日结束,以便把主要精力转向公司的日常经营和建立更为强大的电影院管理团队和经营系统方面。

五月是电影院线旺季的开始,《蜘蛛侠》和最近发行的《星球大战》是暑期重磅宣传的大片。与其他影院不同的是,16世纪电影院的员工主要由年轻的兼职人员组成,包括票房工作人员和特许服务区人员。来电影院做兼职员工的大多是第一次参加工作,只在暑期工作,到秋天学校开学的时候,影院就不那么忙了,也就不需要夏季那么多的员工了,直到下一个生意兴旺的季节:圣诞节。

这家影院有一个辉煌的开端,收获了一个丰厚的夏季。在11月份,为了迎接即将到来的圣诞节假期和随之而来的假期繁忙季节,16世纪电影院的管理团队又招募了20名新的兼职员工,16岁的杰里米·哈默便是其中的一个。杰里米和其他新员工一起接受了培训,他学得很快,不久就成了一个多面手,能够胜任大厅里的主要食品摊位和特殊食品销售区的各个岗位。杰里米学会了怎样操作销售终端设备、怎样制作、包装和为顾客提供各种饮料和食品,包括爆米花、炸薯条、脆饼干、比萨、汉堡和特色咖啡。

正是因为杰里米什么都能干,所以在圣诞节结束时,影院管理层决定把他留下继续做兼职工作人员。主管人员减少了他的工作时数,但在暑期旺季到来的时候,他就差不多要全天工作了。这个安排很适合他,他可以先把精力放在学业上,同时还能赚一些钱,然后在繁忙的夏季,他可以工作更长的时间赚更多的钱,还可以免费看电影。

杰里米在 1 月份就满 17 岁了。早春的一天早上,他兴冲冲地来影院上班,喋喋不休地说着他刚买的一辆二手车,那是一辆跑了 7 年的本田思域轿车。车的状况很不好,但杰里米决定在接下来的几个星期里对车进行改装,让它变成一辆他梦想中的车。杰里米没有意识到他的这个计划需要花多少钱,也不知道养护这辆车每天需要支付多少保险费和燃料费。

杰里米非常想在这个夏季完成车的改装,但就算他有一份在 16 世纪影院的工作,也筹不到足够的现金来实现他的计划。对车所做的每一个改装程序的成本似乎都超过了他原来的估计,但改装车的事已经成了他的一个心病,他决定不惜一切代价使这辆车变得与众不同。

§薯条、奶酪加肉汁§

一个星期五的晚上,杰里米和往常一样被安排到油炸品专柜上班。他的一些朋友走过来和他开玩笑,让他请他们吃薯条、奶酪加肉汁。杰里米知道公司绝对不容许员工的偷窃行为,实际上他在应聘的时候已经在公司的关于员工欺诈和偷窃的规定文件上签了字,杰里米也知道公司安装了可监视每个柜台的监视器。但他的朋友们不放过他,杰里米屈服了,他准备好了食物并交给了他们。

晚上下班后在回家的路上,杰里米觉得自己犯下了大错,但他又想到曾听说有的服务员也免费送给熟人食品,便觉得自己的行为也是正当的。“谁会在乎呢?”他心里想,“只是几份炸薯条而已,是我应得的,我给公司干了这么多活,工资又那么低。”

那个周末,杰里米车上的消声器坏了,他对车身还什么都没做,也没有刷漆,他还需要四个新轮胎。他在12月份的时候认识了一个女孩,这个夏天也要来影院工作,现在已经是五月中旬了,还剩下几周夏季就到了,他必须让他的车跑起来,而且要尽快。

杰里米想出了一个计划,他不会再简单地送食物给他的朋友们了,而是要利用这些朋友帮他搞钱。他的计划是这样的:杰里米把炸薯条给他的朋友们,他的朋友把钱给杰里米,假装付钱的样子,杰里米再把钱返给他们,而且还要给他们更多的钱,事后他的朋友再将杰里米多拿的钱给他,这整个过程在监视器里看就像是一次正常的交易。

这个办法成了,不到一个星期,杰里米就在三个班上偷到了150美元。但是,他可信任的朋友用完了,再没有愿意以吃免费的薯条为回报帮他偷钱的朋友了。杰里米意识到了他的偷窃计划可以带来的好处,想想自己急需的现金和越来越逼近的期限,他不再通过和朋友制造假销售的办法偷钱了,而是直接从销售款中拿钱。

杰里米在偷钱的时候,用身体挡住镜头,用右手把纸钱弄皱后再把手放进围裙里,然后离开柜台走到食物备制区,这样他就能在镜头拍不到的情况下把钱装进口袋。有的时候他是先把纸币丢进垃圾筐里,在把垃圾送往垃圾压实机的时候再把钱装进口袋。有一个星期五的晚上,杰里米偷了80美元,在另一个繁忙的星期六,他偷了200多美元,以这种速度计算,他很快就会有足够的钱来完成他的修车和美车计划了。

§这个画面不美丽§

艾丽森·柯林斯近来感到既困惑又担忧,她刚调到16世纪影院担任总经理,总是无法控制现金的溢缺,而最近显然是“缺”多于“溢”。另外,营业报告显示的销售数据和支付方式(现金、信用卡、借记卡、优惠券、礼品证)的汇总信息是那么复杂,她搞不明白剧院的服务员或收款员中间出现了什么问题。什么事也对不上茬,艾丽森觉得她对影院的现金收付和平衡很快就要失去控制了。难道剧院内部发生了盗窃?或者她所看到的是混乱的记账程序所造成的结果?也许是她的食品服务人员找不对零钱?

为了弄清情况,艾丽森对营业报告进行了仔细的检查,想看看本班次交班的服务员发生的现金或其他付款工具的短缺,下一班的服务员是否有相同数额的溢款。大多数的情况是,溢款总是不及短款多。因为出纳员没有分清是哪位服务员发生的短款,所以无法断定发生的短款是否源于盗窃。

艾丽森将某些服务区的电脑审计线索报告打印出来,上面显示服务员在一定时间输入收款系统的全部交易。她再一次查看报告,看是否有不正常取消项目。报告单上确实有一些可疑的取消操作,为此她和监视器的记录进行了核对,没有发现那些取消操作有欺诈的嫌疑,好像都是因为服务员出了正常的差错或者是顾客改了主意引起的。服务员可以在交易结束之前取消顾客刚才点要的食品,这样就便于服务员纠正错误或由于顾客改点别的食品而做变更,一旦交易的总额被加总出来,就不能再取消了。如果这个时候顾客改了主意,那就必须做退款处理,只有经理才有权做退款处理。

艾丽森坚持不懈地查看营业报告,终于有一天她注意到油炸品专柜的现金短缺数高得离谱。她调出了出问题那一个班次的监视录像,审查中虽然没有发现偷窃或白送食品的现象,却发现当班的服务员行动可疑,他好像在故意用身体挡住监视器来掩饰自己的什么动作,这位当班的服务员便是杰里米·哈默。

§犯罪的举动§

艾丽森有意将杰里米的下一个班次安排在油炸品专柜区,同时安排她最信任的出纳员来负责这个年轻人上班期间的现金接收和存放工作,她本人则通过监视器观察杰里米的一举一动。艾丽森再一次发现杰里米的肢体动作很可疑,交班的时候,他上交的现金和他的销售记录相比少了很多。艾丽森给公司的损失预防部主任打去了电话。

艾丽森向损失预防部主任保罗·德雷克汇报了她的怀疑。保罗开始有点不解,“让我说得更直接一些吧,”他说,“你的意思是,你怀疑一个业务员在偷窃,因为他在下班的时候上交的现金不够数,而从计算机审计线索报告上又看不出他在通过取消操作来变更销售额?”

“是的。”艾丽森回答道。

保罗继续问："那么你认为他在偷钱，却又无意掩盖自己的盗窃行为，也就是说他没有故意不将售出的食品输入系统，或者是先输入再取消，以此来隐藏自己拿走钱的那些销售业务？"

"是这样的。"艾丽森回答。

保罗觉得很奇怪。如果饮食区的服务员要偷钱的话，都会想方设法让收款机里的现金与销售记录上的金额相等，这样才不会引起怀疑。他们一般是先将销售输入系统，然后再取消，或者干脆不输入，通过这种办法来达到上交的现金与销售记录的金额相等，他们的偷窃行为就会被掩盖起来。顾客点的食品被取消之后服务员是打不开钱箱的，但他们可以再输入一件低价的食品，这样收款机就可以打开了，服务员可以给顾客找零。如果顾客付的钱数正好，服务员就不用打开现金抽屉，因为不需要找零。因此，在顾客支付正好的钱数的时候，服务员就没有必要做取消的操作。

在现金发生大量短缺的时候，多是出纳员或经理偷了钱。出纳员或经理需要定时地到各个现金收款机收取现金或其他付款工具，他们取款的时候要通过服务员在收款机上进行操作，做存款处理，并把收款和存款处理都输入销售报告和现金核算系统。

"那么食品柜里的食品够数吗？"保罗问。

"和书面记录相符。"艾丽森回答。

艾丽森知道大多数的零售企业都使用三种措施来对销售收入加以控制：(1)记录销售，即服务员在销售终端机上输入销售的商品；(2)向顾客收取相应的现金或其他支付工具；(3)根据存货的期初期末余额的差额确定当期的销售收入。拿这个油炸食品柜台来说，就是要在营业开始和结束时分别清点食品柜中的食品数量，差额就是本期销售的数量。艾丽森将开始和结束时清点的食品数量差额与服务员输入的销售记录进行了对比，二者是一致的。差异发生在销售额与实收现金之间，销售额大于实收的现金数，根据实物盘点确定的销售额也大于实收的现金数。

艾丽森坚持认为现有的证据说明杰里米有作案的嫌疑。她接着描述了杰里米的肢体动作，他有的时候明显是在用他的身体挡住摄像头的。保罗同意艾丽森的看法，他们决定在油炸品专柜安装一个隐蔽式摄像头，以扩大对疑似作案区域的监视范围。

保罗随后和达里尔·安德森取得了联系，他在多伦多监视器公司的视频安全技术部工作，向他说明了需要加大监视范围的情况，建议他在销售点上方的隔音天花板瓷砖上安装一个针孔摄像头。达里尔以前为CMC公司提供过服务，了解基本的要求。保罗提醒达里尔，摄像头需要覆盖正在购买食品的顾客、柜台、收款机、交给顾客的食品、现金抽屉及服务员。保罗还告诉达里尔，如果他打算把摄像头装在服务员的左边或右边的话，那么他建议安装在右边。六月里的一天早晨，达里尔在电影院和艾丽森见了面，在艾丽森的监督下安装了隐蔽式摄像头和录像机，对法式油炸品专柜的全部活动进行录像。达里尔把录像机安装在艾丽森办公室里一个加锁的柜子里，这样她就可以秘密地换录像带。录像机锁在办公室的柜子里，其他人都看不到。

影院现存的隐蔽监视系统是一个多路传输数字系统，有2个数字录像机，每台录像机配有16个摄像头，所以共有32个摄像头。这些录像机可记录影像，但画面的帧幅不能满足该项调查的具体要求。再加上嫌疑人还故意避开摄像头，所以，这个新装的摄像头必须要能够反映该专柜到底发生了什么事。

为了保证视频证据的连续性和交接保管，保罗告诉艾丽森如何给录像带做标记、如何换磁带、从哪里及如何把录像带寄到损失预防部进行分析。艾丽森必须在录像带上注明录像带插入机器的日期和时间以及从机器中取出的日期和时间，还要在旁边签上自己的姓名，表示是她换的录像带，是她给录像带做的标记。保罗还告诉艾丽森，从机器中取出录像带后，要把上面的磁带标签取下。

艾丽森按照保罗的要求做了。她每取出一本录像带，就把它密封到一个袋子里，然后通过快递传到CMC总部的损失预防部。录像带由部主任萨拉·威廉姆斯来做分析。萨拉找来了影院的审计线索报告，将上面记录的已售食品与录像带的影像记录进行对比。分析结果显示，杰里米售出的每一份食物他都输入了收款机，但他经常从现金抽屉里拿钱。有时，他偷偷地把钱从现金抽屉或柜台上拿出来，离开柜台，再把钱装进口袋。还有的时候，他把从现金抽屉里拿出来的钱给他的朋友，造成卖货的假象：他把食品递给他的朋友，他的朋友付款，他将销售业务输入，然后再把钱还给他们，外加40或60美元。萨拉注意到，杰里米的朋友每次来假装买东西的时候，他们都会在交易开始前和结束的时候举手击掌或者打个响指。萨拉将她对6月20日、21日和27日的审查结果做了记录，杰里米在这三天里共偷窃了510美元之多。保罗·德雷克对萨拉的审查结果进行了复核。6月30日，保罗报了警。

§录像带提供了证据§

6月4日，萨拉、保罗和艾丽森一起与多伦多警局52分局的戴高乐和麦克莱伦两位警官见了面并向他们陈述了案情，提交了调查过程的全部记录材料，包括目录和联系方式信息、杰里米偷窃的现金总额、审计线索报告、录像分析报告、服务员值班报告、嫌疑人上班和行窃时间记录、艾丽森、萨拉、保罗的陈述书、监视系统安装人的发票。萨拉保留了所有的原件，另又复制了三份，一份给警察局，一份给刑事法庭，一份给杰里米的律师。萨拉把杰里米值班的录像也复制了三份。

萨拉给两位警官看了杰里米偷取现金的录像，两位警官都认为有足够的证据逮捕杰里米。他们对萨拉准备的证据和资料的质量大加赞赏。

"萨拉，你所做的调查和为这个案件准备的文件会让许多警官感到自愧不如。"麦克莱伦说。

"干的漂亮。"戴高乐补充道。

7月4日傍晚，戴高乐和麦克莱伦警官在杰里米上班的时候逮捕了他，指控他偷窃将近5 000美元。

杰里米吓坏了，他不想让父母知道这件事。但是，由于他是个未满18周岁的少年犯罪者，警察局不得不把他交给他的父母，他父母承诺杰里米在规定的日期一定会出现在法庭上，还向艾丽森保证杰里米一定退还他偷的每一分钱。艾丽森禁止杰里米和他的朋友在三年之内再进入CMC公司的任何一家影院。

在调查的过程中，艾丽森发现其他员工也有偷窃行为。杰里米说他知道有的服务员将食品免费送给他人。被警局逮捕以后，杰里米交代至少有一个雇员曾帮他转移现金，萨拉已经从录像上发现了这一点。杰里米被逮捕后，艾丽森对那位员工进行了问讯，他承认杰里米曾给过他钱，然后他俩就把钱分了。那个雇员把钱退回，艾丽森解雇了他。杰里米还揭发了另一个员工,说他在比萨柜台偷钱。艾丽森对他进行了问讯,他承认把比萨送给了朋友。他因免费送发食品而被解雇。

§经验与教训§

杰里米被捕之后,CMC 的审计部和损失预防部安排了与 16 世纪影院的管理层见面的会议,讨论盗窃事件是如何发生的,应该采取什么措施来防止它再次发生。会上大家从各个角度分析了这个案件,查找发生偷窃的根本原因,包括杰里米和电影院本身的原因,也讨论了应该采取哪些措施来防止或发现雇员的偷窃行为。会议讨论的主要内容如下所述。

杰里米偷窃的动机是想在一个规定的期限之内为自己塑造一个好的形象,他想做一个酷男孩,有一辆漂亮的车,以此来吸引一个女孩,他需要在几周之内就完成这一切。这种愿望的强烈程度超过了他害怕摄像头,或者是害怕现金和销售额不相等,或者是害怕被抓的程度。另外,当杰里米第一次将薯条白送给他朋友的时候,他为自己的欺诈行为找到了一个正当的理由,杰里米也用同样的理由来解释自己更严重的偷窃犯罪行为。

与会人员一致认为,白送食品的行为离偷取现金只差一步,两种行为往往是结伴而行的。在杰里米看来,他偷的那点钱对公司来说不算什么,他认为自己工作很卖力,公司没有付给他应得的报酬,因此他偷钱只是拿回他应该得到的,他觉得其他人也在做同样的事,他理所当然也可以加入他们的行列。

为了防止和发现偷窃行为,电影院已经采取了多种预防措施:

(1)安装摄像头;

(2)审计线索报告;

(3)实施突击现金清查,在员工上班的时候清点现金,并与销售记录进行比较;

(4)现金核对程序,包括员工的登录和登出、出纳员或经理按收款机查收现金;

(5)在每次销售额合计打出之前,不能打开现金抽屉;

(6)让顾客看到输入食品显示器以便于他们进行核对;

(7)制定员工偷窃行为惩罚的规定;

(8)管理人员或监督人员现场监督;

(9)业绩通报(不断与员工沟通账实平衡情况,将此作为培训内容)。

导致偷窃行为的发生有许多因素,包括:

(10)由于公司没有严格的账实核对措施,造成现金短缺的服务员没有得到相应的惩罚;

(11)来自同龄人的压力:服务员的朋友要求免费食品;

(12)摄像头不能照顾到各个角度;

(13)数字录像机存在缺陷;

(14)难以确定每个服务员的销售额和收取的现金;

(15)出纳员处理现金草率,出现的差错掩盖了偷窃行为;

(16)管理人员对现金的账实核对缺乏重视。

在会上,保罗和萨拉还与公司的管理层讨论了现金核对的重要性。保罗说:"如果现金与记录的核对、现金的收付、交易的处理、硬件软件的运行都是完美无缺的话,那么现金的短缺就意味着发生了偷窃行为,而且我们会知道是谁在偷窃。在现实世界中,我们要做的就是尽量消灭导致现金溢缺的其他因素,那么现金发生差异就说明很有可能发生了盗窃,我们就需要查个水落石出。这就是为什么现金的账实核对必须做到准确无误。"

"如果一位服务员发生了现金短缺,还不能就认定他偷了钱,如果找错了零钱,现金溢缺也是可能发生的。如果服务员不小心把本来没有出售的食品输入了收款机,他也会发生短款。取款存款的出纳员也可能点错了钱数,或者是弄错了服务员,也可能造成现金短缺的情况。

"尽管一位服务员的实收现金与销售记录能够核对相符,也不能断定他没有盗窃行为,不输入销售业务也可以让实收现金与销售记录达到一致,没入账的现金他就可以偷走了。

"如果现金缺失表明发生了盗窃,不能认为偷窃的人就一定是出纳员或经理,也可能是服务员。

"如果由于盗窃而发生了现金短缺,不能断定操作短缺现金的那台收款机的服务员就一定是偷窃的人,可能这个服务员下班后,接班的服务员没有使用新的现金抽屉,也没有重新准备找零的钱,而他又从这个抽屉偷了钱。心怀不轨的出纳员或经理也可能从收取的现金中偷钱,甚至早上开业时准备找零的员工也可能偷钱。”

“现金出现长款也不是一件好事，它可能说明有人忘了记录销售，也可能意味着少找了顾客零钱。长款还可能意味着服务员故意将多笔销售不入账，而他拿走的钱数低于没入账的数额而已，他有可能是为了不引起怀疑而故意少拿，也可能因为是搞不清楚该拿多少才能保持账实平衡。

“不可以简单地用现金的长款来弥补短款，因为短款可能由一个服务员所为，而长款是由另一个服务员的偷窃行为造成的。”

大家一致认为，艾丽森采取了一切应当采取的步骤，她的调查是富有成效的。她不仅审查了由服务员提供的营业报告，而且审查了系统的审计线索报告和监视录像资料。对她来说幸运的一点是，杰里米没有试图使现金数和销售记录平衡从而掩盖他的偷窃行为，但即便是他造成的现金短缺终于暴露了，那也得有人去查，而艾丽森恰恰这么做了。艾丽森还认识到了监视系统的局限性：偷窃者在行窃时，必然会设法躲避监视器，他们不大可能直接对着摄像头偷钱，因此简单地观看监视录像很可能看不出偷窃行为，艾丽森知道去观察异常的肢体动作，实属难能可贵。

出纳人员不严谨的工作和对细节的忽略使艾丽森花费了大量的时间，出纳员没有分清上交现金的服务员，对收取的现金没有做记录，也没有做必要的复核，他们没有尽职尽责，因而对发生的盗窃事件是负有一定责任的。

§防患于未来之建议§

1. 密切监督业务活动，不要忽略差错

艾丽森深刻地认识到，要想改善公司的现金核算系统，必须严格执行谁卖货谁对收入的现金负责的规定。大家一致认为，要分别为每个售货服务员设置找零款额，出纳人员必须将收取的现金和售货的服务员正确对号。这样一来，服务员的营业报告就会成为一个非常有用的记录，更有助于调查工作。艾丽森说，她要采取必要的措施，确保出纳人员或经理人员不仅要履行从各个服务员（收款机）收取现金的职责，而且要负起监督的责任，让营业报告能够真实地反映每个服务员的活动。

2. 谁出错谁负责

艾丽森主张建立一种例行的调查制度，对业务报告显示的现金溢缺的原因进行调查。如果溢缺是由于差错造成的，主管人员必须要查明责任者，谁犯的错误谁负责。如果是服务员的原因造成了溢缺，责任就要由那位服务员承担。如果哪位服务员总是出现现金溢缺，主管人员就要对其进行培训或重新安排岗位，必要的时候予以解雇。

3. 分析审计线索报告

艾丽森认为，对业务系统的审计线索报告进行分析以便发现异常情况也应成为一项例行的工作，要特别关注服务员的取消操作，要将它们与相应的录像资料进行对比。对调查工作要保留书面记录，如果能够证明发生了偷窃行为，应立即解雇行窃者或报警。

4. 突击查点现金

艾丽森特别强调了对现金收款机进行突然袭击式的查点的重要性，得到了萨拉和保罗的认可。他们认为，行窃者知道他们的现金抽屉随时会被检查，就必然想方设法使现金和营业记录保持一致，这就意味着他们必须把没有输入的销售业务所得的现金装进口袋，他们不想被发现抽屉里的现金有多余，那么他们往兜里装钱的次数越多，被发现的可能性就越大。

5. 多方位监督

公司的管理层还提出，要在服务员售货的过程中对他们加以监视，即利用适当的位置，在服务员不知道的情况下对他们的操作进行观察，这一点也很重要。保罗提议说，管理人员应注意去发现可疑的地方并对异常情况加以记录，然后再去核对审计线索报告和录像记录，对观察到的情况进行确认。以下是需要管理人员进一步调查的情况：

(1)不必要的或可疑的处理现金的动作；

(2)服务员采取特殊方式摆放的东西，包括硬币和纸币，以提醒自己应从收款机偷取的现金数额；

(3)服务员的售货对象好像是他们的朋友；

(4)服务员在为其他员工服务；

(5)交易开始和结束时服务员与顾客握手、击掌、大声笑或其他常见的动作；

(6)服务员的收款机的显示屏被完全或部分遮挡；

(7)服务员在非指定的收款机上售货。

6. 其他的措施

会议要结束的时候，16 世纪影院的管理层对公司的审计和损失预防部给予的支持表示感谢。保罗对需要采取的预防偷窃行为的措施进行了归纳总结：

"对服务员进行教育，让他们懂得要对自己所经手的现金负责，让他们切实承担起保持现金与业务记录一致的责任，正确地处理交易。主管人员和出纳人员必须做到：

（1）为每个服务员确定找零款；

（2）让服务员当面确认收到的找零款；

（3）收取现金时要在服务员在场时加以清点；

（4）填写确认表，让服务员签字确认缴款额。

"这些程序可以保证在服务员的层面上达到业务记录和实收现金相一致，明确产生长款或短款的服务员。"

§调查之后§

在这次调查结束以后，艾丽森试图提高出纳人员的业务能力，却遇到了很大的困难。在接下来的几个月里，她不得不把他们一个个地打发掉，因为他们没有能力或不愿意做好这项工作。艾丽森对出纳人员实施了一些新的培训程序，但她还是很难找到称职的人员来补充这些岗位。

公司的审计部和预防损失部与 16 世纪影院的管理层的会议结束之后又过了几个月，杰里米的开庭时间到了，他对自己的行为供认不讳。鉴于他没有犯罪前科，法官判他有条件释放，包括一年的缓刑期，这期间他必须做满 200 个小时的社区服务，11 点以后不许外出，好好读书，不要闹事，多做好事。法官在做出这一判决的时候，考虑了杰里米已经向 16 世纪影院偿还了全部赃款的因素。

杰里米把车卖了才凑齐了钱。

14

三个人一台戏——贪污佣金的阴谋

Three-Ring Circus: An Expose of a Corporate Commission Embezziement

戴维·A.施耐德

虽然亚历克斯·贝德福特、梵·阮亚和帕尔维兹·沙阿三人可能共取得了5个大学的学士或者更高的学位，这几个20多岁的年轻人还没有聪明到可以逃脱塞特斯通医疗网经验丰富的特别调查部（SIU）的法眼。塞特斯通医疗网是美国医疗保险行业的领军保险公司。前述三人在贪污该公司资金的阴谋中各自扮演了不同的角色。亚历克斯和梵都是塞特斯通的雇员，帕尔维兹则是一个外部同谋者。他们三个人是好朋友，喜欢在一起打篮球、过夜生活、谈论他们在洛杉矶北部的丽茨郊区拥有大房子和高档汽车的愿望。

亚历克斯是这个犯罪团伙的头目，总喜欢炫耀他结实的肌肉和聪明的大脑。他天性快乐，很多同龄人都很羡慕他，他也总是乐意充当那个说了算的人。他有一个女儿，虽然他和孩子的母亲离婚了，但俩人都以女儿为骄傲，并共同负担她的学费。亚历克斯已经在塞特斯通工作了八年，他白天学习晚上工作，如此获得了工商管理的学士学位。获得学士学位不久，他又开始在一所昂贵的私立大学攻读金融方向的MBA。亚历克斯在塞特斯通工作的八年时间一直是在同一个部门工作，他已经做上了部门主任的位置，主管客户服务和吸收会员，还承担其他各种监督职责。大家公认亚历克斯谙熟科技，对所在部门的业务内容十分熟悉。他逐渐对自己的工作感到厌倦了，所以决定要取得生命与健康保险销售许可证，希望能转到塞特斯通的销售部门工作。亚历克斯取得了执业证书之后，就开始申请转到销售部但没有成功，他仍然留在现在的岗位上。

从外表和举止看来，梵正好和亚历克斯相反。梵身材矮小，凡事愿意跟在别人的后面而不是做首领。但是，他的智力不差，从加州一所一流大学的历史专业毕业，还打算继续深造法律。梵出生于一个关系紧密的大家庭，在其成长的过程中，他目睹了自己移民到美国的父母亲是怎样辛苦工作来维持一家人的生活。父亲是梵心目中的英雄，他在一家制造厂做经理，但常常担心失去工作。梵的父母知道拥有房子是多么重要，所以多年来他们共置下了三处房产，梵把其中的一处租了出去。

帕尔维兹生性傲慢。他身体如运动员一样强健，两个耳朵上都带着耳环，头发被漂成了淡黄色，他穿着昂贵的衣服，使用味道浓重的古龙水。帕尔维兹和梵在读高中时相识而且成了好朋友。他也来自一个移民家庭，和梵不同的是，他的家境颇好。他的母亲是一个非常成功的房地产代理人，他的父亲是一个工程师，在城里有几家小店铺。在高中时期，帕尔维兹就学习了很多电脑编程的知识，高中毕业以后他没有立即去读大学，而是在他父亲的店里做软件工程师，在这期间，他开始了自己的网络汽车车身张贴广告业务。大家都知道，他是那部由基努·里维斯和劳伦斯·菲什伯恩主演的《黑客帝国》科幻三部曲的狂热爱好者，他甚至在自己的英菲尼迪 G35 黑色跑车的个性化牌照上贴上了“黑客帝国”的标志。帕尔维兹高中毕业两年后决定要上大学，他选择了一所全国顶尖的科技大学，毕业时取得了经济学和计算机科学双学位。在这次调查开始的时候，帕尔维兹即将从这所大学获得数学硕士学位。

塞特斯通是一家商业性医疗保险公司，为大大小小的公司、个人和家庭提供医疗保险服务。公司的员工数超过 40 000 人，分公司遍布美国的多个州。公司的保险产品由独立保险代理人网络和公司内部的销售团队共同推销。如果有人要买医疗保险的话，他可以采用三种方式操作，一是找一个独立的有经营许可证的保险代理人，二是给公司的内部销售部门打电话，三是向公司提交一份网上或纸质的申请表。

特别调查部(SIU)的负责人是一位前联邦检察官。SIU 设有四个地区性的调查组，其中两个调查组的主任是 FBI 的退休官员，我所在的调查组的经理吉姆·格里尔在退休的时候是一位负责一个 FBI 分局的高级调查员。每个调查组里有一位分析师和几位调查员，我本人是西部地区调查组的分析师，已经在塞特斯通工作了近 10 年，其中最后三年是在 SIU

工作。我的主要任务是进行大量的数据采集研究和医疗索赔付款的统计分析，有时我也被安排参与调查，这项工作常常令我兴奋不已。SIU 要负责对针对塞特斯通公司的全部白领犯罪案件进行调查，包括内部的和外部的，案件大多属于医生和医院实施的欺诈，也有经纪人、供应商和雇员实施的欺诈。

§神秘的代理人§

在九月里的一个异常清新的早晨，我接到了公司的一个会员部经理格雷西·雷纳德打来的电话。她说她那里最近接到了许多气恼的保险代理人和一位新险种投保人反映的情况，说他们对公司在册的一位保险代理人竟然一无所知。这些保险代理人因为没拿到应得的佣金而愤怒，这位新的投保人唐纳德·斯特里克兰先生则担忧有人通过不正当的渠道掌握了他的私人信息。格雷西知道一定是哪里出了问题，她说这位代理人的名字是帕尔维兹·沙阿。在这些新的保险申请单上出现的代理人名字都是帕尔维兹，在他担任塞特斯通公司的保险代理人的 5 个月以来，其获得的佣金数额直线上升。

斯特里克兰先生给格雷西写了一封长信，详细说明了他和他家的好友签署保险单的过程，这位好友一直做他的保险代理人。斯特里克兰先生说他从来没有听说过帕尔维兹·沙阿，他要求公司做出解释，他的名字怎么会出现在申请表的代理人的位置上。斯特里克兰先生还提供了一份他与其保险代理人签署的保险申请书的复印件。他说得没错，上面签字的代理人的确不是帕尔维兹。斯特里克兰先生和其代理人给帕尔维兹打了电话询问这件事，帕尔维兹便给塞特斯通公司寄去一封信，取消了自己作为斯特里克兰先生的保险代理人的身份。斯特里克兰先生说，帕尔维兹说一定是哪里搞错了，还同意把佣金还给原来的代理人。没有人解释这个错误是怎么发生的，但既然问题得到了解决，斯特里克兰先生还是觉得挺满意的。在保险销售业务中，几乎从来没有发生过代理人放弃自己的佣金的情况，佣金就是保险销售员的生命线，所以这件事让格雷西感到十分奇怪。她说他们管理层花了两周的时间来调查这件事，她没有搞明白为什么帕尔维兹——一个非在册员工的独立代理人，能够拿到公司的保险申请书。他们怀疑有人在舞弊,但无法确定舞弊者是什么人,他们究竟做了什么。因此,格雷西请求我们的帮助,她需要尽快弄清情况。

§邮件收发室的秘密§

我怀疑这个案子有内线。这件事来得正是时候,因为我正在培训一位新来的调查员。盖瑞·帕特泽进入公司才两个星期,这无疑是让他熟悉职务诈骗案的一个绝佳的机会。我对盖瑞说,这个案子给我的第一个印象就是帕尔维兹在塞特斯通公司内部有同伙。那么在投保人根本不认识他的情况下,他是如何成了保险单上的正式代理人的呢?

我和盖瑞在加州保险部的网站上查阅了帕尔维兹的保险代理人许可证信息,他刚领到人寿和医疗保险的代理人执照不久,是 BN&S 保险有限责任公司的授权保险代理人。我随即让盖瑞在加州商业门户网站上查一下 BN&S 公司的信息。他调查的结果显示帕尔维兹是该公司的注册代理人,上面有他的电子办公邮箱和家庭住址。我随后又对这个住址进行了搜查,发现那是一所私人住宅,房主是亚历克斯·贝德福特。

亚历克斯·贝德福特是谁?他是不是我们要找的罪犯?我们查阅了塞特斯通公司的员工名册,发现他不仅是公司的雇员,而且还和格雷西在会员部的同一个业务组工作,就是那天早上给我打电话的那位格雷西经理。在加州保险部的网站上可以查到亚历克斯也持有人寿和医疗保险代理人许可证。亚历克斯还是塞特斯通公司的两家竞争对手指定的保险代理人,单凭明显的利益冲突这一点,塞特斯通公司就可以解雇他。我不禁开始怀疑他在员工年度利益冲突调查表中是否披露了这个信息。我由此推断 BN&S 代表的是亚历克斯·贝德福特、帕尔维兹·沙阿姓氏的首个字母,还有一个未知的人的姓以 N 开头。掌握了这些情况后,我和盖瑞禁不住击掌相庆,对我们目前已经掌握的情况做了书面记录。

我们很快就找到了破解这个秘密的线索。尽管我们相信亚历克斯和帕尔维兹的确在合谋贪污公司的佣金,但我们需要揭开事情的真相,就是说,我们必须准确查明他们作案的手段。我给格雷西回了电话,约好了第二天见面的时间。她和亚历克斯的工作地点在我的办公室的西北部,相距 20 英里。格雷西虽然不是亚历克斯的上司,但她可以说明亚历克斯所在业务组的运作情况和亚历克斯的职责。她说，她们部门要使用一个成像系统来扫描和处理保险申请书，就是说，在有个人或家庭要申请购买某种保险的时候，他们提交的纸质申请书要被扫描到一个软件程序中，这样就可以实现内部业务处理无纸化。在申请书被扫入系统后，就会被自动列为等待检查其内容是否完整的申请书。如果申请表缺少某项信息，比如，缺少签名或有的问题没有回答，它就会被自动打入中止处理系列，直到申请表的内容完整为止。内容完整的申请表就会被列为待处理系列等候处理。

在了解到这个部门的业务内容之后，我意识到亚历克斯一定是在申请书被扫描之前就拦截了它们，在申请书上填上帕尔维兹的名字和许可证号码，然后再将这些申请书放回到邮件里。亚历克斯和其他在该部门工作的人都没有处理纸质保险申请书的权力，只有邮件收发室的员工才有权力接触每天上午收到的纸质申请，然后将它们扫入成像系统。纸质申请的扫描工作每天要进行到下午三点半，之后他们就下班了，未完成扫描的申请会在第二天再进行扫描。我和盖瑞得知收发室的员工下班后经常不锁门，亚历克斯上的是中班，他工作的时间是从下午 4:00 到第二天上午 12:30，我猜想亚历克斯可能在上班时偷偷溜进地下室的邮件收发室，然后在纸质申请上加上帕尔维兹的代理人信息，或者是将申请书拿回家来做这件事。

在离开亚历克斯的工作地点以前，我给公司的人力资源部打了电话，索要亚历克斯的就职记录，包括他的年度业绩评估和利益冲突调查表。人力资源部告诉我他们可以在两个小时后为我准备好这些信息，让我去取。我和盖瑞决定在去人力资源部之前先去附近的一家日本餐馆吃点寿司。这家餐馆位于公司的另一个营业部附近，距离亚历克斯工作的地方只有 7 英里。我们俩一到人力资源部，就开始仔细阅读索要的文件，发现亚历克斯的材料多半是关于他年内接受的大量审查和超过平均水平的加薪。对他的评估中有一些值得注意的记录，例如，他的上司提到他是一个"极聪明的小伙子"，很快就能学会和掌握新的工作技能，然后就失去了兴趣。他还因为和其他部门的人聚众闲聊被多次警告过。对他的评价在总体上会给人这样一种印象，即他是一个引人注意的员工。值得注意的是，亚历克斯在他的员工利益冲突调查表中没有披露他在一年前已经拿到人寿和医疗保险代理人许可证,也没有披露他已经被另外两家保险机构任命为保险代理人。我几乎已经可以肯定,塞特斯通公司完全能够以亚历克斯隐瞒这些事实为理由解雇他,但眼下我想把这件事暂时搁置一旁,先完成对案件的调查要紧。

离开了人力资源部后,我和盖瑞又多走了一段路来到了亚历克斯的住处拍些照片,这个地点也是BN&S保险公司的营业地址。我知道,在对一个案件进行调查的时候,要对调查过程做尽可能详细的记录,证据中如果有照片的话,将有助于增加所收集的证据和调查工作的可信性。之后我和盖瑞便决定今天的外出调查到此为止,遂开车上了高速返回办公室。我把他送到了他停车的地方,他说他非常渴望明天快点到来好继续我们的调查。我也深有同感,同时也为自己能成为这位新手兴奋原因的一部分而感到激动。

第二天上午,我的大部分时间都用在了与公司的IT技术部通话上。几个小时之后,我被授权进入亚历克斯使用的系统,包括他的邮箱账号。我仔细阅读了上面的内容,希望能够发现有用的证据。有一个发给亚历克斯的邮件引起了我的注意,信中另一位工作人员询问,为什么他的业务组的一些员工的客户申请书的内容完整,却被自动地从待处理系列转到了中止处理系列。亚历克斯在两天前就收到并阅读了这个邮件,但他还没有答复。我决定自己亲自进入成像系统看一下。在登录的过程中,我注意到IT技术部给我的登录密码与我平时使用的登录密码是一样的,我无法进行变更。我又给IT部打了一个电话,结果他们告诉我所有成像系统使用者的密码都和他们的网络ID一样,这就是说,任何一个员工都可以以另一个员工的名义进入成像系统,那么,系统的检查日志就无法正确地记录对申请书进行处理的人究竟是谁,在我看来,这是内部控制的一个严重漏洞。

于是,我对所有的从待处理序列转移到中止处理序列的申请书都进行了审查,发现他们有一个共同点,即大部分的申请都没有保险代理人,这样的保险申请书被称为无中间人的保险申请,在塞特斯通公司被视为高价值的业务,因为公司不需要支付代理人佣金。在每个月几千份个人或家庭保险申请中,大约有15%左右没有代理人。我的心中有数了,如果亚历克斯是个聪明人的话——他确实很聪明,他只会在那些没有代理人的申请上加上帕尔维兹的名字和许可证号码,否则,实际的代理人就会抱怨他们没有拿到佣金。那么,为什么帕尔维兹的名字会出现在斯特里克兰先生的保险单上呢?为了弄清这个问题,我给公司的销售经理打了个电话,拿到了帕尔维兹完整的业务记录(代理人列示其客户信息的清单,包括投保人的姓名、保单号码、支付的佣金等)。帕尔维兹成为塞特斯通公司的保险代理人只有五个月的时间,但他获得佣金的保单数却是令人吃惊的250张,他共得佣金13 072美元。在接下来的一天半里,我和盖瑞在帕尔维兹的"客户"中抽了50个人打电话,他们都表示没有听说过帕尔维兹,他们在申请保险的时候没有通过代理人。我想,亚历克斯在斯特里克兰先生的保险申请上加上了帕尔维兹的名字和许可证号码完全是一个失误,一个代价昂贵的失误。到此,我已经完全可以肯定亚历克斯一定是偷偷地溜进邮件收发室,拿到那些无中间人的保险申请,在扫入系统之前加上了帕尔维兹的名字。现在,我需要确定的另一种可能是,他还利用其他人的ID进入了成像系统,我估计亚历克斯在系统里寻找无中间人申请要比翻找那些纸制的申请要容易得多,因为这样的申请毕竟很少。那么亚历克斯是如何在已经扫入系统的申请书上加上帕尔维兹的名字和许可证号码的呢?后来我才知道,亚历克斯在成像系统中发现了一种取消原始申请的方法,他在把原来的申请取消之后,再扫入带有帕尔维兹的名字和许可证号码的申请书,亚历克斯具有足够的电脑知识来利用这一系统漏洞。这就是我们下一步要调查的情况。

§不了了之的欺诈案§

为了尽快结束我们的调查,我安排了与亚历克斯以前的经理——宝拉·李进行一次面谈,她最近刚被调到公司的另一个营业部工作,然后再与亚历克斯面谈。在做这件事情之前,我需要获得人力资源部、法律部和道德规范部的允许,为此我安排了一个电话会议。人力资源部经理尼尔·豪纳说,基于他以前和宝拉打过的交道,他对后者的品质颇感忧虑,尼尔担心宝拉可能提前将信息透露给亚历克斯。我于是提议在他们两个人的工作地点同时对二人进行询问,我们计划由我和另一位调查员兰迪与宝拉面谈,同时由吉姆和盖瑞与亚历克斯进行面谈。法律部的律师对这个安排表示满意，但他提议在对亚历克斯进行面谈时尼尔必须在场。道德规范部要求尽快了解面谈的结果，我答应一有结果立即向他们通报。

我和兰迪在下午四点准时和宝拉见了面。这是一次突然袭击式的谈话，出乎我意料，宝拉非常配合，提供了很多有用的信息。她说，亚历克斯是那个业务团队的重要一员，在人手不足的时候，他常常作为临时帮手去完成无人承担的工作，大家公认他对部门的所有业务内容和处理程序十分精通。当宝拉得知亚历克斯有犯罪嫌疑后说，如果她以前的员工中有人拦截了保险申请的话，她也会怀疑是亚历克斯。亚历克斯的表现是那么的自信，如果他认为自己能够逃脱惩罚，宝拉一点也不会感到奇怪。她还说明了一个情况，几年以前，亚历克斯还参与了对成像系统的初步测试和随后的实施工作，她甚至把亚历克斯称为“成像系统之王”。

然后，我问宝拉是否知道亚历克斯在公司内部是否有姓氏的第一个字母为 N 的朋友，她立刻就说出了梵·阮亚的名字。她说，梵是在三年前开始在塞特斯通公司的会员部工作的，之后他拿到了人寿和医疗保险代理人许可证，在第二年的 7 月份转到了公司的内部销售部工作。宝拉详细讲述了当时的情况，梵和亚历克斯都申请去销售部工作，但只有梵得到了这个机会。转过年的 4 月份梵辞职回家照顾父亲，他的父亲有心脏病。当时，销售部的员工对业绩考核结果十分关注，因为梵的业绩好得令人吃惊，他就是在这种情况下离开公司的。宝拉说，当时有传言说梵从他以前工作的部门的朋友那里接受了不适当的“销售业务介绍”。这真是一个令人高兴的时刻——一个我们之前不知道的细节被挖了出来，在梵作为内部销售代理人期间，亚历克斯截住了无中间人的申请书，并把它们交给了梵，正如现在他和帕尔维兹之间所做的事情一样。我开始在大脑中计算时间，发现帕尔维兹拿到第一笔佣金支票的时间正是梵辞职的那个月。宝拉说，据她所知，关于梵的传言后来没有得到证实。宝拉最后说，梵在三周之前又被公司聘用，到他一开始工作的会员部上班了，这一信息很重要，因为亚历克斯也在这个部门工作。我和兰迪结束了与宝拉的谈话后，直奔亚历克斯的工作地点，想尽快了解吉姆和盖瑞与亚历克斯的谈话结果。

我们 15 分钟后赶到了那边，与亚历克斯的谈话仍在继续。我拿出手机给吉姆发了一条短信，告诉他我们已经知道了那个姓名以 N 开头的同伙是谁了。几分钟以后,吉姆从面谈室里走了出来,我向他简短地介绍了和宝拉面谈所获取的信息。这些信息来得正是时候,因为吉姆说亚历克斯表现得像个"无赖",到现在还没有承认自己有任何不当行为,甚至不知道帕尔维兹是谁。吉姆,这位做了30年的联邦调查局特工的调查员,又回到了面谈室。几分钟以后,尼尔急匆匆地走了出来,告诉我在吉姆提到梵的时候,亚历克斯说梵在五个月以前从塞特斯通公司辞职了,他故意不说梵在三周前又被公司聘用,并且他们在同一个部门工作的事实。我随同尼尔一起查阅了员工档案,确认梵最近又被聘用了。尼尔随后去了梵的工作间,让他到尼尔的办公室等着。

然后,尼尔又折回到亚历克斯和梵的工作单位,将他们的私人物品收拢起来,并带着亚历克斯的公文包回到了面谈室。他问亚历克斯包里是否装有公司的文件,亚历克斯承认里面有保险申请书和客户交来的保险费支票,但说他是可以把工作带回家去做的。但是,他说的不是真的,他无权接触这些文件。尼尔没收了这些文件,亚历克斯说他可能需要找一个律师,尼尔告诉亚历克斯他可以随时离开谈话室,但是建议他作为塞特斯通公司的职员,最好还是完成这次面谈。这个时候亚历克斯才承认他认识帕尔维兹,是通过梵的介绍认识的。在接下来的谈话中,亚历克斯还是咬紧牙关,声称自己是一个"冒险的投资者",给了帕尔维兹3 000美元用来开办BN&S保险代理公司,但不承认自己做了什么不当之事。尼尔立即停止了亚历克斯的工作,他在公司保安人员的陪同下走出了大楼。

之后,吉姆、尼尔和我一起对梵进行了面询。他脸上的表情是极度惊恐,因为他知道自己为什么被询问。我和吉姆告诉他我们是公司SIU部的调查员,梵请求去一下洗手间,尼尔友善地陪他去了。他们回来后我和吉姆便开门见山开始询问。最终,梵承认从高中开始他和帕尔维兹就是朋友,但却拒绝承认在过去或现在做过任何与贪污佣金有关的事。尼尔也停止了梵的工作,等待进一步的调查。

第二天,还没等公司正式地解雇他们,亚历克斯和梵就主动辞职了,对此我并不感到惊讶。我和销售部经理一起起草了一封信,通知帕尔维兹他已不再是塞特斯通公司的保险代理人,要求他退还截止到目前为止他收到的全部佣金。与此同时,盖瑞安排了与加州保险部的会面,以便向他们通报这三个人的案件并要求撤销他们的保险代理许可证。后来,保险部决定不受理此案,因为要证实此案“难度极高”。吉姆又联系了当地的检察部门,他们也拒绝立案,因为他们有更重要的案子要办。最后,我只好写了一份案情介绍,放在了网上信息共享系统中,该数据库是由律商联讯公司与国家医疗反诈骗联合会共同开发的,该联合会的会员单位(如塞特斯通公司)和各类司法部门可在这个电子数据库中查询舞弊案件、舞弊倾向和作案者。

§经验与教训§

星期一早晨上班后,我进入电脑系统便发现了颇具讽刺意味的事情。就在亚历克斯辞职的前几天,他所在的业务部总经理还授予亚历克斯最高员工荣誉——最佳季度员工,他的照片上了公司网站的首页,还有一篇关于他对公司作出了重要贡献的文章,他还为此称号获得了1 000美元的奖金。我和盖瑞调侃说,我们需要在SIU的办公室里设立一面蒙羞墙,贴上亚历克斯、梵、帕尔维兹和以前调查机构发现的诈骗者的照片。亚历克斯竟然受到同事和经理层的高度评价,着实令我们震惊。总经理在得知亚历克斯的贪污事件之后,不得不给事件中250位私人信息受到侵害的投保人寄去告知信,想必这会使他感到更震惊吧!

还有一件具有讽刺意味的事是,在亚历克斯辞职后的第二个月,我接到了会员部主任打来的电话,告诉我亚历克斯已经被塞特斯通公司的一家竞争对手聘用。SIU部的调查人员经常与竞争公司的调查人员交换信息,我请我们调查部的一位调查员和亚历克斯的新雇主取得联系,让他们读一下我放在网上情报讯息共享系统的案子概要。亚历克斯在那家公司被聘为经理,其工资比在塞特斯通公司的工资要高很多。亚历克斯还把他的朋友——舞弊同谋梵也招了去。我的一位调查员同行试图立案中止聘用亚历克斯和梵,但终究没有成功,因为他们在求职申请中并无欺诈行为,他们太聪明了,在塞特斯通公司解雇他们之前主动辞了职,这样一来,如果新的雇主问他们以前是否被解雇过,他们可以老实地回答说没有。

本案给我的一个最大的教训是,在调查中我很少顾及到对舞弊者进行起诉这一方面,虽然我的调查技能比较专业,但却没有足够的把握让检察部门立案。亚历克斯居然在新的公司谋到了更好的职位,这个事实令人难以接受。帕尔维兹对我们提出的退还13 072美元佣金的要求没有任何反应,也很令人不快。但是,我很高兴能及早制止这起贪污案,要不是精明的投保人斯特里克兰先生,这个欺诈阴谋还不知会持续多长时间,这件事充分说明了客户在揭露欺诈案件中的重要作用。假如这个欺诈阴谋继续下去的话,我利用简单的线性回归统计方法,可推算出帕尔维兹在接下来的一年中将会非法获得204 342美元的佣金收入。

§防患于未来之建议§

1. 实物保护措施

收发室在下班以后不锁门是一个重大的隐患,这种做法必须改变。保险申请书上应包括受健康保险流通与责任法案保护的医疗保健信息,该法案一些特别条款还要求医疗保险公司要对受保护的医疗信息采取保护性措施以防止遭到非法使用。

2. 技术性保护措施

亚历克斯所在的部门使用的成像系统存在严重的内部控制缺陷,系统的密码和用户的账号一样,致使任何员工都能用他人的名义进入成像系统。即使有人进入了系统,该系统的检查日志也不能准确反映是谁对保险申请书进行了处理。该部门显然应该使用合法的密码。

3. 无代理人保险申请的处理

无代理人申请书是塞特斯通公司效益较好的业务,因为公司不需要支付佣金。我建议在保险申请被扫入成像系统之前,要给无代理人申请书设定虚拟的代理人号码,比如99999,这样就可以把无代理人申请明显地区分出来。

4. 职责分工

亚历克斯熟悉全部的业务处理环节,对部门内的每一个岗位都可以操作,这给他实施舞弊提供了方便。例如,他之所以了解成像系统的弱点,是因为他是会员部与IT技术部之间的联络人。作为部门的技术高手,在大家遇到任何难题的时候,都会找亚历克斯帮助解决,他的职责范围实在是太宽了。

15

恶有恶报

One Bad Turn Deserves Another

小福雷斯特·鲍曼　查尔斯·F.G.库伊克三世

罗伯特·安东尼·沃克有着突出的外貌和气质。他行动敏捷,思维活跃,具有人格魅力,靠着篮球奖学金进入了美国中部的一个文理学院,并很体面地从该校毕业了。但是,他个性中最重要的一方面却并不为人知:他是一个具有反社会倾向的人。

罗伯特在读大学期间曾做过有报酬的实习生,担任一位州议会成员的助理。后来,罗伯特继续到州法律学校学习,以班级前三名的成绩从学校毕业。他的妻子是一名注册会计师,在一家大型会计师事务所工作,他们有一个孩子。他们从邻州搬迁到本州后,罗伯特便向政府雇员养老基金会提出了求职申请,应聘支付主管一职。他在简历上写道,他曾在一家知名度很高的医疗设施制造公司担任法律顾问和企业福利部经理。

政府雇员养老基金会是由州议会成立的,负责管理投资和支付养老金,在本州政府机构及下属单位工作的雇员达到一定的服务年限后,该基金负责向他们支付养老金。该基金会由一个五人组成的董事会管理,董事会成员由州长任命,五个成员的任期是错开的。基金会的章程规定了五名成员的资格,五人中来自同一个政党的人数不能超过三个。董事会负责任命一名执行董事,由州长批准,来负责日常管理事务。董事会和执行董事还负责若干个公务人员退休和死亡抚恤金的管理工作。基金的主要来源是政府工作人员的捐助以及由基金会成员捐款支付的年金储蓄账户组成。

在罗伯特申请该基金会支付主管一职的时候,这个基金有1万个活动账户,有超过5万个基金支付受益者,管理的资产超过90亿美元。半政府机构的预算往往都比较紧张,该基金也长期受到严重的人员不足和资金匮乏的困扰。基金会最近刚刚增加了内部审计职能,配备了一名审计人员。为了保证业务运转,尽量减少开支,该基金大量地使用临时雇员,聘用时不对他们的背景进行调查。该基金在接受审计的过程中,其业务流程已经多次受到知名会计师事务所和州审计机构的批评。

§州长,我们有一个问题§

在州府所在城市的当地报纸上登载了一篇文章,公布了一些国家工作人员的职位和年薪,其中就包括最近受聘的罗伯特·沃克。第二天,州府大楼的记者接到了一个匿名电话,建议她去查一查邻州某个大城市的联邦法院的记录。记者照着做了,然后给州长的新闻联络员打电话,询问他是否知道罗伯特已被指控犯有盗用他人身份在联邦银行诈骗的罪行。同一天晚上,我(这篇案例的作者之一)接到了州长办公室律师打来的电话,询问他能否在明天上午过来讨论一项紧急事件。作为一个拥有超过40年的刑事辩护和民事诉讼经验的律师,我知道这一定是一个严重的事件。

州长下令对基金会聘用罗伯特的过程展开调查。他同时要求组织和监督实施一次调查性的审计,以确定该基金的管理存在哪些薄弱环节,以及是否存在会员的身份号码被盗用的情况。在罗伯特事情暴露的几个小时之内,美国检察院就启动了一项刑事调查,参与的机构包括美国特工处,州警察署的特别调查处和国内税收总署的刑事调查处,作为一个团队来完成这项调查工作。我还从一家大型会计师事务所聘用了具有丰富法务会计经验的人员提供专业帮助。这项调查就是由本篇案例的另一位作者直接领导的,他是一名具有丰富案件调查经验的法务会计师(有注册舞弊审核师证书和注册会计师证书)。

针对罗伯特聘用过程的初步调查开始了。基金支付主管是一个新设的职位,是为了配合改善基金的运作水平这一总体规划而增加的一项新的管理措施。该职位的职责是处理由于支付申请和支付不及时而产生的大量投诉。

罗伯特是这一职位的36个申请人之一。他开始是通过电子邮件发来简历应聘。他在简历上声称他从前的工作是一个部门经理，负责管理公司全球范围内4 000名员工的福利事务。他还声称自己是公司负责超过一亿美元的退休金投资的管理小组的重要成员。

在接受面试之前，罗伯特提交了他为期两年的绩效工资审查表，最近一期的刚过六个月，公司对他的工作表现给予了极高的评价。他还寄来一封信说明他在原公司的工作，连同他与公司的利润分配计划、家庭医疗保险信托计划和部门成员资料，同时还提供了四位高管人员的名单。信中还说罗伯特的老板对他要离开公司的打算是知道的，他跳槽的理由是其时他预测公司将会被出售。

在最终的面试环节完成后，基金会的执行董事请基金会的律师与罗伯特的证明人取得联系。律师准备好了一份查询问题清单，打算在电话采访已经联系到的三位高管人员时使用。其中的一个问题是："如果沃克先生离开您的公司之后又想回来，在有空缺位置的前提下您是否会聘用他？"第一个人回答："是的。"其他两个人说公司的人事政策反对重新聘用已跳槽离职的人员。最后一个问题是："您认为在我们决定聘用他之前，是否还有其他需要了解的情况？"对于这个问题，三个人都给了否定的回答。由于这番调查反馈的结果都是正面的，执行董事认为没有必要做更多的调查了。

在调查一开始的时候，我们就与罗伯特以前工作的公司律师梅根·格里利取得了联系。她透露说，罗伯特已经因行为不轨在几个月前被公司解雇了。他以公司的名义印制了名片，自称是公司的律师。虽然他是法学院毕业的，但从来没有获得执业的资格。

梅根还透露说，罗伯特在到他们公司任职之前就曾被判过刑事罪，他在求职应聘的时候隐瞒了这一事实，被聘用之后公司才了解到这一情况。公司与他以前的缓刑监督官取得了联系，监督官说罗伯特按照法院的赔偿判令支付了赔款，从而解除了缓刑监督，得到了豁免。

梅根说，罗伯特告诉过他的证明人，基金会可能会就他的求职申请给他们打电话，并告诉他的证明人他已经将自己的犯罪前科告知了基金会。

作为求职者背景调查的一项内容，罗伯特要签署一份弃权声明书，授权掌握关于他的下列信息的任何个人或组织都要向州警察局报告：

1. 违反刑法或被逮捕的经历；

2. 驾驶记录；

3. 州纳税记录；

4. 信用记录；

5. 专业执照和职业惩戒记录。

求职者要在弃权声明书上填写自己的出生日期和社会安全号码。

六年前，沃克曾因利用他人的出生日期和社会安全号码申办了信用卡而获罪，被他盗用身份的人叫安东尼·沃克，和他年龄相仿，住在同一个州。向基金会提交求职申请时，他在一并提交的弃权声明书上填写的就是这个出生日期和社会安全号码。

弃权声明书要寄到州警察局处理。警察局的反馈提出了两个问题，一是没有他交纳州税的记录，二是没有批准他法律执业的记录。当被问及这一情况时，罗伯特说，他是在邻州上的大学和法学院，那时住在那个州，并在那里交税。州长的行政助理认为，因为罗伯特应聘的职务并非法律工作，所以他有无法律执业许可无关紧要。因为州警察局的报告特别提到了一个来自于信用调查报告的邻州的地址，梅根发出了一封询证函，要求核查声明书表格的前四个项目。当然，因为罗伯特填写的出生日期及社会安全号码不是自己的，所以该州警察局的回复是内容属实。

此后不久，他就获得了基金会支付主管的职位。被聘用后，他在寄给基金会的工资表中使用了自己真实的出生日期及社会安全号码。

我们在调查的过程中，了解到沃克在做法律实习生期间就曾因为在申报工作时间时作弊被解雇，在读大学期间他还被指控盗窃同学的信用卡。他没有获得执业许可是因为没有通过性格和身体检查。这些信息是很偶然地由一个人提供的，这个人来自于罗伯特的家乡，了解他的底细，在报纸上看到了他的事情后便与调查员取得了联系。

§额外津贴§

在我们了解到罗伯特这些情况的时候，他已经在基金支付主管的位置上工作了10个月。以他的职务，他可以不受限制地接触关于所有会员资料的数据库，能够决定某项基金付款的数额和受益者。

我们的调查要弄清两个基本问题：

1. 沃克会采取什么手段窃取资产或信息？

2. 我们可以获取哪些证据来证明他是否利用了自己这些可利用的机会？

在追寻这两个问题的答案的过程中，我们想确定他是否已经设计了在将来，或许是遥远的未来截取基金付款的办法。

调查进行到两个月时，我们对这些问题的关切更强了。与我们合作的美国检察院的人员取得了一份针对罗伯特的多项罪名起诉书，指控他在求职过程中有欺诈行为、在审前释放期间行为不当，还指控他从医疗设备制造公司贪污的款额超过 500 000 美元，他在向基金会求职的时候还利用了该公司的高管人员的推荐。

执法部门的人员要求与我们会面，共同讨论如何更好地进行调查，怎样适当地进行信息共享。此时，我们了解到基金会的内部审计员凯·梦露和信息主管堂娜·道格拉斯在得知罗伯特被停职而且可能被解雇的情况后，为了防止遭受更大的损失，已经迅速地采取了下列步骤：

第一，不允许罗伯特在单位或其他地方登录该基金会的网络（以及基金的支付信息系统），使他的网络和电子邮件账户失效。

第二，在下班时间禁止他进入基金会的办公大楼。

第三，更换了他办公室的门锁，对他的电脑以及桌面的东西采取了保护措施。

第四，审查了基金会的银行账户和授权签字人，以确保他没有支配过基金会的账户。

第五，将罗伯特停职一事通知基金会的相关信息技术人员和基金的州管理人，以确保罗伯特不会被给予进入基金会系统的机会。

第六，停止了罗伯特的网络登录和电子邮件通信。

第七，对罗伯特的电脑和最近与他有联系的雇员的电脑都采取了保护措施。

第八，拦截罗伯特的电话语音邮件，更改密码以阻止他再次进入。

第九，对他的联系名录地址做了备份，包括他的电子文件夹和电子邮件地址簿。

第十，对执法人员的要求迅速反应以便及时获得信息。

凯立即开始审查电子文件，寻找是否有重大活动发生的证据。她很快就发现罗伯特至少与两名女职员建立了不正常的关系，其中的一位已经违反了内部控制关于业务的授权职务和执行职务必须分离的规定。

经过上述的初步调查之后，我们进入了正式的、有计划的法务调查阶段。在调查组的头脑风暴会议上，我们确定了一些可能的舞弊图谋：

(1)从基金会的正常经营账户向虚构的供应商支付货款；

(2)伪造个人开支报告或虚构付款项目；

(3)将会员交纳的退休金转移到个人银行账户或地址；

(4)将会员的养老金或年金余额转移到个人账户或地址，或者是转移到同伙的账户，尤其是那些暂停使用或不活动的账户；

(5)虚构政府雇员(基金会的会员)，用以积累和领取退休金；

(6)获取会员的保密性信息以便盗用他人身份以谋取私利或出售给他人；

(7)转移向已故会员的付款；

(8)与基金会的其他员工勾结来规避控制以便实施上述图谋。

通过对基金会的采购程序进行审查，我们认为，向虚构的供应商付款和伪造开支报告的风险很低。我们还发现，罗伯特对缴入款项还没有取得控制，所以他挪用的可能性也很小。

但我们很快发现，罗伯特获取会员的保密性信息并盗用他们的身份的风险却很高。执法人员在执行对他家的搜查任务时发现了一个光盘(CD)上有已故基金会成员名单的列表，还发现了其他记录基金会成员名单的光盘。虽然罗伯特常常在家里工作，但他没有理由把数据刻在CD上，因为他可以采用其他方式保存这些信息。基金会没有给员工提供过CD刻录机，因而罗伯特使用个人的CD刻录机保存数据很可能有不正当的目的。除此之外，他还有可能采用其他的方式获得信息而又不被发现(例如，在单位里使用某个第三方电子邮件账户发出带有会员档案的附件的电子邮件，或者将会员数据库资料保存到移动盘上)。因此，他对CD的使用给我们提了个醒，这有可能是他利用大量的会员信息牟利的一个手段。

我们认为，要想虚构参加基金的政府机构雇员，罗伯特就需要与这些机构里的员工进行串通，将基金会的来款存入这些虚构的账户，这也超出了他的权限。因此，他虚构政府雇员和转移会员养老金的风险也比较低。

我们一开始认为罗伯特转移会员年金的可能性不大，但后来我们了解到，一次异常的会计处理产生了大量有风险的账户，还有一些不活跃和停用的账户，如与已故会员有关的账户，这些账户也存在危险。

这项调查的一个重要方面就是要研究基金会员的数据库系统——州退休福利系统，目的是了解基金会对有关退休基金及年金储蓄账户的信息处理和保存的情况，以便搞清楚什么人可能采用什么方式从事欺诈性的交易。我们发现，虽然基金会中被授权的信息用户可以看到教师退休福利基金全体会员的信息，但是，只有被授权使用用户密码的员工才能修改或更新会员的信息。

当然，基金支付主管的职位对该项调查有特别的意义，这个岗位给了罗伯特一定的控制权限和获取信息的权力。我们审查了基金会的组织结构图，并进行了多次采访，掌握了他的岗位责任以及他和该部门的关系。凭借其较高的位置和职责，他获得了进入州退休福利系统和会员信息数据库的权力，他可以不受限制地接触这些敏感信息，这一点构成了发生财务损失和会员身份被利用的最大风险。

从我们对基金的工作人员的采访可以看出，他们认为罗伯特在他9个月的任期内的表现即使不是出色的，也是令人满意的。我们不禁问自己，是这个过去的罪犯变好了呢，还是他在为舞弊行为做掩护？

为了确定罗伯特是否有侵吞资产或滥用会员身份的行为，我们进行了四个方面的调查。

1. 审查关于向会员支付福利方面的内部控制，以便确定资金或会员身份可能以什么方式被盗。

2. 建立罗伯特和基金会的其他高级官员的计算机硬盘的位级图像，以确定是否有异常的内容或异常的信息转换。

3. 对州退休福利系统进行疑问测试，以确定是否存在侵吞资产的情况。

4. 从上述调查结果中查找异常，包括对交易和相关的会员账户进行详细的检查。

我们测试的疑问包括下列项目，其中大部分是针对罗伯特在基金会工作的期间：

（1）在罗伯特家里发现的CD上的会员账户；

(2)姓氏不同的会员使用的具有相同路径或直接存款号码的银行账户;

(3)使用同一通信地址的姓氏不同的会员账户;

(4)变更了名称或地址的账户;

(5)经第三方确认的近期已故会员;

(6)直接存款程序多次变更;

(7)有退回支票的账户;

(8)查找被罗伯特亲自修改或更新的账户;

(9)某些年龄段的账户;

(10)将上述关于相似地址账户的调查结果和已故成员数据进行核对比较。

由于罗伯特的职位使他可以广泛地获取会员的内部信息,而且他可以不留痕迹地接触这些数据,我们无法确定他是否滥用了会员的信息资料。

然而,由于另一个舞弊图谋的暴露促成我们发现了一项由基金会的临时员工实施的欺诈。参与者的罪名包括银行欺诈、滥用他人社会安全号码、从事被禁止的金融交易。基金会在聘用这些员工时没有对他们进行任何背景审查。

其中的一名临时雇员沙伦·史密斯在罗伯特的任职期间在福利部门工作。她在申请一家百货公司的信用卡时,被发现使用了虚假的身份证,她盗用了另一位雇员的社会安全号码、雇主和出生日期。当地警察局接到报告后进行了调查,发现了一些与基金会员有关的1099税单,且在她身上发现了其他文件。警察在对她家执行搜查时发现了更多的文件。沙伦是在窃取他人的身份证以便获得信用和截取会员的款项。

我们利用先前调查罗伯特时使用的若干测试问题来追查沙伦作弊的方法和严重性。证据表明,她发出了为6名会员更改地址的通知,以便把发给这些会员的款项转到她个人或一些亲戚朋友的地址。她被指控犯有三项重罪——伪造、身份证欺诈和企图盗窃,最终进入认罪抗辩程序的有1次银行欺诈和13次滥用社会安全号码。她被判处50个月的监禁和4年的监外管理。

事情到此并没有结束。在为了配合对沙伦的起诉而审核基金会的会计记录时,我们发现另一名临时雇员杰里·威尔逊也实施了欺诈计划,他与外部的同谋者合谋侵吞已故会员的款项。

促使我们发现杰里诈骗行为的线索包括在录入州退休福利系统时依据的各种日志信息中缺少一些记录,而这些记录是向会员的遗产继承者签发支票的依据;还有,会员死亡证明上的姓名与收款人的姓氏不一致。我们还注意到收款人地址是有规律的,都集中在城市的一个地区,向这些账户的支付都由杰里转到了其同伙的账户,总共有 7 张支票,金额超过 200 000 美元。

这一舞弊行为的发现推迟了对罗伯特·沃克的调查的完成时间。起初我们不能确定刚发现的杰里贪污案在基金会中是否有其他同伙,但后来证实他的同伙都不是基金会的员工。

为了对该阶段的调查保密,针对罗伯特的调查必须进行的一些访谈被推迟了。杰里案中至少有一名外部的同伙有犯罪记录,表明他有暴力倾向。当案子的调查可以提交给检察机关的时候,大批执法人员从几个州和联邦机构赶来,在清晨同时对 5 个不同的地点进行了突击搜查,甚至基金会的管理层事先都不知道突击搜查的事。

§ 结果还好 §

对罗伯特的判决直到年底才做出,他对 24 项罪状中的 23 项认罪,有些盗窃行为发生在他以前的工作单位,并将赃款存入了银行,一项罪行是他在向基金会求职的过程中盗用他人的社会安全号码,还有一项罪行是在他审前羁押时以看医生为名去见情人。罗伯特被判监禁 120 个月,接受强制性的酗酒治疗,接受 5 年的监外管理,赔款额超过 130 万美元。

沙伦·史密斯最终进入认罪抗辩程序的有 1 次银行欺诈和 13 次滥用社会安全号码。她被判处 50 个月的监禁和 4 年的监外管理。

杰里·威尔逊对八项银行欺诈和从事被禁止的金融交易行为认罪,被判监禁 57 个月、接受 5 年的监外管理,还要支付近 55 万美元的赔偿金。杰里的六个同伙对银行欺诈的各项罪名和滥用他人的社会安全号码都认了罪,被判不等时间的监禁和不同金额的赔款。

§经验与教训§

管理部门和调查组都可以从本次调查中汲取许多经验和教训。

(1) 受害的组织在刚刚觉察到舞弊行为时,应该迅速同时又很谨慎地采取行动,这将有助于确保将舞弊造成的损失降到最低限度,保护证据。在必要的时候要向执法部门报告。

(2)只要有可能,各个专业要进行合作,包括执法部门、法律部门、内部审计、法务会计、信息技术人员,以便利用每个专业的特殊技能,在案件调查过程中起到互补的作用。合作还可以使所有团队成员了解案件调查的现状和方向,避免重复劳动和方向性错误。

(3)应当在调查的早期召开头脑风暴会议,以便确定可能的骗局,重点应该放在内部控制的薄弱环节上。用于调查欺诈行为的资源总是有限的,所以要根据舞弊行为潜在损失的大小和实施的便利性对涉嫌欺诈计划进行排序,将调查结果予以记录以避免重复性分析。

(4)运用现代计算机取证工具(如位级硬盘驱动器成像系统),以获取在法庭上有利的数据,并确定用来挪用和删除敏感数据可能的渠道。

(5)最大限度地利用现有的信息技术和内部审计工作人员,实践证明他们对系统和内部控制程序的深入了解(或缺乏)对案件的调查是非常有用的。

§防患于未来之建议§

我们根据上述经验教训对基金会的控制政策、程序和人事制度提出了一些改进措施,以防止以后再次发生类似问题,其中包括:

(1) 严格限制对临时员工的使用,在聘用临时雇员时也要对他们进行背景审查。

(2)增加工作人员的数量,以杜绝或尽量减少由一人承担多种职责从而削弱内部控制有效性的现象。

(3)通过限制某些应用程序、功能和数据库的进入以加强计算机的安全性。现在,基金会虽然还要依靠社会安全号码来获取会员的资料,但在电脑屏幕和报告中会员的号码已被隐藏。密码保护程序也得到了加强,网络驱动器的进入受到限制。

(4)对财务报告程序实施详细的分析,复核会计数据以发现和纠正可能产生盗用资金的异常情况。

(5)强化内部控制部门的作用。

(6)对计算机的安全性进行独立的审查。

(7)建立一种常规程序,对全部的聘用记录进行审查,确保整个组织内部的每个工作人员使用正确的社会安全号码。

最后,这一事件带来的一个重要的连带作用是促使议会通过立法达成了联邦制的一项先决条件,即要求司法部允许国家机构进入联邦调查局的全国犯罪信息中心(NCIC),以便对求职人员进行背景调查。

16

电子资金转账弊案

Dialing for Dollars

伊恩·汉德森

德米特里·德罗比塞夫是属于工作起来很卖力、玩耍起来很疯狂那种类型的人。他和妻子玛利亚一起呆在家里的时间并不多,他们住在莫斯科的一套老旧的公寓里。读大学的时候,德米特里的成绩优异,在计算机专业拿了全A。毕业后,德米特里受聘于沃滋罗之得涅银行IT部,日复一日的例行工作常常令他感到厌倦。他经常流连于那些破烂的小酒吧,和一些不三不四的女人喝酒,却向玛利亚谎称自己在工作。他的这种生活方式使他很容易成为有组织犯罪团伙下手的目标。

全球出口有限责任公司专门经销西方品牌的商品,在前苏联及东欧地区发展迅猛,在那些流行时装比较滞后的地区拥有大量的客户。资金的运作是企业日常经营活动的一个重要方面。公司在这个地区的主要市镇设有20个营业网点,在世界范围内有30个分公司。所有的分公司均使用统一的会计和资金信息系统。

§可疑的转账§

事情还得从长假后的星期四一大早的一个电话开始说起。电话是全球出口有限责任公司的主要合作银行——环球银行打来的,询问上周五该公司在零点以前发出的一系列电子转账指令。因为转账金额已经超过了公司账户的透支额度,银行中止了其中一些转账指令的执行,公司发出指令的转账金额达到了5百万美元,但银行只划转了其中的90万美元,这也是转账指令发出时公司账户的全部余额。

全球出口莫斯科办事处资金运营部的副经理约瑟夫对此无法做出解释。他上周五下午三点钟离开公司,据他所知,公司没有安排夜间转账。他打了几个电话,又核查了交易记录,发现最后发出的一个指令是上周五下午五点半发出的,夜间发生的转账交易没有记录。因为公司内只有资金部的电脑才能连接到银行数据中心发出转账指令,因此他认为这肯定是银行搞错了。他的上司正在休假,约瑟夫便与身在伦敦的一位经理进行了一次电话沟通,同时他也致电给集团和本地的信息安全部门的负责人,大家一致认为这是银行的一个错误,只能是这样。公司使用的是由这家银行开发和安装的专用安全系统,这个系统采用了强大的密钥加密和第三方认证核准技术。根据记录,密钥认证码未被使用,系统日志上也没有显示任何管理讯息,更没有发出电子转账的指令。

但随后的一个电话证实,这些转账全部汇入了在莫斯科布鲁奇银行最近才开立的一个账户上,而且用于转账进行身份验证的用户名是3个月前离职的两位雇员的。看来这些资金的划转可能是一起弊案。于是约瑟夫开始致电相关人员。

葛瑞格·迪托夫是当地的安全主管,也是一位前克格勃官员,他联络了莫斯科警察局和其他执法机关。不到三十分钟,他就与赃款汇入行的分行经理碰了头,这位经理同意立即冻结该账户。

约瑟夫的第一个电话是打给俄亥俄州辛辛那提地区全球出口公司总部的,但9个小时的时差给联络带来了很大的困难,这一天注定是漫长的。终于,约瑟夫成功地同总部的资金部总裁乔·沃尔伯格取得了联系,这个时候他还没有上班,正待在家里。乔立刻意识到其他分公司也面临同样的风险,因为现在看来公司的电子资金转账系统并不安全。于是他同意向莫斯科派一个IT安全专家和高级舞弊调查员。

§案情逐渐清晰§

总公司派出的安全专家和调查员在前往莫斯科的途中需要在伦敦停留几个小时,我受邀与他们进行了会面。我的公司是专门进行数字化证据分析的,出于减少环球银行和客户之间摩擦的考虑,乔·沃尔伯格请我对现有的电子资料进行检查,然后提供一份相关情况的报告。我要求公司将一个资金部的电脑硬盘给我寄到伦敦。

乔对我说,目前的首要任务是要确认这起诈骗是否是由电子资金转账系统本身的缺陷造成的,继续在其他分公司使用这套系统是否存在重大的安全隐患。

接下来我要做的是尽量收集与非法电子转账交易相关的外部信息,包括案发资金部办公所在地的所有电话记录和安全登录日志。其中最有用的一个日志,是记载所有以用户名登陆建立银行和客户连接,进行电子转账操作的历史数据的那个日志,但它只显示发生连接的事实,没有更具体的信息。我根据日志上显示的连接时间将其绘成了一张时间序列图,进而对这张图展开分析。

分析结果显示,经过授权的电子转账指令全部发生在工作日的上午八点到下午五点半这个时间段内,而非法的转账则发生在这个正常的时间段之外。办公大楼的出入记录显示在这个时间段里楼中无人,而且也没有由办公大楼里拨出的打给银行的电话。由此可以得出结论:这是一起远程诈骗案件,这就是在案发地资金部的电脑里没有交易记录的原因。看起来诈骗者已经将用于电子资金转账的电脑在办公大楼之外进行了“克隆”,那么这就很可能是内部人所为,因为外部人不可能突破系统必要的验证码和安全软件的防护。

遗憾的是,银行的电话系统既不能记录来电的用户,也没有安装电话回拨安全装置。电子划转资金的指令可以是从地球上的任何一个角落发出的。在对通讯日志做了进一步的分析后,我发现这种在周五晚上非工作时间里发生的通讯已经持续好几个月了。看来我的调查范围是一段时间,因为这并非一起独立发生的诈骗案件,而是持续了几个月的系列案件。

此时,外出度假的资金部经理已回到公司。出于安全的考虑,公司总部派来的人员对他进行了约谈,在取得了对方的信任之后,他提供了一个重要的线索,就是这个线索最终使其中的一个罪犯被抓捕归案。一段时间以来,资金部在 IT 方面得到了当地一个临时员工德米特里的技术支持,该人非常勤奋,愿意加班到很晚的时间,给人留下了很深的印象。他最近帮忙将资金部的专用电脑搬到了一个新的地点,为了保证电脑的搬运不影响系统的正常运行,资金部向德米特里提供了一些验证密钥代码,所以他具备实施该项舞弊的所有条件。于是安全工作小组传唤德米特里并进行了讯问。虽然他的表现天衣无缝,但安全工作小组仍认为他与这起诈骗案有关。德米特里有动机、有机会、还具备实施犯罪所必需的技术,而且,他的任职时间与通讯记录上犯罪活动发生的时间完全吻合。公司决定对他的活动进行监控。

与此同时,案发地资金部电脑的硬盘运抵伦敦,我的审查开始了。我必须保证,从电脑硬盘里发现的任何证据在随后的法律诉讼过程中能够被采信,包括民事诉讼和刑事诉讼,这一点非常重要。英国《警长协会的计算机证据操作指南》要求调查人员的操作不能修改要作为证据的计算机或其他存贮介质上的原始信息,调查人员的所有调查行为都要被完整地记录下来备查,而且这些取证原则和相关的法律适用于调查全程。遵照指南规定的程序,我使用特殊的软件对该硬盘作了镜像取证处理,然后对镜像文件的信息进行了详细的分析。

这个步骤确保了在所有的数据被审查的同时也保证了证据的真实性,包括保存在硬盘上临时文件或未指定区域上的密码,也让我得以确定电子转账程序是如何运行的,揭开罪犯们之所以能够轻易地在办公室之外制造一个电子资金转账克隆系统的秘密。

我们很快就面临着重新启用公司电子转账系统的压力,因为越来越多的证据表明该案系内部人所为,因此其他的分公司获准在升级安全程序之后启用这套系统。

我的分析也提供了一些耐人寻味的信息,当由全球银行在9个月之前安装这套软件的时候,一套关于软件和指令的备份也被保存在电脑上了,而且曾经有人使用备份软件复制过全套的电子资金转账数据手册,包括用户名和密钥,至少有五次之多,这些活动发生的日期和时间与德米特里可以进入系统的时间刚好吻合。

从该计算机里找到的大量的电子表格表明,这台电脑并非电子资金转账系统专用,尽管没有联网,这台电脑肯定常常用来做文档处理和备份,外部审计师也在这台电脑上存放了大量的文件,一些是常见的询证函,但有一份是机密文件,居然没有密码保护,内容是公司银行账户的详细信息,包括各授权签字人的权限及相应的额度。这些文件中包含一些电子资金转账系统里没有的重要信息,可能为作案者提供了方便。显而易见,资金部关于这台电脑只能用于电子资金转账系统的规定曾多次被打破,这台电脑多次被用做他途。

对该硬盘的关键词全面搜索表明,在过去的六个月里,“密码错误”的提示信息出现了5 000多次。通过对一个内置的错误操作日志进行审查,我发现每次密码输入的间隔都非常短,仅有几百分之一秒钟,这只有自动的密码窃取软件才能做得到。同样,这些操作的日期和时间也与德米特里的工作时间相吻合。

到此,我的初步结论是,虽然在资金部的计算机上也有过一些试图破解电子资金转账系统安全设置的操作,但作案者很可能复制了这个硬盘,在公司之外非法进入了系统。德米特里看起来是该弊案的帮凶,即便他不是电脑的实际操作者。我怀疑他与一个有组织的犯罪团伙有某种关系。

在这段时间里,莫斯科的安全调查小组检查了公司的监控录像带和通讯记录,但没有发现新的线索。德米特里受到了24小时的昼夜监控,调查人员仔细审查了他的工作履历。监控结果表明德米特里酗酒,他工作之余的大部分时间都在一个破酒吧里度过,和很多姑娘在一起寻欢作乐,姑娘们很乐意让他买单,他的口袋里似乎总有大把的现金。

德米特里在沃滋罗之得涅银行的前任老板对他的评价很高。他说,当德米特里要离开银行去全球出口公司工作的时候,他颇感惊讶。如果德米特里留在银行,他将会得到一笔很可观的年终奖金,他突然变动工作不免让人感到很奇怪。再者,德米特里在全球出口公司的薪水和以前一样,所以他变换工作完全不合情理。

对德米特里的背景调查,没有发现他有秘密银行账户,除了在酒吧里的花费,他似乎没有什么其他的大项开支。

葛瑞格决定再次拜访布鲁奇银行,看看是否会有新的收获。银行的经理意识到了他们没有对收到非法转账资金的账户的开户人进行必要的审查,这是违反银行规定的,因此他很配合葛瑞格的要求,乐意为他提供更多的信息。遗憾的是,用来开户的文件都是伪造的,此人已经在去年过世了。这个账户在弊案发生的前两个月以零存款开立,除了这些非法转账,再无其他的交易发生。留下的唯一联系方式是一个没有预存话费的手机,已经打不通了。银行经理给葛瑞格提供了一套这些资料的副本。

§实施逮捕§

到了这个阶段，看起来除了请司法当局介入不会再有其他的进展了，案件中大部分棘手的调查工作已经完成。葛瑞格说服当地的经济犯罪调查科接手了这起案件。

莫斯科警方逮捕了德米特里。对他的公寓进行的搜查没有发现什么能够证明他有罪的证据。但警方找到了一部手提电话，上面的许多通话都和布鲁奇银行的那个神秘账户的户主有关。最终，德米特里承认他参与了这起诈骗。

据他供认，当犯罪集团发现他对妻子不忠时就找上了他，他们对他以此相要挟，要求他照他们的话去做。虽然他也收到过一些小钱，但他的主要角色还是听从犯罪集团的命令去协助诈骗，这些命令当然都是针对全球出口公司的。当犯罪集团首次接触德米特里时，他还在沃滋罗之得涅银行的IT部门上班。他们强迫他去全球出口公司申请一份临时的工作以便实施犯罪。

德米特里没有提供任何关于这个犯罪集团成员的有用信息，他显然很怕他们。但是，他关于整个诈骗过程的描述与电子证据相符。德米特里被控多项罪名，他承认他拷贝了电子资金转账系统的程序，连同他掌握的用户密钥一起交给了犯罪集团。

虽然犯罪团伙的成员无一落网，但被划转的资金全部追回，他们侵入系统的手段已被查清。用于连接全球银行以实施诈骗的计算机没有找到，德米特里被判入狱三年。

§经验与教训§

全球出口公司从这次经历中汲取了很多宝贵的经验。现在，公司非常注重对全体签约员工的调查和监督，员工的行为要受到密切关注，以防止发生违反安全规定的行为。公司也认识到职能分离的重要性，可造成舞弊的相关职责决不能让一位员工承担。公司对业务活动日志和其他日志都进行实时的监控。此外，公司还备有应急预案，以期在有突发事件发生的时候,相关的证据能够得到保全。如果这些措施都能付诸实施,舞弊行为就可以得到有效的防范,即使是发生了违规的操作行为,公司也会及早地发现。

§防患于未来之建议§

基于这次调查得到的经验教训,全球出口公司对它的安全作业和紧急事件应变程序进行了全面的改进,并对资金部、审计部和安全部的员工进行了相关的培训。

另外,公司还实施了下列措施:

1. 公司的全球性资金业务要接受突击抽查,以确保安保程序得到了严格的遵守;

2. 启用以符号为基础的双重用户认证系统;

3. 在总部所在地辛辛那提建立一个中央日志服务器,以保证关键的系统日志能够得到集中管理和有效防护;

4. 公司与当地的安全部门、法律部门以及法证机构达成了协议,日后一旦发生突发事件,公司可以快速应对;

5. 向全体员工和第三方,包括审计人员发布书面的公司计算机使用手册;

6. 在敏感部门实行“办公桌面不放文件资料”的政策。

17

敲响警钟的来电

Wake-Up Call

麦克尔·斯贝特

史蒂夫·特伦顿是“通信网络”公司呼叫中心的一名承包者。他非常了解这套系统,清楚预付费用户和后付费用户之间的差别。他也知道承包合同在更换设备、金融信贷和赔偿方面赋予他们的权利。他意识到在程序允许的范围以外他还可以做很多事情而不被惩罚,所以他并不把“通信网络”公司的规定放在眼里。

史蒂夫及其“志同道合”的同事们马上开始利用这个漏洞牟取利益,在 5 个多月的时间里给公司造成了约 170 万美元的损失。摆在我们面前的问题是查清员工违规的范围和程度——许多涉足欺诈的员工可能获得了 1 万,甚至 2 万美元的非法所得,最后却都可以逃脱惩罚或者只是受到轻微的惩罚。违规者得到的最严重的惩罚就是被解聘,但公司在大多数情况下根本没有采取任何行动。

我供职的“通信网络”公司是一家移动通信服务供应商,提供最便宜的电信服务。公司拥有营业所、交换中心、零售店,在全国范围内拥有数以千计的通信基站;基本雇员达 1 万多人,用户数量超过 800 万人。

移动通信行业的竞争十分激烈。我们所面临的计费环境十分复杂,其中包括多种多样的通信套餐,需要计算展期分钟数、免费分钟数以及半价分钟数。因为总担心用户被竞争对手抢走,我们接受大量的电话信用卡付款、现金、支票和直接过户,并通过提供赊欠、退款和账户余额调整等手段来留住客户。我们以授权的方式来运营大型呼叫中心(通常外包),在强化了为客户服务的同时,也给舞弊带来滋生和蔓延的机会。员工的流动性过高给公司带来了严重的问题。

所有这些因素合在一起使我的工作具有很大的挑战性。作为通信舞弊控制的专业人员，我始终要在识别和降低因开户诈骗、有组织的国际长话销售、付费语音信息服务诈骗、回拨业务、互联网语音诈骗以及大量的其他技术问题所造成的巨大影响之间进行权衡，同时要考虑不能因为防范舞弊而阻碍了对新用户的吸收，以免降低收入。

§通信服务的付费方式§

移动电话公司的用户分为后付费用户和预付费用户。后付费用户将在预订网络并使用服务后收到他们的电话费账单，是"事后"付款。预付费用户则是向非专业的通信经销商购买现成的产品，然后使用代金券或电话信用卡充值付款来购买通话分钟数，在付款之后才能享受通话服务。

对后付费用户要进行信用检查，并根据他们的信用记录在计费系统中给定一个信用额度，之后他们便成为真正意义上的用户。相比之下，预付费用户可以是匿名的，几乎不需要什么维护，所以保有成本更低，对通信服务公司也就更具吸引力。但是，后付费用户对我们来说也很重要，因为他们的通信开支更大，能给公司带来更多的收入。预付费用户被认为是"已经到手了的钱"，但史蒂夫们知道如何截获这种被公司认为万无一失的收入。

虽然很多国家的法规都要求预付费用户填表登记姓名和住址，但这只是一种形式而已，因为一个用户可以随便捏造姓名和住址，他就是填上"某地上树 2 号的米老鼠"这样荒唐的姓名和地址也不会给他带来任何不利的影响。这些具体的用户信息可以被载入计费系统，但是既然我们已经拿到钱了，还怕什么呢？

后付费用户往往都是公司的长期客户，我们愿意给他们提供优质的服务和支持。他们的账户一旦出现差错，我们会尽力去纠正，如果他们的话机有缺陷，我们会为之更换，或者是给他们增加通话时间。预付费用户则不享受上述权利。

史蒂夫的欺诈行为被发现出于偶然，但证据的获得却是通过对记录客户投诉的系统的详细审查，这个系统记录了客户投诉的类型以及解决方式。

要知道,设计预付费电话的初衷是为了控制坏账的发生。多数坏账都源于电话服务预定欺诈行为,即有人使用伪造或偷来的身份预订服务,他们从来就没打算付款。因此,预付费服务的目标人群是那些很难得到可接受的信用评分的人,包括学生、流动务工人员和低收入家庭。

在我们这些专门与诈骗行为打交道的业内人士看来,这种被认为是减少坏账的灵丹妙药很可能就是一个带有欺骗性的"特洛伊木马",这一点与营销人员、会计师、经济分析师和首席财务官不同。当这些人为了一个产品开发的灵感而洋洋自得的时候,舞弊管理人员可能正忙于处理它们带来的漏洞和缺陷。

遗憾的是,史蒂夫们在游戏中抢先了一步。预付费电话服务可以说是在一夜之间获得了成功,它的用户成千上万。当我们在业内发出风险警告并开始采取控制措施的时候,欺诈的迹象已经开始显露。全球的舞弊管理人员所面临的一个共同难题,就是让高层管理者们认识到预付费通信服务可能给行业造成的潜在经济损失及其蔓延的速度。

§一个投诉电话§

我们公司拥有数以百万计的匿名用户,他们带来的低层次的财务性交易的数量大得惊人。我们似乎不必关心这些用户是否有能力用现金付款,因为我们显然是有把握收到付款的,尽管存在信用卡欺诈(这是完全不同的另一回事)。预付费通信服务每天为公司带来的收入数字就像电话号码那么长,销售额的增长势头一直强劲,丝毫没有减缓的迹象,员工们被不断地鼓励采用一切可使用的方法来留住每一个有意转换使用其他公司服务的用户。

二月份的一天,一个用户投诉说,他用现金购买的通话分钟数没有被充值到他的账户里。客服人员虽然最初有些犹疑,还是接受了投诉者与经理通话的要求。他的电话被转给了苏珊,她是50位团队领导人之一。苏珊听着这位用户的叙述,对他的抱怨不甚明白,但她答应进行调查,并在当天给他回电话。她马上给他的账户充值了20美元,以便他能进行必要的通话。苏珊直接将这个案子交给了我。

在通信行业存在太多的不确定因素,因此几乎不存在硬性、快捷的法则来判断某个事件是否是欺诈。任何一家网络公司在每天增加的500个用户中都会有一定数量的欺诈性申请，不仅如此，在用户一方还存在许多其他类型的诈骗行为，如网络浏览欺诈、非法拨通欺诈、非法侵入、互联欺诈、信用卡欺诈、设备欺诈、回拨欺诈、网络电话欺诈等等。问题的关键就在于要在用户获取服务之前对他们进行验证。遗憾的是，很多通过了审查的申请者后来却成为收款部追踪的目标，这是一个客观存在的现实，尽管欺诈性申请的指示信号不下三十种。舞弊管理人员有时分不清某个用户是一般的欠费还是在欺诈，因为二者从表面看上去没什么差别。不付款的用户一般在90天以后就会被归入坏账类别。

苏珊交给我的这个案子是一个匿名的预付费账户，没有用户的详细信息记录，可以利用的欺诈指示信号只涉及支付方式、手机的使用、设备以及销售预付话费套餐的销售点。苏珊还给了我那个用户的住宅电话，以便在我们有了调查结果后和他取得联系。这种情况是不多见的，违规者一般都不愿意提供住宅电话，即便留了电话，号码也是错的。

在我们介绍舞弊防范的时候，苏珊明白了关键的三点：只有一个指示信号的情况还不足以引起重视，有两个指示信号就值得怀疑了，有三个指示信号就意味着欺诈很可能已经发生了。苏珊已经发现了三个指示信号：

1. 这是一个关于付款的投诉；

2. 那个用户坚称他向某个人付了50美元的话费，“就像其他人所做的一样”，投诉指向职业性欺诈；

3. 我们公司没有一线代理人向用户出售通话分钟数，收取现金。

后付费用户如有任何不满都有权进行投诉，公司是鼓励用户投诉的，这样可以表明我们的客户服务做得很出色。常见的投诉包括：

（1）账单上有些电话不是我打的；

（2）我不会为这些高价的色情热线付款，因为我是不会打这些电话的…“但是夫人，您家里是否有十几岁的孩子？”

（3）在我所在的区域，你们的信号覆盖太差了；

（4）我的电话总是掉线；

（5）我没有收到重要的语音邮件，使我丢了生意，我要求赔偿；

（6）电话机质量不过关，你们卖的产品有问题。

客户服务员在完成了问卷之后，有权给这些索赔者发放小额的福利。

这里所说的问卷是指用来验证打电话者的真实性，尽可能地剔除欺诈者的书面文件，只有那些最聪明的骗子才能骗过这个问卷。在一般情况下，对于许多投诉客户服务员可以发放20美元的额度，超过这个金额就需要部门主管人员的审批，这是一个有效的控制措施，除非这位部门主管人员也参与了欺诈。

史蒂夫发现，他也可以给预付费账户派发额度和退款，就像对待后付费账户一样，而且似乎没有人会发现。处理用户的投诉需要对客户服务员的业务活动有深入的了解，我们要想确定服务员哪些行为是适当的，哪些处理是不适当的，苏珊的解释是不可或缺的。那个用户的投诉大意如下："周四晚上我通常都去酒吧，那天也不例外，我给了你们公司的一位销售员50美元，但一直没有收到应得的100美元通话额度。"

他的投诉存在一个显著的疑点，即我们公司从来没有提供这种付50美元可享受100美元额度的服务产品，也没有派出正式的销售员从用户直接收取现金。预付费账户充值的正当的方式包括：

(1)从电话商店购买代金券；

(2)从零售店、超市、加油站或者街角便利店购买代金券；

(3)打电话给客户服务部以信用卡付款；

(4)通过注册的在线支付机制付款，比如用银行账户进行电子转账付费。

苏珊给这位用户打了电话，他答应过来说明情况。我们两个人与他进行了面谈，他解释说事情发生在一个公共场所，每天晚上都可以在那里找到那个人——那个据说是"通信网络公司"的销售代表的人。只要付给他50美元并留下手机号码，第二天就能收到双倍的电话额度。该用户说他使用这项服务已经有几个星期了。他每次去酒吧的时候那里都是人满为患。我和苏珊都意识到，如果真的有很多人都在使用这种服务，潜在的损失额将是巨大的。最重要的一点是，该用户还说他每次并不是把钱付给同一个销售员。

我以前曾使用过受雇的秘密顾客。当天晚上，我们雇用的秘密顾客就去了这家酒吧。第二天，他报告说他确实收到了双倍于付款额的电话费额度。这位秘密顾客在穿过我们办公室的时候，认出了接收他的付款的那个客户服务员，同时他还指认出该部门的其他几个客户服务员，他曾看到他们和那个销售员在一起。显然他们合伙在酒吧招徕新的用户。

我们马上成立了专案调查小组,成员包括我部的资深调查员、苏珊以及她信任的几位同事、几名网络工程师和 IT 部经理。我给大家介绍了目前所掌握的情况,对可能的欺诈范围做了进一步的分析,使那些重任在身的经理们充分认识到这件事的紧迫性,他们可以为调查提供报告和分析数据,以便发现预示着舞弊或非常规交易的异常现象。

毫无疑问,对于一个在全国范围内拥有超过 2 500 名客户服务人员、250 个团队和 4 个网点的呼叫中心来说,发生很多向恼怒不满的用户退款、收费调整和发放额度的情况是不可避免的。我们现在的任务就以引发这次调查的这位用户的账户和史蒂夫的登录身份为突破口,对计费系统做更深入的研究。

发现的问题越来越多,我们不得不尽快召开了一个小型讨论会,以便保证大家对案情有清楚的了解。我们首先研究了那些预付费额度为 100 美元的用户,史蒂夫名下的用户越来越多,同时,另有十几位客户服务员,甚至还包括一两个部门主管人员也是这样,这一点令我们担忧。通过研究作案者的登录活动的共同点,我们发现低额交易(主要是 40 美元额度)的发生量异常大,晚上来酒吧消遣的用户更喜欢用 20 美元的钞票购买电话额度。一个发现会引出另一个发现,其中最重要的是我们发现了这样一张便条:“该用户对我们提供的手机意见很大,现已退货,给他发放了 200 美元的话费额度,他会从朋友手里购买手机”。在一个预付费账户上写上这么一个详细冗长的记录,那个客户服务员真是愚蠢透顶,尤其是在手机并不在我们的服务协议范围内的情况下,他也是这种不合常规的文字说明的始作俑者。我们发现了几千宗发给预付费账户的较大额度,都与送手机的业务有关。经过分析我们核实了如下的事实:

(1)欺诈由内部人所为,涉及预付费账户用现金购买话费额度;

(2)有超过 100 名员工利用他们的身份提供过 50 美元或更多虚假话费额度(因为交易量太大,我们没有检查低于 50 美元的交易);

(3)有 5 到 10 名作案者就职于财务部门(信用及债务管理),而不是客户服务部;

(4)舞弊者有两类:一类是只给朋友或家人发过一次低额话费的客户服务员,这些人一般都被认为是诚实的员工;第二类舞弊者似乎是在有组织地作案；

(5)每个呼叫中心都有欺诈行为发生；

(6)前雇员的登录身份和密码被用来作案并掩饰欺诈行为；

(7)多数舞弊者都企图通过在账目中加上一个书面的解释来掩饰其作案痕迹，比如："用户之前购买的代金券无法使用——送50美元等值话费"；

(8)舞弊者的作案金额全部变成了公司的损失，就是说他们没有把收到的现金交给公司，用户未付款的已使用话费也构成公司的损失。举个例子来说，舞弊者收到了50美元，公司的损失是价值100美元的通话时间；

(9)舞弊活动至少已经持续了几个月的时间，给公司造成的损失估计超过了100万美元；

(10)约有20个最严重的惯犯仍然在公司工作，有些人是兼职的；

(11)约有80到100名偶尔作弊的人仍在公司工作，他们非法给予的话费金额在50至100美元之间。

§当场抓获§

在对欺诈的类型和作案者众多的特点加以考虑之后，我们感到采取预防措施太有必要了，管理层随后作出了一个打击舞弊的决定。我们已经掌握了那些重犯的名单，约有20位。我们在每一个网点的门上都贴上了"舞弊调查"的标示，所有有嫌疑的客户服务员都被叫去谈话，承认舞弊的人在交代清楚全部情况之后被立即开除，大部分人都在一份协议书上签了字，承诺赔偿他们给公司造成的损失。这种处理不太正规，也不够缜密，但很有效，所有被问讯的人都宁愿选择这种处罚方式，而不愿被移交给警方。我们就起诉这些舞弊者的利与弊讨论了很久，结果发现无法确定哪些人应当被起诉，只能是都起诉或都不起诉。有些人被自己的行为及其后果吓坏了，有些人是稀里糊涂地做了傻事，刑事诉讼显然将对他们的生活和家庭造成灾难性的影响，而我们的处理方式则可以给他们重新做人的机会。另一方面，为数众多的轻犯者也给公司造成了极大的威胁，成百上千的员工为自己的亲属充值10美元，我们甚至没有足够的精力来检查这些轻微的舞弊者。我们的目标非常简单明了，就是防止以现金购买通话时间的活动再度发生。

在我们开始约见相关人员的同时，我便安排给公司的全体员工群发了一份电子邮件，告知他们本次调查的欺诈案件的性质以及我们是如何发现舞弊者的，我们还将利用 IT 报告和分析手段来发现更多的舞弊者。

§结局还好§

这种性质的舞弊活动在 24 小时之内被制止了，公司已经实施了必要的监控机制。之后也有欺诈活动偶尔发生，有的是属于员工在试探公司的监督是否存在，公司当然是睁大了监视的眼睛；有的是呼叫中心新来的野心家，他们自以为找到了可乘之机，对公司的上岗培训漠然处之。他们全都要接受问讯，并成为公司"逮到一次就开除"规定的牺牲品，违规行为受到了严厉的遏制。公司每发现一起舞弊，全体员工都会接到一个通报案件的电子邮件。

§经验与教训§

这一个案为我们提供了重要的启示，只要采取适当的措施就可以极大地改善公司的经营活动：

(1)客户服务和计费系统缺乏足够的业务控制；

(2)对系统用户的活动缺乏稽核程序；

(3)管理部门缺乏对客户服务领域风险的认识；

(4)公司对客户服务人员的管理责任不明确；

(5)IT 部门没有足够的资源处理对大量的用户登录活动进行维护，特别是对那些即将被重新启用和取消的登录身份。

(6)公司需要进行更大规模和更正式的舞弊防范培训。一些客服人员明明知道有人在作弊但却不愿意被卷入，他们甚至对可疑的情况不予报告。

(7)发现诚实的员工比我们想象的要容易，应该马上开始。通过研讨会和电子邮件我们可以看出，一个团队内部如果存在不诚实的人员，造成的影响可能是毁灭性的。

（8）至此，由于公司 IT 部的重要性不断地受到冲击，舞弊风险管理报告的重要性被凸显出来；

（9）舞弊管理部（由 10 人组成）的配备不足，他们过去只是关注客户服务和网络使用领域。我们需要把注意力转向公司内部，对与用户直接相关的业务部门进行监督，包括客户服务、收款、信用管理以及债务追讨；

（10）人力资源部门认识到不诚实的人有可能逃过他们的眼睛，所以他们建立了更稳健的程序，对员工数量多、人员流动比例高的部门（比如呼叫中心）的雇员进行管理；

（11）只要对员工保持有效的监督，对他们加以信任和授权是必要的。

§防患于未来之建议§

作为公司的舞弊管理人员，我们清楚地知道欺诈风险无处不在，只是没有足够的资源来采取相应的行动。我们的建议如下：

（1）让公司内部有能力防止和发现舞弊行为的业务部门清楚地了解他们的风险所在；

（2）扩大舞弊管理部的业务范围，为之提供更多的支持；

（3）实施正规的自动检查程序对复杂的交易活动进行检查，包括检查用户账户中数十万条短信记录的程序；

（4）管理人员要对他们的主管领域内发生的舞弊损失负责；

（5）为 IT 部门配备专用的安全管理资源，以便对用户身份和系统的登录进行更好的管理；

（6）提高舞弊管理部的资源配置，保证其完成必要的业务培训并提高他们与其他部门合作的能力（目的在于了解公司的风险）；

（7）人力资源部门要改进管理程序，对员工流动比例高的部门（如呼叫中心）的员工进行更好的管理；

（8）对与用户有关的员工的授权水平进行复核，采取措施对客服人员的业务活动进行定期的监督。

18

牙科女皇

The Dental Queen

肯尼斯·J.威尔逊

丽莎·瑟斯顿是一个魅力十足的女子,她与丈夫马克以及他们两个十几岁的儿子一起生活在俄勒冈州塞勒姆市一所普通的出租房内。孩子们喜欢打棒球和篮球。瑟斯顿夫妇非常慷慨,经常资助青少年活动项目,为孩子们的球队购买制服和运动器材。因此,社区内参加体育运动的家长和孩子们对他们一家都非常尊重。

丽莎和马克在人们眼中是非常乐善好施的人。当地的一个家庭收养了一名中国女孩,夫妇俩为小女孩买了到美国的飞机票。丽莎还曾经资助一位朋友做整容手术。大家出去聚餐的时候,总是瑟斯顿夫妇买单,即使是几百美元的开销也是如此。他们家每次外出度假都会邀请丽莎的父母参加,而且不需要他们出钱,一次旅行花费 20 000 多美元是常有的事。但是有一点,瑟斯顿夫妇特别注意在各种可能的情况下都使用信用卡付款。

尽管丽莎常为别人买单,其实她更喜欢把钱花在自己身上。她有一辆宝马汽车和一个具有个性化的车牌——"羡慕我们"。丽莎对自己的外表尤其在乎,她做了隆胸手术,购买名牌时装,佩戴昂贵的珠宝首饰。

但是,丽莎一周只在富兰克林·约翰逊牙医诊所工作三天,除了补贴外,她每月的薪水只有 2 200 美元。在诊所工作了四年以后,她被安排负责诊所账单的支付工作。丽莎很注意保护自己的工作范围,从不允许其他人拆阅信件或参与办理付款。诊所曾经有两次在现金周转方面出现了问题并要求丽莎说明原因,她说问题就出在电脑的软件系统过于落后。在随后的一次审计中,诊所的会计师注意到诊所在过去的几年里日常用品采购费用大幅上升，成本远远高于同类诊所的水平，便写了一份报告给丽莎，指出了公司费用开支值得关注的方面。丽莎对会计师说一切都在她的控制之中，并答应向诊所的牙医们通报这份报告的内容。而实际上她却把报告带回家，没有跟任何人透露报告的内容。

尽管现金周转出现过问题，丽莎还是广受诊所的所有者和其他员工的欢迎和信任，她和丈夫还是牙医私交很好的朋友。在中午出去吃午饭的时候，丽莎常会问其他人是否需要帮忙捎东西，同事们在多数情况下都是给她现金。她本来可以使用诊所的信用卡为诊所购物，但她却经常使用自己的信用卡付款，然后再拿购物发票到诊所报销。

丽莎和马克都只读完了高中。马克曾经担任消防队员和救护技术员，工作了十一年，最后因为不诚实的行为而被解雇，得到了一笔总额约为 165 000 美元的退休金。被消防队解雇后，马克自己开了一家救护技术公司——“即时响应服务”，提供急救培训。

马克的企业发展缓慢，前三年的年平均收入还不到 16 000 美元。可能是因为他们给富兰克林/约翰逊牙科诊所的员工做过急救培训，他的业务多数来自社区内的其他牙科诊所。因为那两家牙科诊所名气很大，所以很容易通过他们的引荐结识其他的诊所。一般的培训课由六到十个人组成，持续两个小时。马克提供的急救培训每人收费 40 美元。他对自己的生意不是很上心，多数时间都忙于年轻人的运动项目、打高尔夫球或旅行。

每当有人问瑟斯顿夫妇怎么能负担得起那么昂贵频繁的旅行的时候，他们会说出很多理由，比如，马克的生意很兴旺，马克加了很多班，丽莎加了很多班，还有他们用消防队给马克的退休金所做的投资很成功。

富兰克林/约翰逊牙科诊所是一个家族企业，营业很多年了，合伙人在社区和牙科专业领域拥有很高的知名度，广受尊重。两位合伙人都很有活力，参加了很多民间组织。诊所一共有十五名员工，包括全职的和兼职的。该诊所不仅是家族企业，而且其合伙人们还深为诊所采取家庭导向而感到自豪，多数病人是多年的老顾客，员工也都在诊所工作了很长时间。

§信贷警戒线§

一年夏天,富兰克林/约翰逊牙医诊所的合伙人要在电脑系统中检查诊所的信用卡对账单,他们几番要求丽莎把相关资料从家里带来以便审查,但她总是找借口拖延。后来,富兰克林和约翰逊医生意识到他们可以通过互联网来获取那些资料。在查看数据的过程中,他们注意到诊所全部的信用卡和信贷额度都到达了最高的使用限额。他们找到丽莎当面查问,她承认在过去的5年中一直在盗用公款,使用诊所的信用卡和信贷额度付款并保持支票账户的平衡。她自己承认的盗用金额是800 000美元,并承诺退还这笔钱,前提是诊所不报警。为了表示她的诚意,丽莎将两个水上电动单车、一个带拖车的滑水艇、一辆郊区越野车、她的宝马车、一块劳力士手表,还有钻石珠宝签字移交给了两位牙医。诊所拒绝接受那辆宝马车,因为她尚未偿还的汽车贷款比车本身的价值还要高。她还拿出了一些之前一直放在自己家里的业务记录。丽莎一再地道歉,保证她会退还她所盗用的所有款项。但是,在诊所完成了初步的审计后,所有者发现她盗窃的金额远远超出了800 000美元。

富兰克林和约翰逊医生意识到他们应该向警方报案。丽莎马上被解雇了。一位医生随她一起到她的住所取回了属于诊所的全部业务记录,为警方启动这项犯罪调查提供了充足的资料,同时警方也可以据此取得搜查令和传票,以便获得其他属于瑟斯顿夫妇的相关文件。

§深入调查§

塞勒姆警察局将该案的调查任务指派给了皮特·劳伦斯警探。他已在该警察局工作了六年,虽然还很年轻,但却有着丰富的侦查重大犯罪案件的经验。这是塞勒姆警察局经办的最大的一宗舞弊案。劳伦斯警探首先研究了诊所提供的记录。丽莎·瑟斯顿给富兰克林和约翰逊医生的口头供词表明,她在过去的五年中共贪污了800 000美元。她承认她在支票上伪造两位牙医的签名,用这些支票支付她个人的信用卡费用,还说她这么做事出有因。

诊所曾经为员工及其配偶举办过一次高尔夫球活动，马克想参加。他知道自己在消防队的假期已经用完了，就打电话给自己的上司，谎称儿子遭遇了严重的事故住进了医院。大家知道了他在撒谎之后，马克的上司与他进行了面谈，马克还是没有说实话，终于被消防队解雇了。丽莎为自己辩解说，诊所要对她丈夫被解雇一事承担一部分责任，也许就是因为牙医没有帮助他圆谎他才被解雇的，她盗用的钱不过是补偿丈夫失去的薪水而已。

“马克是因为参加诊所的活动才被解雇的，我盗用诊所的钱是理所应当的。”她说。

劳伦斯警探需要拿到全部的证据。他首先取得了对瑟斯顿夫妇住所的搜查令。在他们的家里，劳伦斯所看到的是一种奢侈的生活方式——车库里塞满了各种物品，甚至已经没有地方停车了。每个房间都装满了新衣服、电器设备、体育器材和收藏品。开销的单据在房子里随处可见，表明要维持这种生活需要大量的资金支出来保证。劳伦斯将每件物品一一拍照并作为证据收集起来，他心里清楚，在他的侦查结束后，他必须将发现的证据提交给检察官，上了法庭后，这些证据还可能需要呈现给辩护律师。

依据搜查取得的证据，劳伦斯拿到了传票，向三家信用卡公司（其中包括四个不同的账户）索要相关的会计记录。劳伦斯一拿到资料就发现，账户的名头不是他预想的丽莎或马克，而是丽莎的母亲林恩·桑德斯，丽莎和马克是被授权的签字人。对账单的邮寄地址的是瑟斯顿夫妇的家庭地址，而不是她父母的住址。四张信用卡中只有一个是马克的名字，另外三张都有四个被授权的用户，包括马克、丽莎和丽莎的父母，林恩和朗尼·桑德斯。每张信用卡的申请书上填写的都是林恩和朗尼的个人和财务信息，因为他们二人都有工作并拥有自己的住房。而丽莎和马克的信用记录都很差，曾被多次催款和多次延期付款，而且没有自己的住房。信用卡申请书上签署的是林恩·桑德斯的名字，可在劳伦斯看来，笔迹倒像是丽莎·瑟斯顿的。

在搜查的当天，丽莎被逮捕并被关押在县监狱等待保释审讯。监狱的电话旁有一个显著的标示：“所有的电话都将被录音”。劳伦斯知道丽莎与家人的通话可能会提供一些线索，如赃款存放在哪里或其他的罪证资料。劳伦斯在他检查丽莎的电话录音时发现,多数电话都是打给她丈夫和父母的。丽莎告诉马克找谁去筹集她的保释金,他们过了三个星期才交付。她还告诉他怎样隐藏证据和资产,不要让警察搜到,还说她的父母应该再一次以房子做抵押为她的刑事辩护筹措资金。从她的通话记录来看,她采用的策略是在认罪前尽可能地拖延刑事起诉。最后,她站了起来,开玩笑说:"我如果坐牢,孩子们可以无拘无束地玩了。"

丽莎的父母经常和瑟斯顿夫妇一起度假,费用昂贵,使用的信用卡他们从来都没有付过款,显然他们与丽莎的舞弊是有牵连的。因此,劳伦斯对桑德斯夫妇住宅也进行了搜查。他们看起来已经料到他会来,所以刚刚进行了大规模的资料销毁,碎纸机还开着,里面塞满了碎纸,壁炉刚被用过,烧掉了大量的文档。但是,这次搜查还是提供了一定的信息。

劳伦斯认为他已经收集了足够的资料,就向县检察官约翰·威廉姆斯提交了案情报告。约翰是一位经验丰富的检察官,专门负责白领犯罪案件。他认为必须聘请一位外部专家来帮助收集财务信息,追踪钱款的下落。

于是,我接到了约翰的电话。我们之前曾在检察官办公室共事,一起处理过一宗毒品和洗钱的大案。

"想不想参与处理马里昂县有史以来最大的贪污案?"他问道。约翰对案情说得越多我的兴趣就越浓。我同意参加第二天的一个会议。在离开他办公室的时候,我带走了三只装满文件的大箱子。

作为一名注册舞弊审核师,我的任务是收集证据并记录在册,核实被贪污的金额到底是多少,钱都花到哪里去了,最后确定是否还有"窝藏的赃款"使诊所能够追回一些损失。我向约翰介绍了我的计划,告诉他我首先要做的是在每份文件上加盖一个独有的识别号码,也就是使用"贝茨编码系统"。我通常是使用印有序列号的清晰的标签,以避免混淆了各种资料。我审查了瑟斯顿夫妇个人及其公司的银行对账单、存款存根和支票复印件、各张信用卡的月度对账单、所有伪造支票的复印件,还有在搜查期间从瑟斯顿夫妇及桑德斯夫妇住所查封的物品。另外,诊所还提供了丽莎在六年中为了掩饰她的贪污行为而篡改过的业务记录的复印件。我总共审查了超过 3 800 页的文件,然后开始将所有的内容输入 Excel 工作底表中,使用这个工作底表就是为了尽可能多地捕获一些信息,让我能够找到那些约翰已经发现的重要问题的答案。

§ 穷追不舍 §

丽莎被捕两周后，警方又拘捕了她的丈夫马克，他被控共谋行窃和洗钱。丽莎的父母没有被逮捕。我的分析报告给检察官提供了所有他想要的信息。我已经确定，瑟斯顿夫妇和桑德斯夫妇在六年半里的花费超过210万美元，其中有190万美元是从富兰克林/约翰逊诊所贪污的。我发现的造假支票至少有332张。因为没有银行的记录，我们的调查只能回溯到过去六年半，但丽莎的贪污行为似乎从更早的时候就开始了。

除了一般的生活开支和用于马克公司的开支，瑟斯顿夫妇还与孩子和丽莎的父母一起度过了多次豪华的旅行，包括去夏威夷、加拿大、佛罗里达州和犹他州。他们与海豚一起游泳、滑雪、打高尔夫球并在乘飞机的时候坐头等舱。他们在星巴克咖啡的花费就超过了32 784美元，购买珠宝花了43 239美元，酒店的宿费高达185 218美元，与旅游相关的其他开支为74 563美元，106 659美元花在了体育用品和赛事上，购买宠物食品和看兽医用去了26 316美元，82 429美元用于现金预付款。有超过344 182美元通过信用卡的付款是为马克公司采购而支付的，我们想像不出这些钱都花在了什么地方，因为马克只是做急救培训，每年的正当收入最高也不过16 474美元。

这些花销都是用丽莎和她父母名下的信用卡支付的。通过对马克的公司账户进行分析，可知每年通过他公司账户洗赃款的金额在20 308美元至118 210美元之间。另外，这对夫妇还通过他们的支票账户支付了超过866 352美元，这个账户的存款大部分来自马克公司账户的转账和信用卡账户存款，其他来源包括工资、退休金和其他进项。

我结束审查后将报告交给了约翰·威廉姆斯检察官，他随后修正了对丽莎和马克的起诉，又增加了许多新的罪名。迄今为止，丽莎和马克成功地一次又一次地拖延了审判，实现了丽莎在监狱的电话里告诉马克的拖延计划。

瑟斯顿夫妇坚持否认马克知道丽莎贪污的事情，但要人们相信他与家人一起花了那么多的钱却对钱的来源一无所知，这实在是不合情理。

另外,要是没有他的公司,他们要洗那么多的钱也是很困难的。

丽莎从诊所贪污了190万美元,诊所追回的损失寥寥无几,也就是丽莎自首并被解雇当天瑟斯顿夫妇移交给诊所的几项资产而已。他们既没有什么投资性资产,也没有隐秘的银行账户,我们也没有在现金保险箱或床下的鞋盒里发现什么现金。钱就这么消失了,都消失了。

§经验与教训§

富兰克林/约翰逊牙医诊所的两位所有者的第一反应是自责,不该盲目地信任丽莎,没有设置任何控制措施来发现和防范舞弊。他们对我说,员工中早就有人怀疑丽莎可能在用贪污的钱过着奢华的生活,每当有人说起这种可能性时,富兰克林医生和约翰逊医生总是不相信丽莎会这样做,她毕竟是诊所这个"大家庭中的一员"啊。现在,诊所的所有者开始亲自管理银行记录,两人轮流核对银行对账单。他们还和银行约定,银行要按月将核销支票的复印件连同银行对账单直接邮寄到他们的住宅。

从注册舞弊审核师的角度,我遇到的一个困难就是因为时间的原因无法从银行取得全部必要的财务记录,银行保留微缩复印件的时间一般不超过六、七年,我不得不依赖警察在初次调查中获得的资料。案件一旦提交给检察官,警察就认为他的工作结束了,继而去调查别的案件。我接手案件之后,不得不请求警察从银行索取更多的资料,如果能提早一年索要这些资料的话,我们也许就能拿到它们了。

初步调查结束时,丽莎表现出要认罪的样子,有些调查工作因此而停滞下来,导致在丽莎和马克决定争取审判后,还有大量的调查工作没有完成。如果一个案件要拖好几年才能解决,要想获取所有的财务记录,抓住有利的时机是至关重要的。

为所有文件进行贝茨编号非常必要,可以为我们检索文件提供极大的方便。利用Excel工作底表可以对所有的财务数据进行分析,如果检察官要知道某一次度假的花费,我们就可以立即把答案告诉他。

§防患于未来之建议§

1. 调查异常信号

在本案件中，舞弊者暴露出来的预警信号没有引起人们的重视。丽莎曾给大家看过他们旅行的照片，大谈特谈他们的旅行见闻，因此，对于丽莎和马克的那些奢侈的度假大家是有所耳闻的，大家也都知道诊所的资金周转出现过问题，可当丽莎把问题归咎于电脑系统或其他雇员的时候，大家还是相信了她。甚至在有的员工表达了对丽莎的怀疑时，诊所的所有者依然拒绝接受，没有对她可能的贪污行为开展调查。实践证明，对于这样一些异常的信号企业必须给予关注并予以调查，不管和有关雇员的私人关系有多亲密。

2. 实行职责分离，确保支票、账单和供应商真实合法

本案中，诊所的支付业务和与银行的对账工作都由丽莎一人负责。实际上这些职责必须分离，诊所的所有者必须对银行对账单和已注销支票进行严格的审查。任何组织都必须了解他们的供应商，如果有陌生的名字出现在支票或发票上，必须对其真实合法性进行调查。在审核已注销支票时，要查看支票背后的内容，这是同等重要的。要仔细审查支票的背书，搞清楚支票是被兑现了还是存入了银行，支票是否被存入或通过印鉴背书存入了收款人的账户。在存在第二个背书人的情况下，要查清这个背书人是谁。有些银行要对与对账单一起返回的已付款支票的复印件收取费用。如果银行不提供这种服务，那就要考虑换一家提供这种服务的银行，或者使用可以保留支票原件副本的支票系统。要对供应商开出的发票进行审查，看它们是否符合一般的商业标准。要将发票上地址和员工的地址进行比较，检查在不同供应商开出的发票上是否出现了相同的地址。要特别留意邮政信箱或私人信箱地址，在互联网上通过 Google 或反向目录搜索通常可以鉴别一个地址是企业的还是个人的。

19

小小不然的没有什么关系

Shirley A. Little Wouldn't Hurt!

A. T."齐夫"舒易泽

这一切是怎么发生的呢？在一家大承包商的一位资深员工被暴舞弊的时候，能源部不禁这样自问——为了防止管理制度被滥用，他们已经对各个方面都实施了恰当的控制啊，特别值得一提的是，所有的雇员都要取得相关部门的忠贞审查证明才能被录用，所以大家都坚信，任何员工都不能在工作中做出有损于能源部的事情。能源部的管理层，特别是高管层认为，一个承包商的企业价值首先体现为诚信。

具有讽刺意味的是，恰恰就是在这种舞弊防范环境下却发生了欺诈行为，运营系统中的一个漏洞为舞弊者提供了可乘之机。授予二级经理领导下的一线经理人员共同签字审批权，就是这样一个决定为行政管理系统打开了一个缺口。做出这一决定的初衷是相信员工能够正确地履行自己的职责，在现代管理技术环境下减少监管，从而使一线管理人员有更多的时间去完成自己的工作。这个看上去稍稍地节省了一线管理人员时间的举措，却成了舞弊者实施欺诈的快速车道。

雪莉·A.里托是她上司心中的模范员工。她表现出了完美的职业品质：聪明、高效、衣着得体、气质好，而且在规定的时间内通过了安全部门的审查。她已婚，有两个孩子，家住较好的社区并积极参与社区的活动。

雪莉的职业生涯在她参加工作的前15年中非常成功。她以秘书身份进入公司，以优秀的表现获得了好评，不久就担任行政助理工作并很快得到提升。也是在那段时间，她通过夜校学习获得了商业管理学位。再一次的提升使她步入了职业的管理人员行列。在行政管理岗位上，她成为人事管理部里颇受信赖的招聘人。她被安排担任多家大学和专业机构的招聘协调人,最初仅限于在西南部地区的院校,随后扩展到负责整个美国地区的院校。她的工作能力得到了加强,她的职责也从单纯的招聘扩大到负责其他具体的项目,包括协调组织一些规模较大的职业推介会,公司各个层次的经理人员都经常找她做协调工作。雪莉承担了大量的工作而且能够从容应对,大家对此颇感惊讶,人事管理部的经理对她尤为赞赏。

雪莉不仅能够完成自己的本职工作,而且还乐于帮助别人,从打字、在上班的路上帮忙购买办公用品,到大家临时找她帮忙,她都一一满足。雪莉经常给同事带来好吃的东西,总是记得员工的生日并筹划一个办公室聚会。她还善于为他人安排婚礼,组织孩子们的聚会。总而言之,她把让每个人都感到"自己是重要的"作为己任。

或许就是这种性格导致了她的犯罪,或许她认为自己没有得到应有的待遇或者不受重视,雪莉非常希望得到大家的重视。当她从公司的一名秘书晋升为高级管理人员后,不再那么频繁和特别地受到表扬了,在过去会受到夸赞的举动现在也被视为理所当然了。雪莉必须做些什么弥补自己还没有得到充分认可的缺憾。

雪莉所在的公司是美国能源部的一个大承包商,曾经承接过能源部多个领域大量的项目。该公司的大部分员工都属于技术人员,公司的管理政策和程序都是针对这些人制定的,主要目的是为了在不损害公司利益的前提下尽可能地消除官僚主义障碍。正因为如此,公司采取的一些政策虽然有利于业务的开展,但若把它们结合起来就可能为舞弊提供机会。

其中有三项政策在这起舞弊案件中起到了重要作用,即共同签字审批权、费用开支的收据和员工的资格审查。

公司早在60年代就授予一线管理人员共同签字审批权了,高管层希望借此规定让一线管理人员更积极地参与本团队的技术层面的工作,指望此项举措可以将他们花费在日常行政杂务上的时间减半。为了减轻基层管理者行政方面的工作量,尤其是那些需要经常出差的管理人员,公司允许他们让其他合作部门的某位经理来核签差旅费用报销单和其他单据。

在90年代早期,管理层的一位新秀被任命为公司差旅部门的经理。在高管层遇到难题的时候,他总是能提出简单的解决办法,因此在管理层中树立了很高的威信。针对由填制费用付款凭单而产生的大量手工操作,他提出的解决办法是让基层管理部门保存所有的附着发票的原始付款凭单,雇员可以自行决定安排一次出行,因为他们认为主管人员反正会批准他们的出行。他们在电脑里填制和提交费用凭单。这样一来,本来应由部门秘书做的事情现在都由出差的个人自己完成了,这样做的结果是导致基层主管人员很少亲自审核附带发票的费用付款凭单,他们对员工给予了充分的信赖,依靠他们的自觉性来正确地履行职责。

在能源部,不论从事什么岗位的工作,雇员都需要接受资格审查。考虑到承包商的员工从事的都是非保密性的工作,能源部的秘书海泽尔·奥拉瑞便为他们安排了较低级别的资格审查,每隔五年要对每一位员工进行一次复审。通过这种资格审查,管理层可以放心地认为其员工能够遵守既定的政策和程序。

§预算悄然超支§

这起舞弊被发现时我正担任审计部的一个特别调查组的经理。像很多大公司一样,我们审计部也经常接到一些要求专项审查的电话,审计部专门成立了一个小组负责处理这类电话,这个小组还要与公司的律师和能源部的监察长保持密切的合作。

泰德·古尔德是人力资源部的一位高级招聘人员,负责管理差旅费预算。我们曾多次一起做项目,建立了良好的合作关系,每当我在人事管理方面有特殊的需要,常常寻求他的专业帮助。此时我们正在合作完成几个项目,所以他打来电话实属平常。他在电话里提出的问题也没有什么特别的,可他的语调却非常低沉。

通话后不到一个小时我们俩就见了面。他显得更加沮丧,带来一些常规的财务报告让我们审查。他关心的问题是差旅费用严重超支,为此管理层已在考虑对他进行处分。他请求我来查清差旅费开支是否恰当,是谁发生的差旅费用,怎样才能使差旅费用控制在预算范围之内。我把他的要求作为一个特别项目接受了下来,开始了对相关资料的审查。我对泰德说,我要亲自负责这个项目,让高级审计师约翰·克雷来协助我。

我请约翰对泰德差旅费预算账户的全部支出进行审查,包括今年到目前为止以及过去三年的全部费用。他还打算为这个调查项目制定一个计划,当然,随着调查的深入,我们的调查范围可能需要在这个计划的基础上扩大数倍。我们首先要确定的是泰德的预算账户的具体开支是否有什么异常的信号。

第二天早晨,约翰带着一份简要的审查计划和那些费用明细报告来到了我的办公室。我们确定的策略是先对前三年以及今年到目前为止的所有费用支出进行审查,以确定是否所有的支出都是合理的,发现异常后再进一步调查。假如发现了异常情况,我们必须先与泰德和他的上司沟通,然后再展开全面的调查。

约翰将所有的费用明细报告下载到了我们常用来做分析的 Excel 表格中。表中的数据包括人工费、采购费、差旅费、办公用品费和其他费用。对发生的人工费和采购费要追踪到员工名头和订购单,我们没有发现异常。差旅费和办公用品费只有一个不正常的地方:雪莉·A. 里托出差最频繁、购买的办公用品最多。她出差的频率要比其他招聘人员高两倍,报销的金额几乎是其他人的三倍。到此我们便不再审查其他费用了,这个发现已经让我们有充分的理由展开全面的调查。

我和约翰要求和泰德及其经理安德里亚·沃尔劳碰头。沃尔劳刚被提升不久,非常愿意和我们见面。为了不惊动任何人或在部门里引起不必要的恐慌,我们请他俩到我们的办公室来。我们约在下午见面。

我们四人在审计部的小会议室见了面。我和约翰介绍了我们初步的分析结果,泰德和安德里亚完全不能接受我们的发现。安德里亚马上为雪莉进行辩护,说她的工作是多么努力,她做了多大的贡献云云。安德里亚以现在大家都熟悉的一句话作为结束:“雪莉·A. 里托不会做损害公司利益的事”。泰德在整个会面的过程中一直保持沉默,但他终于说出我们的发现正是他所一直担心的。雪莉·A. 里托钻了公司行政管理系统的空子,滥用了员工可以自行决定出差的权力。会面的最后,我们决定要对雪莉的活动进行一次全面的审查,包括由她经手的采购、人工、差旅、办公用品和其他费用。我要征求我们的律师的意见,并且同意向安德里亚的上司罗格·布莱克汇报情况。

律师与能源部的监察办公室取得了联系,他们不想牵头做这项调查,也就是放弃了调查的优先权,但他们要求随时掌握情况。

和罗格见面的情形与之前和泰德以及安德里亚见面的情况非常相似。听到雪莉可能存在不法行为让罗格感到非常震惊。他在处理特别项目时总是非常依赖雪莉,而雪莉总是能超出预期地完成任务。他承认,作为一个招聘人员,雪莉出差的确是多了些,他认为要查明情况,实施一次完整的调查是必要的,但他使用了同样的结论性辩词:"雪莉·A.里托不会做损害公司利益的事"。

到周末的时候,我和约翰一起制定了正式的调查计划。谈到调查过程,我发现约翰和我有同样的想法:除了泰德和我们两个人,其他人都不相信雪莉会做这种事。假如我们真的发现了她的不法行为,还真需要下一番功夫让管理层相信她是有罪的。我们的调查必须是完整的、无可挑剔的、令人信服的。

§舞弊者的坦白§

周一下午我和约翰又在我们的小会议室里见了面,用了一下午的时间来制定我们的调查方案。我们先是明确了需要审查的凭证和到哪里找这些凭证,包括考勤记录、请购单、差旅报销单和发票、办公用品采购付款凭单和其他费用的原始单据。对所有招聘人员的业务活动进行分析也是一项重要工作,我们恐怕至少需要和五位招聘人员见面,当然还要与雪莉面谈。我们计划的约谈对象是泰德、安德里亚、前经理罗格·布莱克,还有部门的秘书金戈尔·帕克,我们判断这些人都会有费用报销单和相关的发票。我们还计划给雪莉负责招聘协调的几家学校的就业办公室打电话。

我和约翰可以看出现行的行政管理系统存在的漏洞以及人们可能在什么地方钻空子。但是,单凭泰德那不太具有说服力的支持,我们要想证明雪莉滥用制度批准了不必要的旅行还是挺困难的。我们把情况向我们的老板沃特·霍兰做了汇报，他认为我们陷入了一种困难的处境。他也认为我们发现了异常的信号，但也担心我们可能会被指责为在进行迫害。他和我们的想法不约而同：我们的调查计划必须是完整的，我们的调查过程必许无懈可击，我们的结论必须是毋庸置疑的。此时此刻，我和约翰都感到，我们的调查恐怕难以获得高管层的支持。

我的直觉是应该从分析差旅费开始我们的调查。我们再次回到Excel表格检查雪莉的差旅报销记录，仔细查看日期、出差时间、出差地点和报销金额。资料显示：她在三年的时间里出差54次，目的地包括得克萨斯州的埃尔帕索和犹他州的圣乔治，每一次去每一个地点的花费几乎相同，再仔细一看，可以发现每次发生的租车费、住宿费、餐费和其他费用也几乎都相同，不同的只有出差日期和审批人了。这是一个危险的信号还是一个偶然的巧合？

我们将她的考勤记录和出差日期进行核对，发现二者并不吻合。她的差旅费报销单上显示她在出差，但考勤记录上却表明她在阿尔布开克的总部正常上班。审批她的考勤记录的是一位主管，核准她的差旅费报销单的是另一位主管。

鉴于发现的新情况我们决定了下一步的行动。约翰认为我们应该继续审查雪莉的差旅费，我觉得应该对她的全部业务活动进行审查，最后我们俩人一致同意，先完成对她的差旅费的审查，然后再审查其他费用。我们刚开始审查就有了令人吃惊的发现。

周三的早晨我接到了安德里亚的电话，她已安排好我们俩人和雪莉的会面。不知雪莉听到了什么风声，她觉察到我们正在调查她，也许是安德里亚所进行的调查引起了她的警觉。中午一点钟，我们三个人在安德里亚的办公室见了面。我还没有坐稳雪莉就开始失去控制地哭泣起来。在安德里亚的安慰下，雪莉拿出她的支票簿并开出了一张金额为12 000美元的支票。她把支票递给我，说是用来偿还她三年来多报销的差旅费用的。我对她的主动配合表示了谢意，但请她先收回支票，等我们确定了她需要偿还的具体金额后再说。安德里亚对眼前发生的事情惊讶不已，以至于后来一句话也没有说。

然后雪莉开始说起话来。她东一榔头西一锤的，间或地停下来抽泣。

她让我们别把她看成一个窃贼,别把她想得那么坏,还提醒我们她是一个模范雇员。她承诺要退还全部贪污的赃款,末了还说出了一句我们颇为熟悉的话:"我想这小小不然的不会对公司造成什么伤害。"她的自白使我意识到,她自己并不清楚她到底贪污了多少钱。她自己亲笔写下了坦白书并在上面签了字,承认她伪造报销单据在公司虚报费用。她只承认虚报了差旅费用,我却有一种感觉:她的问题决不仅限于此。

人事管理部的一个决定给我们的调查提出了一个新的难题。在我们和雪莉进行了三个小时的谈话之后,公司立刻解雇了她,这就是说,现在我们面对的是一位离职的员工,她很可能去请一位律师。雪莉不想让家里人知道此事,因此她假装继续上班,差不多有一周的时间,直到她丈夫问她为什么还没有收到工资支票的时候真相才被揭穿。在这一周的时间里,我的精力主要放在审查她的业务活动和费用记录上,她表现得相当配合。

到周三下班之前,我又为调查组增加了三位审计师,每个人分别负责审查雪莉一种业务活动的详细情况。我和约翰继续审查差旅费,其他三个人分别审查考勤、采购、办公用品和其他费用。我们还得到了一份雪莉的完整个人档案。审查结束后,我们把所有的分析数据表挂到墙上并进行比对。因为我们无法理解其中的一些问题,所以需要再和雪莉谈一次。

雪莉答应了我们的要求,因为我告诉她我们是想证明她提交的报销凭单都是正确的,这关乎她的信誉。当然,这是我采取的一个策略。我们要求她把出差的发票都带来,她觉得她的那些旅行都是正当的,所以真的把票据都带来了,雪莉显然以为我们是在帮她尽量减轻罪责。在两次约谈中,雪莉对自己的贪污行为都表现出了坦诚,这是值得肯定的。但随着我们的调查逐渐深入,她的解释就变得越来越牵强而不可信了。

§ 公司的损失 §

我们本次调查的目的是对雪莉的业务活动进行分析,确定其贪污的金额,包括她通过考勤、采购、差旅费报销、办公用品以及其他费用等手段贪污的款项。我们逐步查明了她在上述项目上发生的真实费用数额,可知她贪污的总额已远远超过了她承认的12 000美元。我们对她的贪污活动作了如下的分类:欺诈性旅行、当地交通费和办公用品、公司的信用卡消费、其他差旅费、采购、考勤、其他费用。

1. 欺诈性公务旅行

雪莉供认,在54次目的地为得克萨斯州的埃尔帕索和犹他州的圣乔治的出差旅行中,有38次是虚报的。在审查的过程中,管理层对她的其他16次旅行也提出了疑问。她采取的手段是将内容相同的报销单提交给部门中不同的主管人员审批,有时甚至就在同一天。她声称"出差"的时间实际上往往是在和其他管理人员一起开会,恰恰是其中的某位主管核准了她的旅行费用。

(1)埃尔帕索之行。雪莉一般都是从星期二到星期四去爱尔帕索出差。她的做法是,星期一呆在家里准备行李和安顿家人在她出差期间的生活,星期二飞行40分钟约在中午时分到达埃尔帕索,她总是提高出行和住宿的档次,改租豪华轿车,入住酒店套房。周二的晚上她会约人去一家高档餐厅就餐,客人是地处爱尔帕索的得克萨斯大学的某个人,但很少是跟招聘工作有关的重要客人。星期三,雪莉便开车前往新墨西哥州立大学的所在地拉斯库鲁斯,晚上通常入住希尔顿大酒店,当然是提高了住宿的档次。酒店开出的收据显示入住的是两个成年人,雪莉承认,她的儿子是新墨西哥州立大学的学生,与雪莉共进晚餐的人就是她儿子,他还要在她的房间留宿一晚。星期四,雪莉先开车返回埃尔帕索,然后在下午搭飞机回家。星期五雪莉一般是呆在家里整理行李和处理家务。

(2)去圣乔治的旅行。雪莉去犹他州的圣乔治的时间安排和埃尔帕索的差不多。星期一呆在家里为出行做准备,星期五不上班处理家事。星期二飞往拉斯韦加斯,据她所称,从这里开车去圣乔治比从盐湖城出发要近。雪莉的女儿就读于位于圣乔治的南犹他州立大学。她照例要超出标准地租乘汽车和入住酒店套房或类似的房间。酒店的收据上也显示两个成人入住,我们问她另一个人是谁,我满以为她会说是她女儿,不料她脱口的第一句话竟是"不要告诉我的丈夫"。

原来雪莉与南犹他州立大学的一位工作人员有染,她承认她一般不去圣乔治,他们喜欢拉斯韦加斯和那里的夜生活。

2. 当地交通费和办公用品支出

雪莉家住工作单位往北方向约 10 英里的地方。在她平时回家的路上，离她家不到一英里处有一家欧迪办公用品店，我们在审查中发现了大量与这家店相关的本地交通和办公用品发票。购货发票显示的购物时间是傍晚 6 点到 7 点之间，雪莉还会在费用报销单列支往返里程的车费。这个时间雪莉应该是在回家的路上，商店距离她家很近，她没有必要报销路费。再说，发票上填写的物品可以通过公司为员工提供的“即时快递”送货系统取得，即员工可以订购送货上门的办公用品。我们发现的真实情况是，雪莉采购费用报销单的发票上所列的物品，在同一天她也通过公司的“即时快递”订购系统订购了。

3. 公司信用卡

雪莉的公司信用卡消费存在许多问题。在她的差旅费报销单上，有些项目明显是私用物品，如化妆品、内衣、袜子、看电影、酒品等，这些物品都是明令禁止用公司的信用卡购买的。她还以信用卡支付自己的餐费，在差旅费报销单上虚增餐费，以便掩盖私人物品支出。雪莉拒绝承认这一点，坚持说自己不记得了。

4. 其他交通费

雪莉提供的一些交通费凭证与她的工作无关。我们和泰德、安德里亚以及罗杰一起审查了雪莉的全部交通费支出，其中有两次去佛罗里达开会的旅行，实际上公司是安排另外两个人参加的；还有三次前往母公司招聘总部的出差看不出有什么必要；她还参加了四次在豪华地点举办她根本不应该参加的培训课程；另有一周去菲尼克斯的旅行她无法提供合理解释。

5. 采购

我们无法找到由雪莉采购的一些物品，大都是书籍和软件。雪莉说她购买的书都是关于招聘的，已经送给其他的招聘人员了，她记不清是给谁了，可谁也不知道有这回事。她还说购买的软件运行效果不尽如人意，已经被她从电脑里删除了，光盘也被扔掉了。

6. 考勤

我们已经找到证据，说明雪莉没有如实地报告她的考勤记录，她显然一直在设法把自己的工作时间计在她认为最重要的管理项目上,随着她的舞弊操作越来越复杂,她对自己的工时费的操控不那么自如了,如果雪莉和某一位主管人员一起出差,她就会在该主管人员名下计列一个特别开支项目。她承认到了最后她对自己的工时完全失去了控制,便通过提交零星工时费的办法加以弥补。如前所述,每次旅行完成的前后两天雪莉都是呆在家里,但她都是将这两天报为出勤。我们在重新确定她的实际出勤记录时遇到了很大的障碍。

7. 其他费用支出

雪莉主办了三次被管理层在二次审核时否决的招待会,还有两次招待会的花费据估计是必要开支的两倍。

我和约翰对雪莉的欺诈行为作了一个汇总,列示如下:

人工费(被虚增的)	26 000
采购和差旅费	5 500
假报销单	28 500
虚假费用	17 500
不必要的当地差旅费	1 000
办公用品	500
其他	5 000
估计总数	84 000

我们的调查报告通过公司的法律事务部递交给了美国联邦检察院。司法部门所确定的雪莉的欺诈金额比我们的估计数略有降低,雪莉后来也没有接受审判。据可靠消息,她与法庭达成了认罪辩护协议,被判5年缓刑并处一笔罚金。由于这份认罪协议的限制,我方的律师将不再对调查报告加以确认或否认。

雪莉多方位的欺诈满足了舞弊的三要素:机会、借口和压力。她有太多的机会滥用公司的财务和差旅费管理系统。她因为承担了超越自己工作范围的职责所引起的关注而备受压力,于是就用奢华的旅行和额外的收入来犒赏自己,这是非常典型的舞弊借口。用她的话来说,"小小不然的不会对公司造成什么伤害"。她将自己的行为解释为只是拿了她应该得到的,她的薪水应该更高一些才是。

§经验与教训§

通过此案人事管理部得到了一个重要的教训:管理层不能逃避自己的责任。没有什么能够取代由人实施的现场观察、审核和检查,在处理细节问题时尤其如此。没有内部控制,局面就会变得不可收拾,漏洞之门就会大开。对那些不称职的主管人员,要对他们进行培训或者是让其离开管理岗位。

人事管理部的高管人员痛苦地认识到,任何人都有违规的可能,即使是那些广受好评、备受信任的人也可能做出越轨的事情。所有的员工都必须接受相同的约束,管理人员要确保这个目标的实现。通过这次调查,高管层向泰德道了歉,他们在预算超支的问题上错怪了他。对于内部控制的缺失,高管层承担了主要责任。

我和约翰也从此次调查中获益良多。在调查中必须对细节加以关注,抓住发现的线索不放。在本次调查中,我们首先拿到了一整套的证据文件,包括人事档案和发票,从而大大地提高了成功完成案件调查的可能性。然后,我们对每一份文件上的信息进行了审查,通过"寻找蛛丝马迹"来发现其中隐藏着的异常。

我和约翰还认识到,一旦人们发现有空子可钻,他们的欺诈行为就会一发而不可收拾。雪莉之所以不停地舞弊是因为她一直没有被抓住。她的借口很简单:"小小不然的不会对公司造成什么危害。"

§防患于未来之建议§

我们根据获得的经验给公司提出了遏制舞弊的建议,公司相应地采取了许多措施。

1. 提高对管理人员和员工的要求

人事管理部做出了新的规定,要求管理人员更严格地履行对员工活动的审查职责。如果第一责任人不在的话,需要指定临时代理监督人。

2. 执行严格的差旅和发票报销审批程序

公司要求全体员工,特别是招聘人员,在出差之前要经过批准,至少要取得口头的批准，核准人需要以书面的形式履行审批的职责。员工在报销费用时候必须提交相关的发票。

3. 突击检查

高级招聘人员必须按月和部门经理一同审查招聘费用预算，高级经理必须对自己的监管事务执行定期的突击检查。

4. 在有必要展开调查的时候，要安排几位调查人员审查证据

我和约翰制定了一套调查程序，要求安排至少两位注册舞弊审核师来独立地审查全部凭证，这更有利于我们发现异常的信号。

5. 结束语

每当我们开展一项调查时，我都会想起本案的舞弊者为自己找的借口“小小不然的没有什么关系”。每次当管理层在确凿的证据面前还在为他的员工辩解时，我都要给他们讲一讲这个“雪莉决不会做损害公司的事情”的故事。

20

就在你以为万无一失的时候

Just When You Thought It Was Safe

小弗兰克·D. 莫兰

阿什莉·贝克尔在读高中的时候是一位有魅力、受欢迎的女孩，朋友很多，绝对不用担心没有人和她约会。虽然经历了分分合合，她的大部分时间都是和男友罗恩·摩尔在一起度过的。他们俩是在阿什莉读高二那年认识的，因为摩尔的家搬到了她家的附近。因为同龄，他们两个人常常一起修同样的课程。高中毕业后，他们的朋友多数都去上大学了，所以阿什莉几乎天天都是和罗恩呆在一起的。

高中毕业后，阿什莉做过一些报酬很低、兼职的零售服务工作，同时在当地的社区学院修完了一些学分。一个 18 岁的年轻人对自己的职业道路还很迷茫是完全正常的，但阿什莉感受到的压力格外大，她找不到自己的方向。但是，一切就要发生变化了。

她突然间发现自己怀上了罗恩的孩子。意识到自己就要成为一个妈妈了，阿什莉明白她必须设法找到一条谋生之路，而且要尽快。罗恩和阿什莉在孩子出生之前结婚了，成了一对手忙脚乱的年轻父母。在大儿子出生之后几个月，阿什莉申请了斯普林希尔银行的兼职出纳职位，罗恩也刚刚在一家当地的建材公司得到了一个管理培训生的职位。阿什莉知道她需要挣钱来贴补家用，所以在被银行聘用之后她才松了一口气。

阿什莉感觉自己的工作很有意思，她主动承担各种任务。她所处的工作环境非常融洽，她的职位还可以使她有机会接触客户。不久她就可以跟客户彼此直呼其名地打交道了，她的主管也听到了很多对她的工作和人际关系方面的赞美之词。没过多久，阿什莉就得到了一个全职的工作职位。

伴随着工作上的进步，阿什莉和罗恩与儿子的关系也在改善。他们俩发现，为人父母也是一件愉快而有成就感的事情，他们渐渐开始在经济上也有些独立性了。

阿什莉在工作上不断进步，她对本职工作已驾轻就熟，很快就被指定负责帮助新来的出纳员尽快熟悉他们的职责。她开朗的性格和专业的气质引起了管理层的注意，很快被提升为分行的出纳员主管，这个提升让她有了更多的权力、责任和收入。展现在阿什莉·摩尔面前的是成功的坦途。

儿子现在已经四岁了，他们一家过得很安逸。罗恩在工作上也获得了提升。阿什莉在公司里被当作效仿和学习的楷模。在出纳员主管的岗位上只做了 1 年，阿什莉就再一次获得晋升——成为客户服务代表（CSR），这个职务让她在分行拥有自己独立的工作区域，负责帮助银行吸纳存款。好事成双，工作上有好消息，家里也有，阿什莉和罗恩得知他们已经有了第二个孩子。阿什莉很擅长客户服务代表的工作，她开朗的性格和得体的举止再次帮助她达到甚至超过了她为自己确立的目标。命运在眷顾这一对夫妻。

§降低损失§

斯普林希尔银行地处马里兰州的梅卡尼克斯维尔，在 1868 年 3 月 30 日被授权成为一家储蓄机构。最初由一些贵格会教徒们发起，主要是为小型农业社区提供存贷款服务。营业的第一天，银行获得了 383 美元的存款。10 年之后，其存款已超过 10 万美元。

随着这个安静小镇的苏醒，这家银行也逐渐繁荣起来了。在经营了 125 年后，它体验到了新的成长的痛苦，规模扩大和分权经营是它必须面对的现实。员工数量增加、人员招聘、离职、预防欺诈和抢劫、审计、控制与监管、技术更新，等等，都成为日常管理的内容。在面对这些挑战的同时，银行还在通过兼并收购的方式不断地进行扩张。

我在马里兰州警察局工作了 28 年。退休之后，斯普林希尔银行聘请我去接替他们退休的安保主管。在我到任之时，银行已经在马里兰州的 6 个县设有 32 个分行。银行的业务范围也扩大了，包括商业银行业务、小额银行业务及信托服务，还拥有一家抵押和保险公司，总资产增加到27亿美元。不难看出，斯普林希尔银行原有的那种小城社区的管理理念早已被取代，现在的经理和董事们所看重的是银行取得更大的发展。

来到银行后，我发现前一年度的舞弊损失额大约为45万美元。在我看来这是一个完全不能接受的数字。我的前任是一个非常能干的家伙，曾在美国财政部特勤处有过成功的职业经历，来到这家银行后却陷入了麻痹的泥潭。在一个只有10家分行的银行主管安保工作，让他变得安逸和自满，从不考虑如何应对当今的形势带来的变化与挑战，工作停滞不前。我一上任就发现安保部的员工基本上不具备当前的新技术，缺乏舞弊防范技能和培训。部门的案件管理数据库是陈旧的目录卡式文件，对招募的员工既不通过联邦调查局的指纹验证，也没有其他适当的调查。如此看来，去年银行因为舞弊而损失近50万美元也就不足为怪了。

尽管我在以往的执法职业生涯中经历过很多挑战，我也知道我现在面临的工作决不轻松。管理层给我的指示很清楚：减少舞弊、培训员工，让安保部门适应目前的形势。

§消失的存款§

10月份，我已经在斯普林希尔银行工作2年多了，我开始看到了我们确立的目标取得了很好的效果，这些目标都是为了根除安保部门的陈年弊病而专门设定的。这中间发生了几个关键的人事变动，我得以招募到具备必要技能的员工来圆满地完成我们的工作。

我花了很多时间去和其他部门的人员建立密切的联系，持续上升的损失让很多中层经理人员对银行的安全运营丧失了信心。我清醒地认识到，要想做好安保工作，团队建设、获得全银行范围的支持、恢复大家对安保工作的信任是关键。我的上司是银行的执行副总裁和法律总顾问，他一直很支持我的工作，在我动手整治银行内部的利己主义作风和企业政治风气的时候，他给我提供了中肯的指导和建议。对于我们在过去的24个月里发生的积极变化，首席运营官和银行总裁也比较满意，只要我能够让他们认识到这种改变是必要的，他们都愿意满足我的要求。

10月27日，我正在办公室审阅反舞弊每日报告，电话铃响了。呼叫号码显示电话是员工管理部高级副总裁拉里·凯打来的。我几乎天天都要和拉里或他手下的人员通话或见面。员工管理部负责银行对所有分支网络的人事管理,这是我们投放大量的反舞弊、调查、培训资源的重点区域,是银行损失最严重的部门。

互相寒暄之后,拉里告诉我德利菲尔德分行出现了问题。一个客户——一家连锁便利店的店主——声称他星期五晚上存入的5 400美元夜间存款丢失了。更糟糕的是,拉里语气忧虑地告诉我,德利菲尔德分行的经理在2个月前接到过另一个企业客户的类似投诉,那个客户拥有并经营着一家本地的快餐公司。我的一名部下负责调查那个案子,后来由于缺乏证据及客户不愿意合作而终止了。

我先让拉里平静下来,然后向他问了几个关键问题,以便对事件有个基本的了解。挂上电话之后我立刻意识到我们需要尽快把这个案子弄个水落石出。尽管5 400美元可能已经被盗,但快速查明情况不仅可以维护我们的信誉,更重要的是可以恢复客户对银行的信任。

丢失的夜间存款是在一个周五的下午存入的,但那个便利店主直到周一才与德利菲尔德分行经理取得联系。在这之前,这个便利店主询问了他的员工,彻底地检查了商店,还察看了监视录像带,想要确定他的员工是否有偷窃的嫌疑。在没有找到任何证据之后,便利店主才联系了损失预防部经理。

和拉里·凯通完电话之后,我就登录了部门的案件管理系统,查找有关德利菲尔德分行的案件。几秒钟后,我找到了调查员对8月份那起夜间存款丢失投诉所做的调查案卷并开始审阅。

这个调查员是我来银行工作的这两年一手带出来的,他有丰富的司法和调查工作经验,我坚信他的经验会对我们部门有很大的帮助。此外,他的性格极好,和任何人都能够友好相处。这种个性也使他成了一个优秀的审问者,他可以很快地让当事人平静下来,诱导他们招供。

在查阅8月份的这份调查记录的时候,我很快就明白了为什么调查受阻、无果而终:是因为快餐公司的老板在案发30天之后才报案,延误报案的原因是公司记账员直到7月末结账的时候才发现了存款丢失的情况。调查员与公司老板交谈之后,却无法与店面经理取得联系,因为她已经搬到别处去了。据说她就是那个去银行存款的人,调查员多次给她打电话都没能找到她。

但是,在客户的员工不合作的情况下,我们的调查员还是去了德利菲尔德分行,约见了那个星期五晚上上班的每个员工。根据谈话的情况,他对分行的2个员工有些怀疑。遗憾的是,因为得不到客户及其员工的配合,这个案件便搁置下来。2个月后的今天,又一起具有相同特征的投诉出现在了同一个分行。

§她的贷款已逾期§

在周五的最后几个小时里,我看完前面的那起案件的调查记录之后,又浏览了德利菲尔德分行的员工人事档案。在那次调查之后的2个月里,这个分行的人员没有发生变动。全体人员包括分行经理詹尼佛·西斯,2个客户服务代表桑蒂·伍兹和阿什莉·莫尔,1个财务顾问(FC)汤姆·莉莉,1个柜员领班贝丝·福尔曼,4个全职柜员和2个兼职的自助服务出纳员。德利菲尔德分行和我们大多数的分支机构一样,员工的工作关系很密切,也很融洽。各分行之间在吸纳存款、贷款和其他业务方面存在着一种友好的竞争。通过评比月度最佳办公室、季度最佳分行或者是年度开户数量最多的分行,激发了大家力争上游的精神,提高了员工的凝聚力。工作之余的会餐、以办公室为单位的比萨午餐、圣诞聚会以及其他轻松的活动,提升了员工团队精神和持续多年的友谊。

德利菲尔德分行也不例外。大部分员工已经在一起工作了很长时间。分行的经理詹尼弗是一位优秀的管理者,在她的领导下,德利菲尔德分行成为银行里最好的分支机构之一。德利菲尔德分行在其客服代表,特别是阿什莉的帮助下,转变成为一个管理有序、富有创造性的业务机构。对詹尼佛或她的同事而言,最让他们想不到的事情就是有一天银行会暴出丑闻。

那天下午我对这个分行的员工记录进行了检查,除了出现过几次轻微的柜员不足和一位兼职柜员因迟到而受到批评以外,没有发现什么严重的问题。被银行录用的员工,都要签字授权银行对他们的信用情况进行检查,所以,我拿到了每个员工近期的信用调查报告。我在查阅这些报告的时候,一个不正常的情况立即引起了我的注意,这就是,其中一位员工的信用情况在过去的六个月里变化很大,她有太多的限额周转信用账户,其中的几个账户已经接近了她的限额上限,有两个账户出现逾期未缴账款情况。报告显示,她最近取得了一笔按月还款且月供额很高的汽车贷款,已经有两次还款延迟了。我还发现了她的其他信用问题,使我相信我已经找到了一个可能的嫌疑人:阿什莉。

星期一的早晨我没去办公室而是直接去了德利菲尔德分行。我到达的时候银行还不到开门的时间,所以直接见到了分行经理詹尼佛,并向她解释了我的来由。她一直在等待我的到来。在她的帮助下,我在会议室里和分行的所有员工见了面,向他们透露了有关投诉的事情。他们中的大多数人已经知道了此事,之前也在配合经理查找这笔丢失的存款。但当我说出要和每个人单独谈话的时候,阿什莉突然说:"我们被怀疑有偷窃行为,我对此已经感到厌烦了。"她的举动给了我第二次警示。

整个上午我都在和员工单独谈话,通过非正式提问的方式了解了他们各自的工作伙伴、他们的性格、他们的岗位和责任,还了解了存款是如何送出的、如何记账、客户的账户又是怎样被贷记的等内部工作流程。虽然这些都写在银行的政策与程序中,但还是很有必要听听这些天天从事这些操作程序的员工是怎么说的。

在金融机构,关于现金处理的最重要的一个理念就是"双重控制"。在双重控制下,任何人都不能在没有其他同事在场的情况下进入银行的一些特定领域,其中就包括夜间存款保险箱。我经过调查获得的第一手资料表明,该分行中只有四个人可以接近这个保险箱,每人只知道一半的保险箱密码,要打开保险箱,就需要两个掌握不同密码的人员一起进入放置夜间存款保险箱的房间,一个人输入前部分密码,另一个人输入后一部分密码。保险柜被打开后,其中的一个人拿出款项,在另一个人的陪同下,将存款带到出纳员柜台后面,将其登录到夜间存款系统进行数据处理。整个过程都是在双重控制下进行的。

§镜头不会说谎§

现在,我在调查中采取了一种更有针对性的方式。夜间存款系统日志显示出事那天的存款处理是由客服代表阿什莉与柜员领班贝丝·福尔曼一起完成的。在第一次谈话的时候,这两位员工都否认知道或参与了这个事件。贝丝表示她不相信这件事和她的哪位同事有关,一定是客户的员工做的。知道部分密码的4位员工都否认他们获得了其余的密码。如果他们说的是真的,那么这次犯罪就是由银行的两位员工共同实施的。

那天上午,我在离开德利菲尔德分行之前,让掌握部分密码的4位员工各自填写了一份证言分析表。证言分析表是对被问讯者对具体问题的回答进行分析的一种程序,通过对回答者所使用的人称代词或其他微妙用词进行评估和分析,来判断他们所提供的信息的真实性,类似于一种书面形式的测谎。以我在这方面接受的训练,我想看看这些人是如何回答有关问题的,我相信我一定会借此发现更多的疑点。

在周一下午的晚些时候,我开始审阅这四份分析表并为之打分。评估结束的时候,只有一位员工在回答问题时的用词给了我继续关注的理由,她就是阿什莉·摩尔。"她第三次引起了我的注意",我想。但是,我现在只掌握了一些环境证据而已,也就是阿什莉未及时还款、她的口头证言以及现在这份书面的分析表,我很清楚,在下次与她交锋的时候,我必须让她认罪。

银行都装有监控摄像头来记录内部的日常活动。虽然银行保护法没有强制性要求银行安装这种设备,但它的使用对调查抢劫、舞弊或内部事项都有很大的帮助。监控摄像头的安装位置和监控范围重点是覆盖办理业务的客户和其他非银行工作人员,因此柜台上的监视器一般都是越过柜员去记录客户的行动。各家分行也不例外,监视器也是越过办理开户和其他业务的员工的头顶对着客户。我们银行的监控摄像头除了是数字和彩色的,和其他银行没有什么不同,它可以保留六个月的记录,以供搜索和回放。我希望能从中获得阿什莉·摩尔在出事那天处理夜间存款包的录像。

丢失的存款是在周五下午存入的,这些钱有可能直到下个工作日即星期一早晨才被拿走或处理,分行员工通常是让周五的夜间存款待在保险柜里,直到下周一早晨才取出和处理。事实上,德利菲尔德分行的日志也是这样显示的。但是,我们在检察警报系统的开启记录时发现,阿什莉·摩尔在周六的早晨,也就是客户存款后第二天的早晨8:13分关闭了警报系统,47分钟后,也就是营业开始的时间9:00,警报系统才又开启。

我们从各台监视器的录像带中搜索那天早晨从 8:13 到 9:00 那段时间的数字录像,其中一台摄像头显示阿什莉·摩尔在早晨 8:16 分走过她的办公桌,从夜间存款金库出来时手里拿着一个夜间存款袋。现在一切都明确了,阿什莉·摩尔,这位在我们银行工作了 6 年、有着光明前途的员工,不仅掌握了夜间存款保险柜的全部密码,而且还入室拿走了客户存入的款项。

我在星期二又去了德利菲尔德分行并与她再次见面,在无可辩驳的证据面前,她很快就承认了她的违法行为。后来,她还承认了早在七月份的那次作案,也就是快餐店客户的存款失窃也是由她所为。阿什莉·摩尔在两个月的时间里总共从银行偷窃了 7 900 美元。

§三击出局§

在最后一次讯问阿什莉的时候,我主要是要弄清她作案的细节。我需要了解我们的安保系统哪里有缺陷,从而让她得手。她是唯一的罪犯吗?她曾经向分行的其他员工泄露过她的犯罪行为吗?她的主管甚至是分行经理,是因为收受了回扣还是因为疏忽而使她能够得逞?我需要从对她的讯问中得到这些问题的最终答案。

当阿什莉从监控录像中看到自己的身影时,她知道自己的行为败露了。

"我真的很后悔",她一边哭一边说,"事情不应该是这样的,我喜欢在这里工作"。

我们的谈话不再轻松,我控制了局面,明确地告诉她银行诈骗属于重罪。

她大哭道:"我不能去坐牢,我的孩子还很小,求您不要把我送进监狱。"

阿什莉·摩尔,这位有着甜蜜的微笑、性格活泼、有着光明前途的职业女性,此刻被痛苦、激动的情绪折磨着,我想,或许还有一丝释然的感觉。

她在书面供词中承认了一切。她的信用卡欠款越积越多,而罗恩对此却一无所知,她把账单都藏了起来。即使把她丈夫的薪水也用上,也还不清她的欠款。她偶然之间想出了这个犯罪计划,还是缘于柜员领班贝丝·福尔曼。

一天傍晚,阿什莉与贝丝一起去开启夜间存款的保险柜,贝丝一边扭动旋钮一边说出了她的密码,阿什莉便听到了密码的其他两个数字,她可以独自打开保险柜了。阿什莉的内心起初也曾为此做过挣扎,她甚至想到把自己偶然得知全部密码的事告诉经理。但由于为债务所迫,她最终决定进入金库取走现金。

最终阿什莉的脑子里只有一个念头,她必须拿到这笔钱,偿还信用卡欠款是不让罗恩知道她乱花钱的唯一办法。她喜欢自己这份在斯普林希尔银行的工作,她也深爱自己的丈夫和孩子。她以为凭她为银行服务了这么多年和建立良好的客户关系的能力,不会有人对她产生怀疑。在我们谈话的过程中,阿什莉还一直认为她能保住这份工作。

她祈求说:"我会把钱退回来,让我去别的分行工作,让我继续工作吧!"我想她心里知道这是不可能的,但她必须尽力争取。

后来证实,她把偷来的一部分钱用于偿还信用卡欠款,其余部分用在了她自己的衣服和鞋子的狂热采购上。

"我没有那么坏,我为自己的行为感到羞耻,我的父母教育我要明事理。"阿什莉的忏悔看起来是真诚的,可她被抓住了,她还能指望什么呢?

阿什莉是独立作案,由于一位同事的缺乏常识而得逞,其他员工都不知道阿什莉的盗窃行为。

我们的谈话结束后,阿什莉的要求只有一半得到了满足,她立刻被解雇了。她与银行签署了一份赔偿协议,同意银行用她的养老保险金来抵消她的赔偿额,作为交换条件,银行不再起诉她。银行向财政部提交了一份关于她的可疑行为的报告,阿什莉被禁止在银行系统谋职。但是,阿什莉的丈夫却没那么宽容,当他发现妻子债台高筑,又因盗窃被辞退后,他带着孩子离开了阿什莉。

柜员领班贝丝收到了一份书面的训诫书,后被调转到另一家分行工作。她适应不了新的工作,在调转 8 周后便辞职离开了银行。我曾问她为什么要念出密码,她说:"这是我唯一能记住密码的办法,再说我信任我的同事们。"

§经验与教训§

我参加的每次调查都给我留下了值得记取的经验和教训。当然,每完成一次调查,我都要对怎样进行询问、采取什么调查步骤、按什么顺序实施这些步骤等方面进行自我检讨,这样做显然有助于改善下一次的调查工作,而且下一次总是会到来。

银行业是接受监管最多的行业之一。各家银行必须确保他们遵守了各项规定,否则就可能面临重大的惩罚直至被联邦政府勒令关闭。

银行的安全保卫工作也是这样。在日常的运营活动中,每个分支机构都必须严格执行几百项的安保政策和程序。最重要的控制政策之一就是职务分离,这就是双重控制。各种职责都是要由员工来担负的,企业雇用员工的主要目的就是要让他们帮助企业实现资产增值,因此,和创造收入的活动相比,对员工所承担的责任加以控制有时候就被放到了次要的位置。我们都希望看到人们好的一面,这是人类的本性,尤其是在同事之间,为了营造和谐积极的工作环境,我们有时会放宽或者忽视规则。

但是,安保人员清楚地知道,制定政策和程序是为了能够增强步调的一致性、增强责任感和落实责任。我很早以前就了解到,那些为了创造融洽的工作氛围而忽略了建立政策和程序的管理者,往往会遭受更大的由欺诈和盗窃带来的损失。对于企业的安保人员、预防舞弊损失的专业人员、审计人员、主管人员和经理人员而言,他们的主要职责应该是保证企业的规则得到了切实的实施和执行。

§防患于未来之建议§

现在,银行的安保部门和员工管理部正紧密合作对分行进行审计,主要是检查员工的日常工作,确定他们是否遵守了银行的规则。我们花了大量的时间来说明银行制定这些规则的理由以及如果忽视或不遵守这些规则可能产生的不良后果。

我们对每个分行都进行了一次彻底的检查——包括检查柜员的现金抽屉,检查关键控制记录。我们检查的目的不是为了发现谁违反了规定,而是为了解释为什么要设置这些规则，告诉他们在需要帮助的时候该如何做，帮助他们更好地履行自己的职责。审计工作结束之后，每个分行会收到一张写着他们的审计评分的计分卡。各分行经理应当在员工的协助下，对计分卡做出反应，明确提出他们的改进意见以及采取何种措施来改正计分卡所列的不足之处。

我们的目标是通过审计计分卡来显示工作的改进，在下次安全审计时不会发生同样的问题。第一次审计为经理和主管们提供了一种标准，不采取改进措施将直接影响对他们的评估。这项工作刚开始时，有的经理和主管没有积极性，我们实施审计的方式很快使他们释然，使他们明白这次活动完全是为了个人的发展。那些一直不重视这项工作的人都被安排做些不太重要的工作，或者是离开了银行。

自从实施了对分行安全进行审计的方案之后，银行发生的内部问题显著减少了，分行的经理和重要的主管常常给我们打来电话，咨询问题，就一些可疑行为提醒我们予以关注。现在大家都极力避免重复过去的错误，确保制定的安保规定能够得到执行和记录。

21

我有多少种方法骗你?

How Many Ways Can I Defraud You?

大卫·克莱蒙斯

托尼·霍普金斯出生于一个富有的家庭,在优越的环境中长大——他生活在一个大家庭中、在澳大利亚墨尔本的一家高级私立学校就读、不乏关系密切的朋友。但是,托尼有一个大毛病,这就是想获得成功和财富而又不想付出任何努力。结果他在大学里读了两个学期后就退学了,在一家水果罐头公司的人事部做了一名基层的员工。那个阶段他和父母的关系搞得很僵,托尼一次又一次地陷入需要以假名和假出生日期来申请贷款的窘境,每次又都是他的父母出面帮他摆脱困境。很多人认为他具有一个反社会者的所有特质。

当公司人事部的一个管理岗位出现了空缺的时候,托尼想去应聘。但公司要求申请者要有大学文凭,托尼没有完成大学学业,所以不符合条件。托尼没有死心,他准备动手伪造一个合格的履历表。托尼找到一个拿到了商科学位的同学,复制了他的学业成绩单,然后又偷来了有着大学信头的专用纸张,伪造了一份显示他有大学学历的合格的履历文件。

托尼这次很不走运,一位上司对他的履历表有所怀疑,这位上司的一位朋友恰好是履历表中提到的大学里的讲师,与这位朋友联络之后他的怀疑得到了证实。托尼很快被解雇,警方也掌握了他的劣行,他随后因为盗窃学校办公专用纸张而获罪。第二年,托尼宣布破产。

因为曾经在水果罐头公司工作过四年,托尼要想隐瞒曾被解雇的经历和犯罪前科,就必须设法在简历上弥补这一段时间的职业空白。他轻而易举地就把这件事解决了——他在求职申请里用一个假公司取代了之前曾就职的公司,然后又拜托他的朋友乔伊·福斯特——他婚礼上的伴郎,来冒充这个公司的董事,福斯特也就成了他的推荐人。这时候托尼已经需要养家糊口了,他必须要有稳定的收入。要想找到工作,他必须找到这样一个公司:那里没有人认识他、对求职者不做背景调查、需要人事管理方面的雇员。他终于找到了一个符合他要求的地方理事会,距离墨尔本有一个小时的路程。

多塞特地方理事会位于澳大利亚维多利亚州的南海岸。此地距离墨尔本不远,又有沙滩,有便利的野营和住宿条件,还有很多葡萄酒厂,因而成为墨尔本市民首选的夏季度假地。多塞特地方理事会本来是由两个小理事会组成的,就在托尼被其中一个小理事会聘为人事主管后不久,两个小理事会合二为一,托尼随之做了资源部的总经理。资源部管辖多个部门,包括人事部、财务部、薪酬部、维修部,还有车队。托尼显然是得了一个肥缺儿。

托尼的职位非常重要,属于理事会的高级经理人员,直接向首席执行官报告。但是,托尼面临着又一个问题:他没有足够的能力来担当这么复杂的职责。对他来说,解决眼前这一难题的一个办法就是让乔伊·福斯特——他的那位伪董事朋友做理事会的承包商,也算是对乔伊的一个回报。乔伊的头脑灵活,两人一起把工作应付得很好。托尼没有什么技能,他便设法在策略上加以弥补,他清楚自己必须牢牢地控制住自己的下属。

托尼采用的策略是软硬兼施。如果哪位员工和他对着干,他就设法将其赶出公司,因为人事部归他管,他有这个权力。天长日久,托尼周围的人都是一些阿谀奉承之辈,他经常请这些人吃饭,偶尔还负担他们外出旅行的费用。托尼对待下属的态度非常专横,对与自己意见不同的人,托尼便会向其发难,一直到他们屈服为止。托尼还经常对员工实施性骚扰,后来我们在对他的电脑资料进行分析时,还找到了一份他拟骚扰的员工名单,并在已经得手的名字后面做了标记,真是荒唐之极。托尼的确是一个典型的反社会者:他表面上随和圆滑,实际上控制欲很强、冷漠、缺乏同情心。

在理事会工作的第一个年头,托尼几乎没出现什么差错,但在员工中树敌颇多。有一次,财务部的一位职员在递交给首席执行官的备忘录里说他接到了一个匿名电话,举报托尼将44 000美元错付给乔伊·福斯特的新公司。首席执行官把托尼叫到了办公室,给他看了这个备忘录。

“我接到这个对你的投诉，我想最好先听听你的解释。”首席执行官开口道。

托尼看完备忘录说：“这对我和乔伊·福斯特的人格都是莫大的侮辱，这个指控是子虚乌有的。”他回答。

“我就知道那不会是真的。”首席执行官说，随后在电子邮件中记录了他的意见：

我询问过托尼他是否有舞弊行为，他回答说没有。我告诉他我很高兴听到这个回答。但是，他的这种疏忽与平时我从他身上所观察到的对事情一丝不苟的作风有些不一致。我对他说最重要的是他没有舞弊的嫌疑，审计轨迹必须要经得起审查。

首席执行官没有对这件事进行基本的调查。后来，托尼打出了两封信并交给了首席执行官，信的署名为乔伊，那个遭到“诽谤”的经销商。乔伊在信中声称是那位财务人员无中生有地虚构了那个匿名电话。有趣的是，乔伊的信的字体和样式与托尼的完全一样，但两封信上乔伊的签名字体却不一样。后来证实两封信都是托尼一手炮制的，他现在又在极力设法排除异己。

托尼在给首席执行官的另一份备忘录中写道：“感谢您在这件事上给我的支持。如果我做了什么不适当的事情，那都是不应该的，更不用说‘舞弊行为’了，而您对此事的处理既识大体又不乏人情味。”当然，他在信中省略了“轻信”两个字。不管怎么样，托尼总算又安然度过了一年，多么不平凡的一年啊！

§序幕§

那一天终于来到了——有几个与托尼共事的人再也无法忍受下去了。有人在同一天发出了两份内容相同的传真，一份发给了维多利亚州的总检察长办公室，另一份发给了州政府负责地方理事会事务的部门，关于有人舞弊的传言在地方理事会成员，甚至在一些国会议员之间传播开来。另一位高级经理也听到了一些员工的抱怨。

我所在的会计和审计师事务所曾为多塞特理事会提供过服务。州政府各机构在一次紧急会议上，决定依照《地方政府法令》任命我们事务所为市政府的检察员。一天下午,我正要离开我在法务服务部的办公室,事务所的一个合伙人给我打来了电话。

"我这里有一项工作需要你们立即着手处理,请五分钟后到我这里来。"我和另两个同事马上去了他的办公室。

"多塞特理事会的一位高级职员可能有舞弊问题,"这位合伙人说,"我们事务所已接受州政府的委托进行调查。"

"这位高级职员仍然在职吗?"一位同事问。

"已被暂时停职停薪。"合伙人答道。

"他的办公室呢?换锁了吗?"我追问道。

"你问这个做什么?"

"我们不希望有人去碰他的电脑。"

"在我们到达理事会之前,他们可能还需要安排一个保安人员。"我的一位同事补充道。

我们提出的要求被转给了理事会的首席执行官,他同意更换办公室的门锁并安排了一位夜间警卫。虽然我们根据以往的做法采取了必要的措施,不料这些措施对托尼不起作用,他反社会的行为方式与我从业以来所遇到的大多数舞弊者都不一样。

调查刚开始时,一个职员对我说:"你们什么也发现不了的,他太精明了。"好家伙!可事实上根本就不是那么一回事。托尼没有做任何的掩盖,我们甚至发现了他用于伪造学业成绩单的原始文件,正是这一点导致他被水果罐头公司解雇。事情过去了这么久,他为什么还要将这样一份确凿的罪证放在办公室里一个无锁的公文包里呢?答案很清楚:托尼根本不在乎。他和绝大多数人的不同之处就在于,他没有罪恶感,我怀疑他甚至可以骗过测谎仪。在他看来,欺诈只是一项消遣,他想知道究竟能走多远,他能得到一个什么样的结局。

§一个挥金如土的人§

第二天上午八点半我们到达了理事会所在地。

欺诈犯罪现场通常并不显眼。欺诈的发生通常要经过一段时间,几个月或者是几年,并且涉及多个地点。我们通常是把嫌犯的办公室或者工作地点作为第一现场，重点放在对电脑的检查。我们事务所的一位计算机取证专家帮助我们获取了托尼和他的秘书电脑的镜像文件。

我和一位同事去和理事会的首席执行官面谈，我的其他同事则开始对托尼办公室里的全部文件进行审查。通过与首席执行官的谈话，我们掌握了托尼在理事会的职责和对他的怀疑，首席执行官还提到去年发生的那次被他忽略不报的匿名检举事件。我们对此也做了记录。

第一天的调查工作就是在托尼的办公室里查找文件、做记录和将各种材料归档。此时我们还不知道这些材料有什么价值，但至少我们有了一份完整的资料，说不定以后可以用到。

此后我们便开始对员工进行初步的约谈。我们可以清楚地看出，员工对托尼的态度有截然不同的两种:有的痛恨有的喜欢，没有中间派。我们也很快意识到，凡是托尼插手的活动我们都需要进行审查，所见之处都表明其中存在可疑之处。

薪酬支付工作是由托尼主管的，我们审查了他的工资和绩效奖金。薪酬核算员说，托尼有时候给他下达书面指令修改各种支付款项，这些书面文件上面一般只有托尼一人的签字。我在查看托尼的绩效奖金数额时，发现它明显高于其他的经理人员。首席执行官确认，托尼有一年拿到的 12 000 美元的绩效奖金是没有经过批准的。我又对他的工资情况进行了审查，发现他的工资也比其他同级别的经理高出许多。我找到了一份好像是由首席执行官签署的批准文件，将托尼的年薪增加了 14 600 美元，这份文件还批准将此次加薪向前追溯一年，也就是说托尼还一次性地拿到了另一笔 14 600 美元。他的薪酬比首席执行官还要高！不难想像，在我将这份文件出示给首席执行官的时候，他说文件上面他的签名是假的。

我约谈了托尼的前私人秘书，向他询问了关于由他经手的为托尼申请信用卡以便进行工资税前扣除的事情。所谓“工资税前扣除”，是指澳大利亚政府允许某些公务员，包括政府理事会的工作人员，将他们的薪水按照一定比例进行税前扣除。这意味着某些个人支出（比如学费或抵押借款偿付）在征税之前可以从工资总额中扣除，应税收入和应交所得税便随之减少了。按规定，地方理事会的工作人员可以按工资总额的 10% 进行税前扣除。

托尼决定专门办一张信用卡来处理税前扣除事宜，他是理事会里唯一持有这种信用卡的人。我们对此做了调查，发现首席执行官已经明确这种做法不被许可。托尼授意他的私人秘书填写了申请表，趁首席执行官不在办公室的时候，找了一份有他的签名的书信，把他的签名剪下来，粘到了申请表上的授权签字格里。然后，托尼把申请表传真给了银行。当秘书对此提出质疑时，托尼说："你听着，我只是要争取时间而已，等首席执行官回来后我会让他补签的。"托尼用伪造的申请书拿到了信用卡。不用说，他从来也没有到首席执行官那里取得真实的签名。

证据表明，托尼为了从理事会骗取钱财而不惜采取任何手段，他的手段之一是利用采购过程谋私利。理事会计划更新其工资系统，由托尼来选择软件程序供应商。他决定要现场勘查一下软件程序在政府部门的实际使用情况，本来维多利亚州就有几个供应商可供选择，但托尼想走得更远一点——他已经看见了一次愉快的旅行了。经过反复讨论，最终决定由托尼和理事会的薪酬经理前往凯恩斯港务局去对一套软件程序进行考察。

这次旅行他们要飞越澳大利亚的东海岸，可谓一次不小的旅行。经协商，机票费由软件公司来负担，托尼将安排理事会负担他和薪酬经理的食宿费用。

他们两个晚上的住宿费用高达 1 500 美元，高得惊人。在我拿到了酒店开具的账单之后，才明白了其中的原因，原来托尼竟然订了一次直升飞机的旅行。我询问了同行的那位经理，他解释说："托尼决定在凯恩斯逗留期间去游览大堡礁，但工资系统考察的时间安排在上午 9 点，如果乘船的话就来不及了，所以托尼就预订了直升机出行，进行了海底观光，然后坐船返回了凯恩斯。"所有的花费都是用理事会的信用卡支付的。我在托尼的办公室里也发现了关于这次直升机旅行的小手册。

托尼花费 300 美元请这位经理吃了一顿海鲜大餐，结束了这一次难忘的旅行。我在审核他的信用卡付款申请时，注意到托尼将这笔开支列为"为办公室买花"，他提交的信用卡对账单复印件上只写着"汤尼"的字样。我想起在托尼的办公室里的一份账单上看见过这个名字。通过翻查证物，我找到了一张信用卡付款收据，上面写着"汤尼，凯恩斯——300 美元"。我随后又查到了信用卡对账单原件，上面显示的完整记录是"汤尼餐馆——凯恩斯”。托尼为了掩盖支付餐费的事实,在付款申请后附的信用卡对账单复印件上删除了“餐馆——凯恩斯”字样。

前文已经所提,托尼和理事会中的很多职员有不正当的关系。有一次,托尼对首席执行官说,澳大利亚人力资源学会邀请他去塔斯马尼亚作巡回演讲。理事会的确是负担了这次旅行费用,可首席执行官没有想到,这和那个协会根本没有关系,那不过是托尼为了和新结交的女友出去度假一周而编造的谎言而已。于是乎,他的度假开支全部由理事会买单,包括吃喝住行。

我们经过调查证实,托尼不久前从一家州立大学取得了商学硕士学位。我们向他的私人秘书了解了此事,她说托尼是采用函授的方式参加学习的,学校经常因迟交作业或考试不及格找他。

理事会里还有一种传言,说乔伊·福斯特三个月没来工作,其实是去学校顶替托尼参加考试了。对此我们无法证实,但乔伊缺勤期间理事会确实给他照发工资,我们也没有发现任何证据能证明他在那段时间做过什么工作。

说到乔伊,他是托尼为理事会聘用的承包商,有人说他曾毫无理由地收到理事会44 000美元的付款,我们对此也要追查。我们对大量的公司名称展开了对“乔伊”这个名字的检索,发现他拥有四家不同名称的公司,每家公司都声称为托尼服务。在一年的时间里,托尼共批准了159 500美元的付款给这四家公司。根据我们目前已经掌握的情况,可以肯定理事会并没有得到任何那些公司提供的服务。此外,我们可以证明另一家承包商所承担的工作和乔伊发票上写的工作完全相同,经查实,完成这项工作的实际上是这家供应商而不是乔伊的公司。

一年之后,在没有经过首席执行官的批准的情况下,托尼就把乔伊聘为理事会的正式员工。他还不顾在乔伊的工作领域没有高级职务的事实,硬是给乔伊支付高级职位的薪水,他还为乔伊配备了一辆公用小汽车,而乔伊的职务根本没有这个待遇。

乔伊在这个岗位工作了十个月后离开了理事会,托尼给他核发了35 000美元的遣散费。第二天,托尼就又把乔伊聘为兼职员工。就是从那个时候起乔伊消失了。

那35 000美元遣散费的去向是真正需要调查的一个项目。托尼开立的那个工资抵扣账户，本来应该在每个月底将费用还清，可事实上托尼却入不敷出，账户欠款一度高达44 000美元。

我注意到托尼的这个账户一次性地存入了10 000美元，我找到了这笔存款的存根，发现这笔钱是由乔伊存入的，就是在他收到35 000美元的两天后存入的。原来托尼做了一个圈套来减少自己账户的赤字。

托尼的吃喝花销无度。他为了隐瞒一些超额开支，便和当地一家提供会议和餐饮服务的酒店老板达成了协议，在托尼需要的时候，这位老板就给他提供假发票，把开支写成"租用培训场地"。这一行为使托尼涉嫌欺诈联邦政府，因为餐费需要征收附加税，而培训费则不需要。

利用检察员的身份，我们从该酒店取得了全部真实的收据，与托尼的"培训"发票进行了核对，结果没有找到一项真正的培训费用，全部是餐费和酒水费。看来托尼和乔伊喜欢在上午来喝一瓶香槟酒，记为"培训场地租金"。他有一次报销的凭证显示的是开了一整天的培训会议，而实际上是托尼带他的员工来这里吃午餐。我查阅了餐厅的预订簿，找到了所谓的培训举行的那一天的记录。一条午餐预订记录写着："托尼，多塞特理事会，N. E. S。"

我问酒店的老板，"N. E. S代表什么？"

"不惜任何成本，"她回答，"托尼想要一次难忘的午餐，不在乎花多少钱。"

托尼违法行为的清单在不断地拉长。他和一位理事会的前雇员合伙买了一艘船，他支付自己那半费用的方式是付给这位前雇员10 000美元的遣散费，此时这位前雇员已经离开理事会6个月了，她离职的时候已经拿到她该拿的钱了。在两次澳大利亚一级方程式大奖赛期间，托尼都以"培训"的名义在墨尔本订了大酒店。托尼还无偿占有了理事会的一台驾驶式割草机，将私人用车送到理事会的修车厂维修保养，还给自己的车配备了电动曲柄，他自己一分钱也没花。

即使在他被停职以后，托尼仍在欺骗周围的人。他留在理事会的篮球队里，"我很快就会复职了，"他对别人如是说，"之后我要控告他们对我所做的一切。"有很多人还真的相信了他的话。

§拒不认罪§

经过三周的调查,我们已经取得了足够的证据,可以询问托尼了。作为政府的检察员,我们有权力要求他宣誓讲真话,这意味着如果他对我们撒谎,将被指控作伪证。但此时托尼已经聘请了一位律师,他的律师极力阻止我们与他面谈。为了拖延时间,他的律师对我们的政府检察员身份的合法性提出了质疑,并提交到法庭作出裁决,政府却决定不再为这件事纠缠了,我们也就不会对托尼进行问讯了。

尽管我们没有通过面询取得任何证词,我们也已经掌握了足够的证据将此案交给警方处理。同时,理事会的首席执行官依据这些证据给托尼和乔伊分别写了信,要求他们说明仍不肯离职的原因。

这倒确实给了托尼提供了一个机会,他对首席执行官的来信给出了“具有创造性的”回应。关于那次直升飞机的旅行,他寥寥几句,颇具典型的“托尼特色”,“这是一项业务支出”,他写道,“我把这次旅行看成是一次更好地了解薪酬经理的机会,他应该受到奖励,因为在那次旅行中我们的工作都很勤勉。”

他所谓的勤勉工作就是考察薪酬系统运行情况的一个小时的行程,而搭直升飞机旅行是托尼到达酒店后做的第一件事。如果你曾经坐过直升飞机,你就会知道在飞行过程中,思考几乎是一件不可能的事,更不用说能通过这样的一次旅行去“更好地了解”一个人了。

关于“汤尼”的“办公室用花”事件托尼也不认为有什么问题,他这样写道:“将餐费描述成办公室用花的采购,是因为之前一些员工被解雇,使得理事会的许多工作人员都变得更加敏感,对涉及理事会资金在正常业务支出方面的花费也变得过于敏感和苛刻。”对他在理事会报销的另外15 000美元的餐费支出他却只字不提。

托尼威胁要起诉首席执行官,因为首席执行官指责他在申请工资税前抵扣信用卡的过程中造假。他写道:“这个指控是不真实的,如果我发现你对其他人公布了信的内容,我将采取法律行动来告你诽谤。”他接着责怪他的私人秘书伪造了那份文件。使人感到滑稽的是,后来托尼在法庭上对伪造文书的罪名认罪。

在停职期间，托尼做出的最后的一个挑衅之举就是他以工作引起的“压力和焦虑”为由提出工伤保险索赔。如果这个索赔得以批准，托尼所有的医疗费用将由理事会的保险支付，幸好索赔没有被批准。

当托尼最终被解雇后，他以遭到不公正解雇的名义对理事会提起诉讼。我被传唤到庭作证，我们等了两个多小时后，意识到托尼不会来了，这就是他的行为方式。我后来得知托尼在积极地找工作。他无法回避被理事会解雇的事实，但他对新雇主说他正在采取必要的法律措施来证明他的清白。他的诡计得逞了，又一家轻信的公司雇用了他。18 个月后，他再次成为警方调查的对象。

最后，托尼和乔伊被警方指控数项罪名。因为证据充分，他们咨询了律师的意见后承认了所有的罪名。因为他们主动认罪并有“悔恨”之意，被判缓刑，他们没有坐一天的牢。我能理解对乔伊的判决，因为他只是从犯，但是以托尼的反社会行为特征，他表现出来的悔恨之意根本不可信。

可是，缓刑没有给托尼带来好的结果。他刚到新单位工作，就开始对新雇主实施欺诈。他终于被逮捕并被判有罪，法庭针对他之前在理事会的欺诈行为判他两年缓刑。最后，托尼在狱中服役四年。

§经验与教训§

从调查的角度来看，我感到应该记取的最重要的经验是千万不要忽略对嫌疑人工作地点，特别是电脑的检查，不要低估可能从这里获取的证据的数量和价值，不对电脑或服务器里的资料做镜像处理和分析就无法展开调查。我们从托尼的办公室找到了大量的信息，发现了非常重要的证据。

调查一开始就要注意保护好现场，恰当地搜集和记录证据。这样做不仅可以防止破坏现场，还能保持证据链条的连贯性。在调查开始的时候花几个小时收集和记录现场的证据，可以避免在起诉过程中出现重大麻烦。

调查人员只是短暂地进驻一个组织、完成任务（这一次是完成一项调查），然后就离开了，所以，我们必须注意到那些处于被调查范围的无辜员工在精神方面所付出的代价。拿本案来说，如果托尼不被解雇，理事会里至少有四个人会因为给我们提供了帮助而丢掉饭碗。

我们不应忘记的是，绝大多数员工是诚实的，他们都在做着本职工作，他们与舞弊无关，我们需要打消他们的疑虑，告诉他们发生了舞弊不是他们的责任。在这个案件里，理事会的财务经理就曾度过了数个不眠之夜，反复考虑她当初是否可以采取什么措施避免舞弊的发生。事实上，对于托尼这种人来说，阻止他舞弊的唯一办法就是别雇用他。我们也不应该忘记，在本案的调查中，不是每个人都支持调查人员，有一些员工是站在托尼一边的，特别是人力资源部门，他们对我们的调查不予配合，甚至是有意设置障碍。

理事会的首席执行官应该吸取的教训是，要注意倾听，不能随意处理听到的各种意见。托尼给理事会造成的损失，大都是在首席执行官和他谈了投诉之事以后发生的。还应切记无风不起浪的道理，人们对托尼的抱怨超过了 18 个月，但理事会没有采取任何行动，直到有人将举报的传真发给了政府部门。

从某种意义上说，这种局面的出现与高层管理者的态度不无关系。托尼是公司的高级经理，直接向首席执行官报告，而托尼营造的气氛是秘密行动和任人唯亲。经过这次惨痛的教训，理事会明白了不应授予一个人太多的权力。托尼几乎控制了理事会的全部资金，主管的领域包括财务（应付账款）、工资、人力资源、车队管理和维修等，他有极方便的条件实施舞弊。

§防患于未来之建议§

我们让理事会的首席执行官明白，实施下列措施可以防止此类事件再一次发生。

1. 背景调查

理事会在雇用托尼之前没有审核他的记录。如果理事会做了背景审查，必定会发现他为人不讲诚信。

2. 热线

托尼以恐吓的方式对员工进行控制，使员工很快发现谁敢与托尼作对，谁就会被解雇。理事会没有建立一个机制，让员工可以毫无顾虑地投诉而不必担心会被解雇或出现更坏的后果。现在,维多利亚州已经出台相关的立法,如果对公共部门的举报人采取报复行为,可以被判入狱。

3. 舞弊风险评估和控制方案

理事会之前既没有对各项职能的舞弊风险进行评估,也没有制定舞弊控制方案,自然也没有对投诉如何处理的指南。另外,理事会尚未建立指导调查的实施和与司法机构沟通的规章制度。

4. 反舞弊意识培训

理事会既没有为新员工提供反舞弊意识培训,也没有对在职员工做过这样的培训。尽管有人觉得托尼的行为不够妥当,他们却不能、或不愿意采取任何行动。托尼利用传统的"管理越权"理念达到了舞弊的目的。

5. 只接受原始单据作为报销凭证

费用的报账必须有原始的收据作为依据。托尼报销的许多费用都缺乏足够的凭证。他还修改了银行的信用卡账单的复印件来掩盖牟取私利的真实情况。

6. 高管层的态度

高层管理人员必须推动组织营造好的环境。托尼之所以能在理事会中自行其是,就是因为高管层的领导力不够强大。高管层不指明方向,员工们就不知该做什么,结果就让托尼钻了大空子。